概説 世界経済史

An Economic History of Connecting Worlds

 改訂版

北川勝彦・北原 聡・西村雄志・
熊谷幸久・柏原宏紀 編

昭和堂

まえがき

　21世紀になる前後に生まれた世代は，アジアが世界経済を牽引していることに何の疑問も抱かないであろう。考え方によっては，日本はアジア経済を牽引する役割をすでに終えており，現在のアジア経済の雁行型発展の先頭には世界第2位の経済大国になった中国が立っている。その中国も今後インド経済が台頭してくれば，その立場を譲ることになるかもしれない。しかし，アジア経済を一つの「まとまり」として捉えた場合，今後もしばらくは，アジアが世界経済を牽引する役割を担い続けるであろう。

　しかし，数世紀にわたる歴史を紐解くとき，19世紀から20世紀末までの世界経済の中心的役割を担った地域は，ヨーロッパでありアメリカであった。また20世紀後半の世界経済のなかで日本経済が隆盛をきわめたことは，読者の皆さんもご存知のことであろう。その日本の経験を端緒として，今やアジアは世界経済のエンジンとしての役割を担っている。アジアが今後も引き続き世界経済を牽引していくのか，あるいは新たな牽引役としてアフリカ諸国や南アメリカ諸国が台頭してくる可能性があるのかは，誰も正確に予想することはできない。歴史の学びから将来生まれる可能性のあるかたちを一つでも読み解く力を身につけることができれば，それは将来の自分たちにとって，かけがえのないものになることは間違いない。

　そのような観点から見たとき，「経済史」の講義を担当している者にとっては，数世紀にわたって世界経済が歩んできた歴史を学ぶことで得られた知見を生かしながら，いかに世界経済の未来を考えるのか，また，その一つの例を示すことができるのかを，学生とともに考えていくことが，共通の課題といえる。しかし，大学の講義科目では受講生は著しく多くなることもあり，個々の学生の理解度を踏まえて詳細に説明していくことは現実的に難しい。そのような受講生の便宜を考えて，テキストを編集する必要があるということとなり，昭和堂の御理解をいただき，読者に知っておいてもらいたい経済史に関する問題や課題を中心にまとめたものを刊行することになった。

本書は6部構成となっている。第Ⅰ部は経済史を学ぶ意義について書かれている。経済史は単に暗記するものではなく考えるものだという点が，簡潔に述べられている。第Ⅱ部は経済史の主要テーマを15の章で述べている。ここでは地域に関係なく，経済史を学ぶうえで知っておいてもらいたい問題や課題を挙げている。第Ⅰ部と第Ⅱ部の内容を踏まえて，第Ⅲ部以降は日本，ヨーロッパ，アジア，アフリカの順に各地域の経済の歴史を述べている。

　執筆者はそれぞれの大学で経済史関係の講義を担当しており，その経験を踏まえて執筆したつもりである。それに加えて，最近の経済史研究の成果の一端も合わせて取り込んで書いている。紙幅の関係でそれぞれの教室において補完していかなくてはならない点が多々残っており，そのことも十分理解している。しかし，割愛した内容については，できればこのテキストを手に取ってくれた学生の皆さんが自ら図書館などで調べ，知識の空白部分を埋めていっていただければと願っている。その方が講義をただ聞いて知るよりも，自らの歴史的思考を数段高めることができるであろう。本書がそのような知的作業の役にも立つとすれば，それは執筆者一同の望外の喜びである。

　なお，本書ではテキストという性質上，多くの研究成果を参照させていただいた。いずれも直接引用させていただいた文献に関しては各章の末に挙げている。もちろんそれ以外にも多くの研究成果を参考にしているが，それらをすべて挙げることは困難であり，その点はご理解のほどを請うしかない。最後に編集作業のなかでいろいろとご足労とご面倒をおかけした昭和堂編集部の松井久見子氏に心より厚くお礼申し上げたい。

　　2017年3月15日

編者一同

目　次

I　なぜ経済史を学ぶのか

左はアダム・スミス肖像画（出所：Vanderblue Collection, Kress Collection. Baker Library, Harvard Business School（olvwork389444））。右は，アダム・スミスが学び，教鞭をとったイギリスのグラスゴー大学（熊谷幸久撮影）

1-1-1　経済学で何を学ぶのか？

　人間にはいろいろな欲求がある。そのなかでも，ものに対する欲求は強い。衣食住についても，おいしいものを食べたい，きれいな着物を着たい，いい家に住みたいなど，人間にはさまざまなものに対する欲求がある。その欲求を満足させながら，毎日，暮らしている。ものに対する欲求（物的欲求）を充足させるためには，そのための手段（物的富）が必要になる。そうでなければ，とたんに欲求不満の状態になってしまう。この欲求を満たす手段＝物的富のことを経済学では「財」（英語で goods）といっている。

　しかし，まわりを見渡しても，私たちの無限の欲求をすべて満足させてくれる「財」がそろっているわけではない。とはいえ，人間の求める必要な量を満たしても，まだ有り余る「財」もある。たとえば，空気とか水とか太陽の熱や光などがそれに当たる。このような「財」は，ただ（無料，free）なので，経済学の用語では「自由財」（ただの品物，free goods）といっている。とはいっても，このごろは，水もただではない。多分，この講義を受けている学生の皆さんのカバンには水の入ったペットボトルがあるだろう。これは，コンビニやスーパーで買ったものである。

　さて，私たちの物的欲求を満足させてくれる「財」は，ほとんどのものが，人間の欲求の大きさに比べてみれば数量に限界がある。つまり相対的には「希少」なものばかりである。このような人間の欲求と比べて，欲求充足の手段としては「希少」なものを，経済学では「経済財（economic goods）」と呼んでいる。そうして，私たちが，毎日の暮らしのなかでいろいろと湧き上がってくる物的欲求を満足させていく活動（行為）を，経済学では「消費（consumption）」と呼んでいる（図1-1-1）。

　それでは，毎日の私たちの暮らしを豊かにしてくれる「財」が「希少」であるならば，どのようにすれば，この問題を解決できるのだろうか。つまり，「財」の「希少性」を緩和するためには，どうすればいいのだろう。ここで，ものを

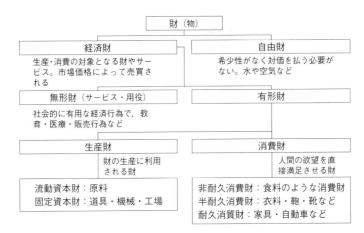

図1-1-1　財とサービスの分類
出所）藤井 2014：246。

作る活動（行為），「生産（production）」が行われるようになった。野生の植物を採集するだけでなく，「栽培」する。野生の動物を狩猟するだけでなく，「飼育」する。地中に埋まっている鉱物に力や熱を加えて「加工」する。人類が誕生してから今日に至るまで，このような活動が繰り広げられてきたことは，これまでも学んできただろう。このように，人々の暮らしを支えるモノづくりは，狩猟・採集生活から牧畜，農耕，鉱工業へと進んでいった。

　ところで，話はここで終わらない。つまり，モノづくり，「生産」がさかんに行われるようになると，次の問題が出てくる。それは，何を，いつ，どのように，どれくらい作ればよいか，という問題である。人々の暮らしを豊かなものにしようとすれば，今，何を作ったらいいのだろうか，どれくらい作ったらいいのだろうか，どのようにして作ればいいのだろうか，という問題が出てくる。それから，なかには賢い人がいて，将来の生活を考えると，今よりももっと能率的に，しかもたくさん作るためには，あるいは将来に起こるかもしれない困難や災いに備えるためには，今の消費生活の何を我慢して，そのために備えるか，という問題もあることに気がつく。ちょっと難しい経済学の言葉で，これを「機会費用（opportunity cost）」という。人の一生には，何か，ある目的を果たすためには，別の何かを我慢する，あるいは犠牲にすることがついてまわる。

今度は，作ったものをどのように「分配（allocation）」すればよいのか，という問題が出てくる。人は，社会のなかで生まれて，社会のなかで暮らして，成長し，そして社会のなかで死んでいく，ということは誰でも分かるだろう。人は一人では生きられないとすれば，ある社会で作られたものをどのようにして皆が不満を持たないように分けるのか，がとても重要な問題になってくる。その場合には，「平等性（equity）」が求められる。モノづくりには，「効率性（efficiency）」が求められるが，分配には，逆に「平等性」が求められる。この2つの釣り合いをとるのは，大変難しい。どうすればいいのだろうか。経済学の勉強を通して考えてみてほしい。

　それから，よく考えてみると，これまでの人類の歴史のなかでは，人々はいろいろな集団を形成して生きてきた。小さな村，少し大きい町，近代になってくると国家など，いろいろと考えられる。けれども，人々の暮らしは，村や町や国のなかで充足されて，周りとのつきあいもなく完結していたわけではなかった。暮らし向きを豊かにしていくためには，どうしても足りないものが出てくる。そこで，それぞれの村，町，国家に暮らす人々がさまざまなものを交換（swapping）ないし交易（trade）するという活動（行為）が発展してきた。以上のように，人々の活動（行為）は，「消費」から始まって「生産」「分配」「交換」というように展開されてきた。このような人々の活動を「経済活動（経済行為）」と呼んでおこう。

　もう一つ，ついでに付け加えておくと，人間の「経済活動」は社会のなかで，集団のなかで行われてきたことをしっかりと覚えておいてほしい。つまり，人間の「経済活動」は，社会現象あるいは集団現象として繰り広げられてきたのである。したがって，どんな学問にもその「対象」があるが，経済学の対象は，「社会現象」あるいは「集団現象」として展開されてきた人間の経済活動ということになる。そうして，経済学は，この社会現象に見られる「法則性」を明らかにして，「理論」を組み立てようとする方法をとる。自然科学のように，地球上のどこでも成り立つような「法則性」ではないけれど，ある条件のもとで成り立つような「理論」を組み立てようとするのが，経済学，広くいえば「社会科学」の方法なのである（キャメロン＆ニール 2013）。

1-1-2　経済学に登場する人物──「ロビンソン・クルーソー物語」を例に

　ところで，1719年にイギリスで出版されたダニエル・デフォーの『ロビンソン・クルーソー物語』を知っているだろうか。この本は，多くの言語に翻訳され，日本だけでなく世界中でもよく知られた冒険物語である。絶海の孤島に取り残されたクルーソーは，自らの合理的判断力と敬虔なキリスト教徒としての精神を発揮して勤勉な暮らしを続け，数多くの困難を乗り越えながらその生活を切り開いていく。漂着した孤島では，自分の手で住居や道具を作り，狩猟や採集によって生計を立てていく。やがて畑で大麦や稲などの作物を栽培することによって長期にわたる生活の支えを築いていく。その後，クルーソーはフライデーという奴隷を手に入れて，「蛮人」との数々の戦いを生き抜き，船を手に入れることに成功した。そして，ついに36年ぶりにイギリスへの帰還を果たす。これがだいたいのストーリーであるが，誰もが子どものころに一度は読んだことがあると思う。

　この子どもの冒険心をくすぐった『ロビンソン・クルーソー物語』が出版されて半世紀後に，イギリスは産業革命の時代を迎えた。産業革命というと，動力として蒸気機関を備え，数多くの機械を設置した工場が立ち並ぶ工業都市をイメージする人が多いかもしれない。この時代の人々には，勤勉を善とし，怠惰を悪とする精神と価値観が生きていた。朝は決められた時間に起きて，朝食を済ませ，時間通りに駅に到着する交通手段を利用して工場に出る。工場では，決められた時間にいっせいに仕事が始まり，また，いっせいに仕事が終わる。すると，工場で働いていた人々は，また，朝と同じようにして帰宅する。ここでは，今の私たちと変わらない「時間規律」で動く人間の生活が繰り広げられていた。また，たとえば，蒸気機関の改良には，シリンダー内の温度をどのように保つか，蒸気漏れを防ぐためにシリンダーとピストンとの間隔をどれほどに設定するのか，どのようにすれば高圧にたえるシリンダーを作ることができるのか，というさまざまな工夫が伴う。こうした改良には，少ない石炭から大きな力を取り出そうという動機が働いていた。いいかえれば，最小の犠牲で，最大の効果が現れるように努力することを尊ぶ時代の精神があった。これこそ，プロテスタントたちの倹約の精神の表れなのである。クルーソーは，今日必要

な食物を得られれば，遊ぶかわりに明日のための生活や道具の改良に精を出していった。この道具のおかげで，彼は次第に食糧を得るために費やされる時間を節約できたのである。

　しかし，このような改良が安心して行われるためには，個人の知的財産が保護される制度がなければならない。自分の作り上げたものが，ある日突然，見知らぬ人に奪われ，取り戻すこともできなかったとしたら，誰も一所懸命に働こうなどと考えないだろう。そうならないように私有財産を守ってくれるものが，適切な法制度の整備であり，それを備えた市民社会の成立であった。

　『ロビンソン・クルーソー物語』には，18世紀初頭を生きた人々の精神と価値観が凝縮されている。日々の暮らしのなかで倹約することによって貯蓄が行われる。それが将来の暮らしをより良いものにするための工夫や改良につながる重要な要因であった。このように，勤勉な努力を続け，しかも最小の犠牲で最大の成果が得られるように活動する人々，つまり「経済原則」に基づいて活動する人物が「経済人（homo economics）」として経済学のテキストには登場している（マサイアス2008）。

参考文献

キャメロン，R＆L・ニール　2013『概説世界経済史1』速水融監訳，東洋経済新報社。
藤井　剛　2014『第2版　詳説政治・経済研究』山川出版社。
デフォー，D　1967『ロビンソン・クルーソー』平井正穂訳，岩波書店。
マサイアス，P　2008『経済史講義録――人間・国家・統合』関西大学経済史研究会訳，晃洋書房。

経済社会の骨格と経済を見る目

1-2-1 経済社会の骨格

　私たちの暮らしている経済社会を眺めてみると，「ひと」「ものとサービス」「おかね」（貨幣）そして「ねた」（情報）が流れている。経済学の入門テキストは「ものとサービス」の流れを中心に書かれている。話を簡単にするために「もの」（経済学では「財」という）の流れに焦点を当てて考えてみることにしよう。

　現代の経済社会で活動しているアクターには，私たちのような消費者（あるいは経済学では「家計」という），モノづくりや物流を担っている企業，銀行などの金融機関，それから地方と中央の政府がある。これらを，経済活動を営んでいる経済主体といっておこう。もちろん経済活動は，ごく狭い地域で行われることもあるが，一つの国のなかで展開され，さらには諸外国と結びついているものもある。しかし，ここでは，経済活動の場所を一つの国（国民経済）と考えておこう。

　そうすると，これらの経済主体の間で「ものとサービス」が取り引きされ，それと反対に「おかね」が流れていることが分かる。たとえば，私たちは，自分のほしいものが見つかると，どこかのお店に出かけて買い求めるが，そのときに「もの」と「おかね」がやりとりされることを知っている。もちろん，このごろは，現金で支払いが行われるよりも，クレジットカードなどで支払われることが多くなって，私たちの銀行口座を通して「おかね」のやりとりが行われるようになっている。

　経済学の勉強では，こうした経済主体の間で取引が行われるところ，別の言い方をすると「ものとサービス」の売り手と買い手の出会う場を「市場（しじょう）」と呼んでいる。もちろん，この「市場」は，どこかの土地に暮らしている人たちが，ある決められた日に特定の場所に集まってきて「もの」の売り買いを行うような「市場（いちば）」あるいは「市（いち）」を指しているのではない。経済社会のなかで生じるいろいろな現象を説明するための「概念」とし

て考え出された用語（専門用語）である。経済学の勉強が進むと，このような専門用語がたくさん出てくるので，一つ一つしっかりと理解して，いろいろな経済問題の説明に使えるようになっておくことが重要になってくる。

「ものやサービス」が取り引きされる「市場」では，それぞれの取引を通して「価値」または「価格」が決まる。たとえば，卵1個何円，牛肉100グラム何円というように，「もの」の価格も決まるし，アルバイトの1時間の給料（時給）や企業で働く人々の給料（月給）も決まってくる。「市場」では，「もの」（財）だけでなく「サービス」も取り引きされるので，「財市場」と「サービス市場」があることを忘れてはいけない。財市場では「財」の価格が決まり，サービス市場では，サービスの価格として，労働者の賃金，地主の地代，借家人の家賃などが決まっていく。

以上のように，私たちの暮らしている経済社会には，さまざまな経済活動を行っている経済主体がいて，それぞれが市場を通していろいろな「ものとサービス」を取り引きしていることが分かってもらえたと思う（図1-2-1）。

1-2-2　経済社会を見る目

経済社会の動きを観察するためには，いくつかの対になる目を養っておくと便利である。第1は，経済社会の動きを観察するには大きな目（マクロ）と小さな目（ミクロ）を使い分けることが必要になる。まず，私たちが暮らしている経済社会でさまざまな活動をしている経済主体の動きに注目しながら，一国経済がいったいどのような状態にあるかを観察するのに必要になるのがマクロの目である。一国経済の状態を診断するには，「国民所得」（国内総生産，GDP）という専門用語を使う。このGDPは，ある国で1年間に生産された財およびサービスの価値額の合計とでもいうもので，これを一国の人口で割った一人あたりGDPは，それぞれの国の豊かさや経済状態を診断するのに使われる。「国民所得」のもっと詳しい分析は，「マクロ経済学」の講義で学ぶことができる（図1-2-1，表1-2-1）。

次に，私たちの経済生活に直接かかわってくる「経済量」を観察するミクロの目が必要になる。たとえば，私たちの営む家計では，商品の価格，働く人の賃金，住宅ローンの利子，借地の地代，マンションの家賃など，いろいろな経

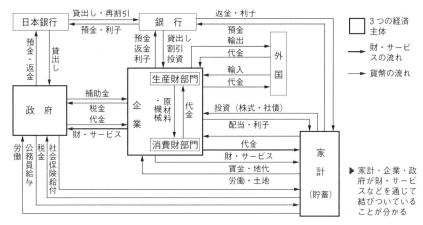

図1-2-1　国民経済の循環
出所）藤井 2014：276。

表1-2-1　国民所得の三面

	項目	1970年	1980年	2011年	
生産国民所得	（第一次産業）	6.5%	3.7%	28.9	0.8%
	農林水産業	6.5	3.7	28.9	0.8
	（第二次産業）	44	38.2	789.2	22.8
	鉱業	0.8	0.5	1.3	0.0
	製造業	34.9	27.6	563.2	16.3
	建設業	8.3	10.1	224.7	6.5
	（第三次産業）	54.8	63.5	2,500.3	72.2
	電気・ガス・水道業	1.7	2.5	18.4	0.5
	卸売・小売業	15.9	16.9	548.8	15.8
	金融・保険業	5.6	6.1	195.3	5.6
	不動産業	7.3	7.8	328.9	9.5
	運輸・通信業	6.2	6.3	343.3	9.9
	サービス業	14	18.3	872.4	25.2
	公務	4.1	5.6	193.2	5.6
	輸入税・帰属利子	− 5.0	− 5.3	0.0	0.0
	海外からの純所得	− 0.3	− 0.1	146.8	4.2
	合計（千億円）	589.5	1,950.5	3,465.2	100.0
分配国民所得	雇用者所得	53.1%	66.8%	2,449.3	70.7%
	財産所得	8.0	10.6	201.4	5.8
	企業所得	38.9	22.6	814.5	23.5
	民間法人企業	15.6	9.1	441.7	12.7
	公的企業	0.6	0.4	26.5	0.8
	個人企業	22.8	13.1	346.3	10.0
	合計（千億円）	589.5	1,950.5	3,465.2	100.0

	項目		1970年	1980年	2011年	
支出国民所得	民間最終消費支出		52.2%	58.9%	2,847.8	60.5%
	政府最終消費支出		7.5	9.8	962.0	20.4
	国内総資本形成		39.1	32.2	939.2	20.0
	総固定資本形成		35.6	31.6	968.7	20.6
	民間	住宅	6.5	6.4	134.9	2.9
		企業設備	21.1	15.7	626.9	13.3
	公的	住宅	0.5	0.4	4.8	0.1
		企業設備	3.3	3.0	53.9	1.1
		一般政府	4.5	6.1	148.2	3.1
	在庫品増加		3.5	0.7	− 29.5	− 0.6
	経常海外余剰 *		1.1	− 0.9	− 42.8	− 0.9
	国民総支出（千億円）		731.9	2,401.0	4,706.2	100.0
	調整項目(控除)		（千億円）	（千億円）	（千億円）	
	固定資本減耗		98.5	307.3	1,022.9	−
	間接税−補助金＋統計上の不突合		43.3	143.2	218.1	−
	合計（千億円）		589.5	1,950.5	3,465.2	

国民経済計算体系（SNA）：1953年から作成され，1968年から国連が定めた計算方法に改められて，新SNAとも呼ばれている。経済を所得（フロー），資産（ストック），実物取引（モノ），金融取引（カネ）の面から総合的に計算する。国連の勧告で2000年から日本も取り入れた。

注）　*（輸出＋海外からの所得）−（輸入＋海外への所得）
出所）藤井 2014：298。

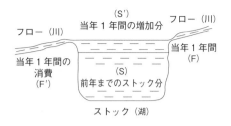

フロー（川）　当年1年間の増加分　フロー（川）
(S')

当年1年間の　　　　　　　　　　当年1年間
消費　　　　　　　　　　　　　　（F）
(F')　　　　　　　(S)
前年までのストック分

ストック（湖）

図1-2-2　フローとストック

出所）谷川 1989：6。

ころに目配りが必要である。このような家計の生活に直接かかわってくる財や
サービスの価格がどのような仕組みで決まるのかを学ぶ経済学の分野がある。
価格と市場についてのもっと詳しい分析は，「ミクロ経済学」の講義で学ぶこ
とができる。

　第2は，経済社会の動きについて，所得などの「ながれ（flow）」で観察す
るか，あるいは資産などの「たまり（stock）」で観察するか，という目を養う
ことも重要である。私たちの生活の「豊かさ」は，何によって測ればいいのだ
ろうか。毎月，毎年，家計に入ってくる月収や年収で測ればいいのだろうか。
あるいは，1年または数年の間に家計のなかにどれほどの資産が蓄積されたか，
ということで測ればよいのだろうか。よく考えてみよう（図1-2-2）。

　第3に，経済社会の動きを観察するとき，実物あるいは実質（real term）の
動きで見る方がよいのか，あるいは「おかね（money term）」の流れで見る方
がよいのだろうか。たぶん両方の目を養わないといけないだろう，というのが
答えである。たとえば，すべての財やサービスは「おかね」で表示されるが，
いつの時代でも，極端な不景気のときを別にすれば，ものの価格（物価）は，
少しずつ上昇している。すると同じものやサービスでも，それぞれの時の価格
で表示してしまうと，実際どれくらい変化したのか分からなくなってしまう。
それを避けるためには，基準年や物価指数などを設定して，実質的にどれほど
の変化があったのかを調べないといけなくなる。

　第4に，経済社会を観察するときには，生きた動きをそのまま見る（動学，
dynamics）か，時間を止めた静止画像を見る（静学，statics）か，使い分ける
必要が出てくる。つまり，経済社会を理解するには，いくつかの長さの時間を

考えに入れて，しっかりと観察しなければならない。どのような長さの時間軸を考えるのが適当かは，それぞれ観察する対象によって違ってくる。1日，1週間，1月，1年，5年，10年，25年，50年，100年，500年……，何を説明するかで変わってくるのではないだろうか。経済学のいろいろな専門科目を勉強するときには，この時間観念はとても大事なものになると思う。

　人々は社会をつくり，社会のなかで生活し，社会を変革する。それが人々の生活であり，この生活を通して人々は自らの生活を実りのあるものにしようと努力してきた。つまり人は，人らしく生きるために，人について考え，また社会について考える。そういう自分と社会との関わりが人をつくっていく。社会のなかで生きる人間の知恵こそが社会科学としての経済学を生むのであり，経済学を学ぶことは決して私たちの日常生活と離れたところにあるのではない。

参考文献

谷川一男編　1989『生活文化の経済学』嵯峨野書院。

藤井　剛　2014『第2版　詳説政治・経済研究』山川出版社。

経済史を学ぶ意義と楽しさ

1-3-1 経済史の対象

まず，経済史は人類の生活史を学ぶ学問であるといっておこう。人類が地球上に誕生してから気の遠くなるほどの時間が過ぎ去った。人類は，アフリカ大陸の北東地域，現在の東アフリカで誕生したといわれる。アフリカ大陸をさまよっているうちに，さまざまな生活様式を身に着けて，地球の水面が低下し，比較的陸地が多くなった時期に，アフリカ（ゴンドワナ）大陸を離れて，世界各地に散らばっていったと推測されている。アフリカは，人類の生誕地だということを忘れないでほしい。

その後，人類は，各地で食糧の採集や狩猟の生活を営み，やがて一粒の麦を植える知恵を得ることで，穀物の栽培，野生動物の飼育・牧畜などの定住あるいは移動の生活スタイルを整えていった。さらに，地中に埋もれている鉱物に熱を加えたり，力を加えて加工や変形する技術を習得し，さまざまな道具類を製作できるようになる。

人類は，今日と同様に決して一人だけで暮らしていたわけではなく，家族やコミュニティを形成してきた。農耕が発達すると余剰穀物の蓄積や分配，あるいは他のコミュニティとの交換などをめぐって，さまざま社会生活に必要な制度や仕組みが生まれていった。

このような話は中学や高校の社会科の時間にすでに聞いたこともあるだろう。経済史の講義では，上に述べたような人類の生活史に深い関係のある消費，生産，分配，交換といった経済活動の歴史について学ぶことになる。これまで学んできた日本史や世界史の知識を活用して講義を理解するようにすれば，楽しく学べると思う（リヴァー‐パッチ 2014，石川・小松・藤本 2016）。

1-3-2 経済史の特徴

経済史という学問にはいくつかの特徴があることを理解してもらわないといけない。まず，経済史という言葉を2つに分けると経済学と歴史学になる。し

たがって，経済史は，経済学の重要な一分野でもあるし，歴史学の一分野でもある。大学でいえば，経済学部でも文学部でも経済史の講義が行われている。このように経済史は一つの学問ともう一つの学問の境界に位置する学問なので，学際的な学問だといえるだろう。

それから，経済史の研究は，その対象として，社会現象あるいは集団現象として現れてくる人間の経済活動（消費，生産，交換，分配）を扱うので，それを説明するために経済学のいろいろな理論を活用することもある。

また，集団現象とか人量現象を分析し，説明するために，広くいえば経済現象を説明するのに数量を使って表すことが多い。たとえば，人口，国民所得，物価，賃金，生産量などをあげることができる。

1-3-3　経済の「成長」と「発展」

さて，経済史の講義や研究では，最近，経済の「成長（growth）」とか「発展（development）」の問題を扱うことが多くなってきた。私たちが暮らしている日本経済は，以前と比べてどれくらい成長したのか，発展したのか，誰だって知りたいだろう。そのとき，数量的に成長を調べようとすれば，国内総生産（GDP）という数字を使ったり，一人あたり GDP という数字を使ったりする。経済成長は，「一人あたり GDP の持続的増加」とよく定義されるけれど，経済史の講義でもしばしば用いられるので，よく覚えてこう。

それとは少し違う用語として経済発展というのがある。これは，数量で表される成長と比べれば，経済の質的な変化について表す概念である。たとえば，経済が発展すれば，それぞれの国の各産業部門に雇用される人数が変わってくる。すなわち，ある国の経済発展は，第一次産業を中心にした構造から，第二次産業を中心にした構造に，さらには第三次産業を中心にした構造に変化してくる，というような動きを指している。こうした現象を明らかにしたコーリン・クラークとウィリアム・ペティという2人の経済学者の名前をとって，これを「ペティ＝クラークの法則」と呼んでいる。

1-3-4　地球規模の問題

ところで，現在，地球レベルでさまざまな問題が生じている。まず，人口の

問題がある。西ヨーロッパを取り上げれば，産業革命以後の2世紀の間に，人口は多産多死型から多産少死型へ，さらに少産少死型へと変化している。ところが，世界の人口増加率は，発展途上国で急速な上昇を見せた。この人口増加の原因は，主として死亡率の低下に求められるが，発展途上国にとって人口増加は，国内の各部門の蓄積を阻み，雇用問題，都市の人口集中とスラムの問題，貧困を深刻化させたばかりでなく，さらには女性の解放を阻む要因となっている。こうした状況から抜け出すには，計画育成によって人口増加を抑制するほかに方法はないといわれるが，発展途上国の人々にとってみれば，子どもは大切な労働力の担い手であり，しかも老後の保障でもあれば，容易に家族計画を受け入れられないのが実情である。この悪循環を断ち切るには経済発展以外の手段はない。他方，先進諸国においても，人口の高齢化，失業問題，女性の解放，それに移民・難民の人権保護といった人口の態様に関わる諸問題が生じており，これらに対して各国の政府当局がどのように対処すべきか，その方策が検討されている。

　次に取り上げねばならないのが食糧問題である。世界全体の穀物生産は地球の人口を養えるのに，発展途上諸国に飢えに苦しむ人々がいるというのは，いったいどのようなわけなのだろうか。なぜ，飢えが生じるのであろうか。飢餓という現象は，決して自然現象などではなく，それは生態系の崩壊，人口増加，農業の後退，食糧の自給不能，経済環境の悪化，農政の失敗，紛争の国際化などの政治的，経済的，社会的諸要因が複雑にからまって生じることが主張されている。穀物のすべてが人間の食用になっていないこと，世界では食糧の購買力が偏っていること，発展途上国では自給用の食糧の生産ではなく，先進国向けの商品作物が大規模に生産されていること，またそのために土地を持たない農民が増加していることなど，飢餓や貧困の背景には現代世界に特有の政治経済の不平等の構造が見え隠れする。

　さらに，豊かな先進国の資源浪費と発展途上国の資源不足という問題がある。資源には，枯渇性資源（鉱物など）と非枯渇性資源（森林，木，植物など）がある。この天然資源の開発をめぐって巨大な国際企業と発展途上国との間で資源主権を内容とする対立が見られる。魚や森林や水といった資源の再生可能性が破壊されるような事態が世界中の多くの地域で見られるようになった。後の時代の

人は，現在を「工業化ラッシュの時代」と呼ぶかもしれない。工業化の時代は，自然破壊や環境破壊だけでなく，人間破壊も恐ろしい速さで進んでいたことを語るかもしれない。大気中の二酸化炭素の増大，放射性物質の海洋投棄をはじめとする海洋汚染，土地の収奪と過剰放牧や森林伐採などのために生じる地球環境や植生の破壊と砂漠化が進行していることもよく知られている。

このように経済史を学ぶときには，日本だけでなく，世界各地で生じているさまざまな問題についても見つめ考えることが大切であろう（アレン 2012）。

1-3-5　過去に学び，現在を知り，未来を展望する

多くの読者の皆さんは，経済学部で学ぶからには現代の経済現象をしっかりと説明できるようになりたいのに，経済の歴史なんか学んで，いったいどうなるのかという疑問を持っているかもしれない。なぜ経済史を学ぶのか，広くはなぜ歴史を学ぶのか，これは，古今東西，ずっと議論されてきた問題でもある。

簡単にいうと，今を生きている自分たちの進むべき道を確かなものとするために歴史を学ぶといえるだろう。つまり，よい譬えになるかどうか分からないが，自動車をまっすぐ走らせるには，運転者は，遠く（未来）を見るだけでなく，バックミラー（過去）を見て，さらに自分の走っている位置を確かめるためにサイドミラー（現在）も使うだろう。ここに経済史を学ぶ意義と楽しさがあると考えてもらいたい。

人は，生涯のうちで何度か「時間の身振り」を意識して自らの自画像を描いてみようとするときがある。そのとき，自己の過去を振り返って，現在の自分をつくりあげるうえで大きな影響を与えたものは，いったい何であったのか，と考えるであろう。その場合，2つの事柄が思い当たるかもしれない。一つは，自分がこれまでに経験した人間関係のなかで最も深く自らの意識のなかに影響を及ぼしたのは，どの人との関係であったのか。そして，もう一つは，これまで行き当たったいくつかの問題を乗り越え，自らの生き方を自分なりに納得させてきた価値観あるいは社会哲学が何であったのか，という点である。

現代という時代は，私たちがこれまであまり深く考えることなく生活の営みを繰り返してきた家庭や職場，それに地域社会についてばかりでなく，日本や世界についてもその過去の営みを自省し，将来のあり方に思いを巡らしてみる

時期に当たっているのかもしれない。確かに，現在がやがて過去となり，歴史になってしまうことは，誰もが知っていることである。けれども，現在がまだ現在であるうちに，そして私たちがその形と結果を動かせるだけの力を持っているうちに，現在生じている特有の現象を解釈しようと努めるのも，社会科学としての経済学，および経済史を学ぶものの重要な課題ではないだろうか。

　さて，これから，いよいよ大学の経済史を学んでいくことにしよう。

参考文献

アレン，R・C　2012『なぜ豊かな国と貧しい国が生まれたのか』グローバル経済史研究会訳，NTT 出版。

アレン，R・C　2017『世界史のなかの産業革命——資源・人的資本・グローバル経済』眞嶋史叙他訳，名古屋大学出版会。

小野塚知二　2018『経済史——いまを知り，未来を生きるために』有斐閣。

河崎信樹・村上衛・山本千映　2020『グローバル経済の歴史』有斐閣。

斎藤修・古川純子編　2020『分水嶺にたつ市場と社会——人間・市場・国家が織りなす社会の変容』有斐閣。

森田雅憲　2014『入門経済学（オイコノミカ）』ミネルヴァ書房。

薮下史郎・猪木武徳・鈴木久美　2013『入門経済学』有斐閣。

リヴァー・バッチ，M　2014『人口の世界史』速水融・斎藤修訳，東洋経済新報社。

Ⅱ 経済史を学ぶための理論と方法
──時代区分論から新課題まで

左はカール・マルクス肖像写真（出所：Harvard Art Museums/ Fogg Museum, Transfer from the Carpenter Center the Visual Arts, Social Museum Cllection）。右は，マルクスが研究のために通った大英博物館図書室（熊谷幸久撮影）

2-1　経済発展論の系譜

　経済発展とは歴史的な現象であり，一国の経済的進歩の歴史を意味している。古代から現在に至るまで，世界の人々が経済状況の改善を求めてきたが，本章で取り上げる経済的進歩は，とくに，欧米諸国が産業革命を経て経験してきた「近代化」，すなわち，政治経済の仕組みや人々の考え方，生活習慣など社会全般の西欧的価値観に基づいた変化を指している。アダム・スミス（Adam Smith）に始まるイギリス古典派経済学以来，優れた経済学者たちは，幅広い視野と歴史的な感覚をもって経済発展について考察を行い，それは経済史学の発達と密接なつながりを持つことになった。本章では，経済史とも関わりが深い経済発展論を取り上げ，その概要を見ていこう。

2-1-1　ドイツ歴史学派の発展段階説

フリードリッヒ・リスト

　19世紀前半のドイツは，国内が領邦国家と呼ばれる多数の独立国家に分裂し，経済発展の面でも，産業革命を経た先進国イギリスに遅れをとる後進的な状況に甘んじていた。こうした状況を打開し，民族の統一と経済発展を実現するために独自の経済学を提起し，ドイツ歴史学派の創始者となったのがフリードリッヒ・リスト（Friedrich List）である。一国の経済政策はその経済状況に応じたものであるべきと考えていたリストは，自由競争を柱とする古典派経済学を論拠としてイギリスが主張する自由貿易論は，先進国のエゴイズムであり，ドイツのような後進国は不利益を被るだけだと主張し，国内産業の保護育成を目的とした保護貿易の必要性を訴えた。そして，ドイツの立場を説明するために，リストは生産のあり方を基準とした経済発展段階説を展開した。リストによれば，各国の経済は「未開状態」「牧畜状態」「農業状態」「農・工状態」「農・工・商状態」という5つの段階を経て発展し，当時のドイツは「農・工状態」に，イギリスは「農・工・商状態」に位置していた。したがって，発展段階が異なる両国の間で自由競争を行うことは不公平かつ誤りなのである。

シュモラーとビューヒャー

こうしたリストの考え方を最もよく受け継いだのが，ドイツの民族的統一と国民経済の発展を目標に議論を展開したグスタフ・シュモラー（Gustav von Schmoller）である。シュモラーは，国民統合の度合いを表す政治的・社会的枠組みを基準に，「村落経済」「都市経済」「領邦経済」「国民経済」からなる経済発展段階説を提示した。また，シュモラーの後継者の一人であったカール・ビューヒャー（Karl Bücher）は，生産の方法と生産物が消費者へ届く道筋の長さを基準に，「封鎖的家経済」「都市経済」「国民経済」という発展段階説を主張した。ビューヒャーによれば，「封鎖的家経済」では自給自足の経済が，「都市経済」では注文生産により生産者と消費者の間で直接的な交換が行われるのに対して，「国民経済」では巨大な需要を想定した大量見込生産が行われ，商品流通も複雑さを増すのである。なお，こうした経済発展段階説に対しては，発展段階の移行に関する説明が不十分であるとの批判も寄せられた。

歴史学派と経済史研究

イギリス古典派経済学の一般的・抽象的な経済法則に対する批判として展開されたドイツ歴史学派の議論では，経済現象の歴史性や国民的特性が重視され，実証的な経済史研究が推進された結果，経済史学の成立につながった。

2-1-2　経済発展論の展開

経済発展の指標

第二次世界大戦後の世界では，資本主義諸国と共産主義諸国による「東西冷戦」に加えて，植民地から独立した国々と先進国との経済格差の問題（「南北問題」）が深刻化し，アジアやアフリカ，ラテンアメリカの途上国に対する先進国の援助が活発化した。こうした状況を背景として経済理論に基礎をおいたさまざまな経済発展論が打ち出され，そこで経済発展の指標として使われたのが「一人あたりの国民所得」という概念である。この尺度は経済発展や近代化に関連するさまざまな事象と連動しており，一国の経済の発達の程度を的確に示す指標として重要性を持っている。

一人あたりの国民所得と産業構造の関係について，農業，工業，商業の順に

所得が高くなることを初めて発見したのは，17世紀イギリスの経済学者ウィリアム・ペティ（William Petty）である。この「ペティの法則」を250年余り後に再発見したイギリスの経済学者コーリン・クラーク（Colin Grant Clark）は，国民所得および就業人口の比重は，経済発展とともに第一次産業，第二次産業，第三次産業の順に推移するという「ペティ・クラークの法則」を導いた。

ロストウの発展段階説

　ドイツ歴史学派と同様に発展段階説をとりながら，現代の経済理論に即した発展段階説として重要性を持つのが，アメリカ合衆国の経済史家ウォルト・ロストウ（Walt Whitman Rostow）の経済発展論である。ロストウによれば，すべての国は「伝統的社会（The Traditional Society）」「離陸のための先行条件期（The Preconditions for the Take-off）」「離陸（The Take-off）」「成熟への前進（The Drive to The Maturity）」および「高度大衆消費社会（The Period of Diffusion on a Mass Basis of Durable Consumer's Goods and Services）」のいずれかの段階に属しており，最終的には「高度大衆消費社会」に到達する。「伝統的社会」は農業社会であり，家族や氏族のつながりが社会組織のなかで大きな役割を果た

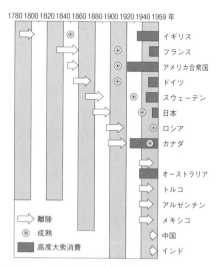

図2-1-1　主要国の経済成長段階
出所）ロストウ 1961 : 15（一部改変）。

していた。「離陸のための先行条件期」には，投資率が人口成長率を持続的に上回ることが必要で，農業部門の生産性向上や輸送に関わる社会的間接資本の形成を中央政府が主導しなければならない。「離陸」とは従来の経済史でいう「産業革命」のことであり，一国の経済が離陸する条件としてロストウがあげたのは，投資率が国民所得の5％以下から10％以上に上昇すること，高い成長率で発展する産業が存在すること，および，成長に漸進的性格を与える政治的・杜会的・制度的枠組みが存

在する，あるいは急速に現れていることであった。「成熟への前進」段階には重化学工業化が進展し，その結果として現れる「高度大衆消費社会」では，国民全体の所得向上により耐久消費財需要が増加し，大量生産が行われるのである（図 2-1-1）。

ガーシェンクロンの後発工業化論

従来の経済発展論では，ドイツ歴史学派やロストウのように発展段階説で一国の経済発展を説明する傾向が強かったが，経済発展を単線的に理解するこうした見方に批判を加え，経済発展の有様は先進国（イギリス）と後進国（フランス，ドイツ，ロシア等）で異なると指摘し，経済史に大きな影響を与えたのがアメリカの経済史家アレクサンダー・ガーシェンクロン（Alexander Gerschenkron）である。

後進国の経済発展を先進国へのキャッチアップの過程として捉えるガーシェンクロンの議論は，「経済的後進性（economic backwardness)」仮説として広く知られている。ガーシェンクロンによれば，近代経済成長が始まる時点で「経済的後進性」の度合いが大きいほど，後進国は先進国から最新かつ効率的な技術を導入することが可能で，その結果，重工業中心の大規模工場生産が拡大し，こうした「後進性の利益」によって後進国の経済発展は急速に進展する。また，後進国の労働力は通説がいうように安価ではなく，資本より高価であり，それは労働節約的技術を要する大規模工場生産に適していた。ただし，後進国が「後進性の利益」を享受するためには，銀行や国家など工業化の組織者が不可欠で，フランスとドイツでは銀行が，より後進的であったロシアでは国家が重要な役割を果たした。また，古典派経済学に基づく自由放任主義を理論的背景として経済発展を達成した先進国イギリスとは異なり，後進国では経済発展が国民的目標となるようなイデオロギーが必要で，フランスではサン・シモン主義が，ドイツではフリードリッヒ・リストの工業化論が，ロシアでは正統派マルクス主義がそれぞれ重要な役割を担った。ガーシェンクロンの「経済的後進性」仮説は，後発国の多様な工業化のあり方を理解するうえで示唆に富んでいる。

シュンペーターとイノベーションの理論

続いて，企業者による「イノベーション（革新）」を軸とする経済発展論を

構築し，経営史に多大な影響を及ぼしたオーストリアの経済学者ヨーゼフ・シュンペーター(Joseph Alois Schumpeter)の経済発展論を取り上げよう。シュンペーターのいう経済発展とは，経済の内部から自発的に生じる非連続的な変化によって静態的経済が破壊され，新たな均衡状態が生じる過程であり，「イノベーション（革新）」「銀行信用」「企業者」という3つの柱から構成される。「イノベーション（革新）」は「新結合」とも呼ばれ，生産に際してさまざまな要素を1つに結合すること，具体的には，新しい財，新しい技術，新しい市場，原材料の新しい供給源，および新しい組織を指している。「銀行信用」は，「イノベーション（革新）」に必要な生産手段の購入のために銀行が行う信用供与のことである。そして，経済発展の担い手として重要な役割を果たすのが「企業者」で，特殊な機能である「イノベーション（革新）」の遂行を自らの役割として能動的に推進する企業者には，特別な存在として強い意志と独自の才能が求められるのである。このような資本主義市場経済の発展をシュンペーターは「創造的破壊」と呼んだ。

近代経済成長

　さらに，戦後発達した計量経済学の分野では，アメリカの経済学者サイモン・クズネッツ（Simon Smith Kuznets）の研究が注目を浴びた。クズネッツは歴史資料を駆使して各国の国民所得の推計を行い，近代的な経済統計の枠組みのなかで一人あたりの国民所得と産業構造の変化を観察して，経済発展研究の新しい時代を開いた。先進国の経済発展に関するこうした検討に基づいて，クズネッツは，一人あたり国民所得の持続的成長と高い人口増加が始まった時期を「経済的エポック（economic epoch）」と名付け，それ以降の経済発展を「近代経済成長（modern economic growth）」と呼んだ。経済史では，「近代経済成長」という用語を「産業化」や「工業化」と同義で使用している。

参考文献
ガーシェンクロン，A　2005『後発工業国の経済史』絵所秀紀他訳，ミネルヴァ書房。
クズネッツ，S・S　1968『近代経済成長の分析』上下，塩野谷祐一訳，東洋経済新報社。
シュンペーター，J・A　1980『経済発展の理論』塩野谷祐一他訳，岩波書店。
鳥居泰彦　1979『経済発展理論』東洋経済新報社。
リスト，F　1970『経済学の国民的体系』小林昇訳，岩波書店。
ロストウ，W・W　1961『経済成長の諸段階』木村健康他訳，ダイヤモンド社。

経済活動と宗教の関係については，ウェーバー（M. Weber）以来の古典的な問いであり続けており，ここ最近になって顕著になった問題関心とはいえない。しかし，実際のところは欧米諸国以外で宗教に関する社会科学的な研究は皆無に近く，そのため宗教と経済行動との関係を分析する研究もユダヤ－キリスト教圏の信仰，行動および制度に関するものに大半が終始している（Iannaccone 1998）。本章では経済行動と宗教に関する研究をプロテスタンティズムと資本主義の関係性から分析したウェーバーを中心にサーベイしていくとともに，日本における宗教と経済行動に関する研究や中世ヨーロッパの実証研究についても若干紹介したいと考えている。

2-2-1　ウェーバーの仮説

かつてウェーバーは『プロテスタンティズムの倫理と資本主義の精神』のなかで，16世紀の宗教改革によってプロテスタンティズムの倫理が醸成されたことが資本主義の成立に大きく影響していることを指摘した。そのなかでも特にカルヴァニズムの「職業観」こそが資本主義の精神を構築するうえで最も重要な役割を果たしたと強調している[*1]。いいかえれば，世界の他の地域ではなく，西ヨーロッパにおいてなぜ最初に資本主義が成立して近代社会が勃興したのかという点をプロテスタンティズムの教義に見出そうとウェーバーは試みた。

まず『プロテスタンティズムの倫理と資本主義の精神』の内容をサーベイしてみる（岡崎 2016：53）。この書物の冒頭において，ウェーバーはヨーロッパの職業統計を駆使して近代的企業の所有者，経営者，上級技術者全体に占めるプロテスタントの人口比を算出し，それを人口全体に占める比率と比べている。その結果，前者の数値は後者より高くなっていることが明らかとなり，ウェーバーはこの結果から3つの代替的仮説を導き出した[*2]。一つは歴史的にプロテスタントが裕福であり，そのことが彼らの経済面での競争力を相対的に強めているとするもの，2つめは宗教的に少数派であったプロテスタントが政治的に排

除されたために経済活動に集中した結果とするもの，そして第3としてはプロ
テスタントの教義のなかに経済的合理主義的な考えが内包されているためとい
うものである。ウェーバー自身はまず3つの仮説をそれぞれ検討することとし，
その結果として第1と第2の仮説を棄却して，第3の仮説をさらに追求するこ
ととした。プロテスタンティズムの経済的合理主義的な教義のなかでも特にカ
ルヴァニズムの職業観をウェーバーは注視しており，カルヴァン派の人々が来
世での救済を得るために現世では職業労働に対して禁欲的かつ合理的な生活態
度をとっていたことこそが，彼ら自身の意図とは関係なく，他の地域ではなく
西ヨーロッパにおいて近代的な資本主義の発達を可能にした要因であると強調
した。換言すれば，人が働くのは「召命」であり「天職」であり，魂が安寧を
得るか否かは最初から神によって定められており，そのような救済を得ること
を確かなものにするために，人々は禁欲的な生活を営み，職業を神から与えら
れた天職として勤労に従事する。そして勤労の結果として得られた富を蓄積す
ることは教義のうえでも正しいとされた。こうした「予定説」と呼ばれる見解
は，ウェーバーだけでなくアシュレー（W. J. Ashley）も強調しており，カルヴァ
ニズムの教義が中世の教会法によって禁止されていた利子を付けた貸付を是認
していたことが彼らの経済活動や商慣習に影響を及ぼしていたことを指摘して
いた（竹岡 1980：58）。このようにカルヴァニズムの教義と近代資本主義の関
係性について活発な議論が喚起された。

　こうしたカルヴァニズムの職業観と近代資本主義成立の萌芽を因果的に結び
付けて考える見解に対して，サミュエルソンや竹岡敬温をはじめ多くの研究者
がその因果関係を批判的に指摘している[*3]。サミュエルソンはヘンリー・フォー
ドなどの事例をあげ，彼らの営利追求の行動に宗教的な要素は見出せず，ウェー
バーのいうような因果関係は見出せないと指摘している（サミュエルソン
1971：113-134）。またローバーは，17世紀以降に北西ヨーロッパ諸国の経済が
発展した要因は，ヨーロッパにおける中世以来の先進地域において経済的エ
リートを構成していたエラムスム派の企業家たちが，宗教改革の後，カトリッ
クの社会が教会と君主制国家との一体化によって硬直化したことから，経済活
動の自由を求めて北西ヨーロッパ諸国に移住したことだと指摘した。そして，
カルヴァニズムの職業観などの宗教的要素によって規定されたものではない。

指摘し，彼はウェーバーを真正面から批判した（竹岡 1980：59）。竹岡も，宗教改革とその後のヨーロッパにおける経済変革が時期的にも地域的にもずれていることを指摘し，ウェーバーの議論には多くの問題点が残されていると主張している（竹岡 1980：58-63）。

　改めてウェーバーの仮説を明示するならば，16世紀の宗教改革によって成立したカルヴァン派の教義に内包される経済倫理によって，カルヴァン派の人々が多く居住した西ヨーロッパの特定の地域に近代資本主義に基づく経済発展が成立したということになるが，上記のサミュエルソンやローバーの批判からも明らかなように，ウェーバーの仮説を安易に受け入れることは，現在では多くの研究者によって批判的に理解されている。資本主義をやや広義に解釈する場合，近世の東アジアでも資本主義の萌芽を見出せるとする近年のグローバル・ヒストリーの研究もあり（Arrighi 2007など），その場合は宗教が商人たちの経済行動に与えた影響は限定的とされている。ウェーバー自身もプロテスタント以外の宗教における経済倫理について検討を重ねているが，彼の分析のなかではグローバル・ヒストリーが資本主義の萌芽とする事象は真正面から分析する対象とされていない。西ヨーロッパと同時期に東アジアでも同じような経済発展があるとするならば，その点でもウェーバーの仮説は大幅な修正を迫られざるをえなくなる。

　またウェーバーが用いたデータを用いることで彼の仮説を真正面から批判している研究もある。2009年に刊行されたベッカー（S. O. Becker）とベスマン（L. Wossmann）の研究がそれである（Becker & Wossmann 2009）。中心的なデータとして，ウェーバーと同じく1871年のプロシアの国勢調査で収集された宗派別人口のデータを用いている。これらのデータを主に二段階最小二乗法(2SLS)を駆使して分析し，プロテスタンティズムは当時の人々の識字能力を向上させることによって経済発展にプラスの影響を与えたとする仮説を導き出した。換言すれば，プロテスタンティズムは人々の識字能力の向上を求め，それが教育水準の向上を促すこととなり，その結果として人的資本の蓄積が進み，経済発展へと繋がっていったとベッカーとベスマンは主張している[4]。加えて，プロテスタンティズムが経済発展に与えたプラスの影響は，職業態度というチャンネルではなく，識字能力で計測される人的資本の向上というチャンネルを通じて

生じたことも，同じく最小二乗法や二段階最小二乗法を用いて分析して明示している（岡崎 2016：54-58）。

　またベッカーとベスマンの研究のほかに，経済学と宗教の関係性を分析した研究としてバローとマックリアリーの研究があげられる。彼らは 1981 年から 1999 年にかけて実施された国際世論調査のデータを分析し，41 の国について「宗教は経済成長に影響を及ぼすか」という観点からクロスカントリー回帰の方法を応用して統計的分析を行った。その結果，宗教的信念が強い国ほど経済成長が高く，教会や寺院への人々の帰属意識が高いほど経済成長が低いことが見出された（Barro & McCleary 2003）[*5]。彼らも宗教と経済との因果関係に着目している点でウェーバーと共通性があるものの，プロテスタンティズムと資本主義の因果関係については特段の関心を寄せておらず，その点では明らかにウェーバーを批判する立場であるということは難しいが，分析結果はウェーバーの仮説に対する反証といえるものになっている（Barro & McCleary 2019）。このように近年では新たな分析ツールを用いてウェーバーの仮説を批判する研究も増えてきている。

　しかし，ウェーバーの宗教社会学の立場から接近した上記の仮説がまったく学問上の価値を喪失したかといえば，それは否といわざるをえない。ウェーバーの分析手法は大変精緻なものであり，現在でも社会科学の古典としての価値は色褪せていない。経済活動が宗教をはじめとする文化や社会の構造を規定するとマルクスが指摘したのに対し，カルヴァニズムをはじめとする宗教に内包される経済倫理によって経済社会が規定されていくとしたウェーバーの指摘も未だ解決されていない社会科学の重要な課題として残されている。

2-2-2　日本人の経済行動と宗教──比較史的視点

　かつてベラーは，徳川期以前に仏教信仰に根づいた労働観がすでに成立しており，とくに浄土真宗においては他の仏教諸派と比較してヨーロッパのプロテスタンティズムの倫理観と最も類似性があったと指摘している（ベラー 1996）。具体的な事例としては近江商人をあげており，彼らは自らの経済活動で利益を上げることを「自利＝利他」という教義を用いて正当化していたという。近江商人の商業哲学として取り上げられる「三方よし」の精神も，売り手である自

分自身のためだけでなく，買い手にとっても世間にとっても自らの経済行動が益あるものにしなくてはならないというものであり，まさにこの教義を体現化したものといえる。また最近では，近世後期の浄土真宗の東本願寺教団の香樹院徳龍の教化について，受容者の一人であった近江商人の松居遊見の真宗門徒としての行動を考察した研究もあり（辻井 2016），今もなお近江商人と浄土真宗の関係性については活発に研究されている。

　また宮本又次は，株仲間の研究を通じて，自らの結束を強める手段として特定の信仰対象を株仲間の間で共有していたことを明らかにしている（宮本 1977：99-104）。こうした日本における経済活動と宗教との関係性について，山本勝業は欧米のキリスト教的な発想が「宗教→道徳→教育」が一貫性を持って直線的であるのに対して，日本では宗教と道徳と教育は必ずしも連続的ではなく，むしろ並列的なハイブリッド型になっていると指摘している（山口 2012：183-184）。

　こうした日本における経済活動と宗教の関係性については，近年では寺西重郎の優れた研究が発表されており（寺西 2014），日本では鎌倉時代に仏教の役割が国家鎮護から大衆救済へと変化し，それまで仏門に帰依して厳しい修行が必要とされたものが，専修仏教によって救済の道が開かれた結果，イギリスとは異なる経済システムが醸成される素地ができたと，寺西は強調している。日本では「身近な他者に評価されると救済される」という「世俗的易行」の教義が鎌倉時代から普及したことから「顔の見える」消費者のために自らの仕事に専心することを善とする職業観あるいは倫理観が育まれたのに対し，イギリスでは宗教改革によって神のために禁欲的に労働に励むことが美徳とされ，身近な人々ではなく「顔の見えない」消費者に向けた大量生産システムが構築された。こうして，日本では「需要主導型経済システム」が成立し，イギリスでは「供給主導型経済システム」が成立したと指摘している。具体的には，イギリスでは，相対的に自由な労働市場を基礎として工場で大量に生産した商品を市場で販売する形で，供給者が主導する経済システムが進んだのに対し，労働市場が相対的に固定していた日本では，多くの技能が「道」として「イエ」に固定されていたので，それら技能を求める需要者が主導する形で経済システムが形成されていったとしている。このように異なる経済システムが幕末の日本で

偶発的であれ融合する機会を得た結果，日本は急速な勢いで世界経済市場でも特筆すべき独自の経済システムを構築することができた（寺西 2014）。そして21世紀となった現在も不安定な状況は続いており，「失われた20年」も真の意味での融合を達成するための変容過程であると寺西は指摘している。

注
* 1　大黒俊二によると，13世紀には商人の役割を評価し，売買の差益による収益を擁護する神学説が現れており，代表的な初期の例としてはピエール・ド・ジャン・オリーヴィの『契約論』がある。その後の修道僧の説教にも商人たちの著書にも，オリーヴィの主張に励まされた言説が多かった。もちろん商業利益を正当化する神学的な説明には紆余曲折があったが，宗教改革より前に自らの経済活動を肯定する合理的な宗教的解釈を求める動きがあり，ある程度の範囲で商人たちの間で共有された考え方になっていた（大黒 2006）。
* 2　ウェーバーの職業統計の分析には，明らかに誤っているところが既に発見されている。それらを改めて検証し直してみた結果，新たに得られた分析結果はウェーバーが導き出した仮説を総じて支持できるものではないことが明らかになっている（Hamilton 1996: 33-34）。
* 3　トーニーをはじめとする同時代の経済史家からの批判を含め，ウェーバーの仮説に対してさまざまな反論や批判があることは周知のことである。それらをサーベイした研究としてはハミルトンの研究を参照（Hamilton 1996: chap.3）。
* 4　その後，彼ら自身も厳しい批判を受けている（Durlauf, Kourtellos & Tan 2012）。
* 5　日本においては鈴木正三が「世法即ち仏法なり」と表現して経済活動に従事することは仏道に叶っていると説き，当時は一部の人しか読めなかった難解な漢字で書かれた教典などを平仮名や片仮名に書き改めたことで有用な知識を広範囲の階層に拡散させることに成功した（山口 2012：183）。

参考文献

ウェーバー，M　1988『プロテスタンティズムの倫理と資本主義の精神』大塚久雄訳，岩波書店。
大黒俊二　2006『嘘と貪欲——西欧中世の商業・商人観』名古屋大学出版会。
岡崎哲二　2016『コア・テキスト　経済史（増補版）』新世社。
サミュエルソン，K　1971『経済と宗教』金子光男他訳，ミネルヴァ書房。
竹岡敬温　1980「早期産業革命」荒井政治・竹岡敬温編『概説西洋経済史』有斐閣，51-68頁。
辻井清吾　2016「近江商人の経済倫理と信仰の意義」『佛教経済研究』45号，127-152頁。
寺西重郎　2014『経済行動と宗教——日本経済システムの誕生』勁草書房。
ベラー，R　1996『徳川時代の宗教』池田昭訳，岩波書店。
宮本又次　1977『株仲間の研究』（宮本又次著作集1），講談社。
山口勝業　2012「宗教，道徳と経済行動——日本における歴史的起源」『行動経済学』5巻，180-184頁。

Arrighi, G. 2007. *Adam Smith in Beijing: Lineages of the Twenty-first Century*. Verso.（アリギ，G 2011『北京のアダム・スミス——21世紀の諸系譜』上野友也他訳，作品社）

Barro R. J. & R. M. McCleary 2003. Religion and economic growth across countries. *American Journal of Sociology* 68-5: 760-781.

Barro, R. J. & R. M. McCleary 2019. *The Wealth of Religions: The Political Economy of Believing and Belonging*. Princeton University Press.（バロー，R・J & R・M・マックリアリー 2021『宗教の経済学——信仰は経済を発展させるのか』田中健彦訳，大垣昌夫解説，慶應義塾大学出版会）

Becker, S. O. & L. Woessmann 2009. Was Weber wrong?: A human capital theory of Protestant economic history. *Quarterly Journal of Economics,* May 124-2: 531-596.

Durlauf S. N., C. M. Kourtellos & C. M. Tan 2012. Is god in the details? A reexamination of the role of religion in economic growth. *Journal of Applied Econometrics* 27-7: 1059-1075.

Hamilton, R. F. 1996. *The Social Misconstruction of Reality: Validity and Verification in the Scholarly Community*. Yale University Press.

Iannaccone, L. R. 1998. Introduction to economics of religion. *Journal of Economic Literature* 36: 1465-1496.

2-3　プロト工業化論

　古くは，封建制から資本主義（中・近世から近代）への移行過程は，産業革命という急激な社会・経済の時代を挟んで比較的短期間のうちに展開されたとされてきた。しかし近年では，イギリスの産業革命をはじめとする18世紀から19世紀前半のヨーロッパの工業化は，それに先立つ16世紀から18世紀にかけてすでに存在した農村の家内工業の進展の延長として考えられるようになってきている。こうした考えのもとになっているのが「プロト工業化（proto-industrialization）」論である。本章では，プロト工業化論の特徴を検討しつつ，その意義と限界について見ていく。

2-3-1　プロト工業化論とは

　プロト工業化論とは，1970年代にフランクリン・メンデルス（Franklin Mendels）らによって提示された近代産業社会の起源に関する学説である。近代の工場制による「本格的な工業化に先立つ工業化」といった意味で命名され，本格的な工業化＝「産業革命」の起源（「工業化の第一局面」）がそこに求められた（奥西他 2010：104）。プロト工業化の proto は，かつては「原基的」などと訳されていたが，近年ではカタカナで「プロト」と表記されることが一般的になっている。

　16世紀の「大航海時代」以降，ヨーロッパ産の毛織物などは「新大陸」への重要な輸出商品となった。こうした輸出向けの産業はまず都市工業として発達したが，価格弾力性の低い都市工業では増大する需要に追いつけなくなった。そのため，都市商人は安価で豊富な労働力を農村に求めた。その結果，農村工業が発達していった。

　こうした農村工業の発達という史実自体は，さほど真新しいものではなかったが，メンデルスは18世紀のフランドル地方などを例にとり，人口学的な視角を導入することにより，新しい概念を生み出した。プロト工業化論は，初期的な工業化の側面だけでなく，人口増加や商業的農業の発展，農民の賃金労働

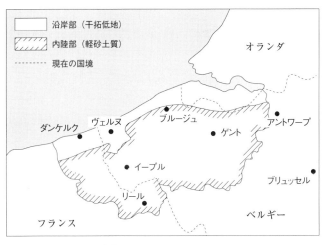

図2-3-1　フランドル地方
出所）斎藤 1985：75。

者化といった要素をも組み込んでいる点で，工業化を前にした経済社会の重要
な特徴を説明しているといえる（岡田 1995：85-86）。

2-3-2　プロト工業化論の特徴

　プロト工業化論には多くの特徴が見られるが，以下では，それらのうち2つ
の点について見ていこう。

　第1の特徴としては，人口や家族形成との関連があげられる。農村工業は，
主に土壌の肥沃度が低く，穀物生産に不利な地域で発展したと考えられている。
生産性の低い農村において農業生産で暮らせない農民は，貧しいがゆえに低賃
金の農村工業に従事せざるをえなかった。また，中・近世における西欧の村落
共同体では，十分な土地を持っていなければ家族を養っていくことが困難だっ
たため，土地を相続したものだけに結婚が認められることが制度化されていた。
相続から排除されたものは例外的にしか結婚できず，それに伴って結婚年齢も
上昇した。いわゆる「ヨーロッパ的」結婚パターンである。[1]しかし，こうした
事態は農村工業の発達とともに大きく変容していくことになる。農村工業の進
展により，土地財産がなくても夫婦の家内労働によって生計を立てることがで

きるようになったため，土地の相続から排除されたものや農村下層民の子ども
も結婚が可能となった。このように貧しい農民の就業機会が増加することで，
平均的な結婚年齢が下がり，出生率が増大することで人口増が起きたとされる[*2]。

　第2の特徴としては，地域間分業があげられる。先ほど述べたように，農村
工業は土地が相対的に痩せて穀作に適していない地域で成立する傾向にあった。
農村工業の発展に伴う人口増加は，食糧需要の増大をもたらす。ただでさえ穀
物の乏しい農村工業地域においては，穀物をはじめとする生活資料と原料の供
給をますます地域外に依存するようになった。このことは，肥沃な地域におけ
る商業的農業の発達を刺激することになった。農村地域における農村工業の進
展は，このような異なる地域の相互依存関係を構築していく契機となったとい
える。さらにいえば，地域外ないし海外市場向けの農村工業の発展は，近隣に
商業的農業地域を見出せるか否かにかかっており，両地域の間に一定の分業関
係が形成されたとき，農村工業は最も順調に発展することが可能になる。

2-3-3　東アジアにおけるプロト工業化論

　これまでは，ヨーロッパを舞台にしたプロト工業化論について見てきた。以
下では，東アジアにおけるプロト工業化論について触れておこう。

　近世日本では，18世紀から遠隔地市場向けの特産物生産が各地で進展した
が，小農生産が維持され続けた。その背景には，近世日本の農民的商品生産が
プロト工業化のモデルと異なり，農業生産性の高い地域で進展し，その地域農
民に離農の誘因はなく，農業副業として織物生産が行われた。こうした副業収
入の存在が，小農経営の維持にプラスに働いたとされる。

　18世紀中国においても，農業生産性の高い江南地域で，綿業と絹業を中心
とする工業と農業を複合的に行う小農経営の展開が見られ，西ヨーロッパで見
られたプロト工業化と異なる形態で進んだ農村工業化を東アジアに見出すこと
ができる（金井他 2010：77）。

2-3-4　プロト工業化論の限界

　プロト工業化論は，メンデルスによって18世紀フランドル地方における農
村工業化が検討されて以降，幅広く受容され，フランドル域外への適用可能性

をめぐる論争が国際的に活発化した。しかし，現在では，工業化ないし産業革命につながる議論としては，多くの疑問が投げかけられている。以下では，この点について見ていく。

　ヨーロッパ大陸ではプロト工業化の時期は16〜19世紀，とりわけ17〜18世紀であり，それは工業化ないし産業革命に先行する時期に当たっていた。メンデルスがこの概念を提起したのは，工業化した地域の多くが農村工業をその前身として持っていたという事実に着目したからである。とはいえ，すべての農村工業地域が工業化に成功したわけではない。農村工業地域の発展が商業的農業地域の発展を促したことはすでに述べたが，ある農村工業地域が工場制工業への移行を開始すると他の地域が別の道を歩むこともあった。実際には，他の農村工業地域が先に工場制工業へ移行したことによって，それまで農村工業が進展していた地域が，工業から撤退して，農業地域へと戻らざるをえなくなった場合も見られた。最も典型的な例はイギリスのイースト・アングリア地方であるが，大陸でも都市ビーレフェルトの工業化に伴うラーヴェンスベルク地方の再農業化の例をあげることができる（馬場 2012：67-68）。

2-3-5　プロト工業化論の意義

　さて近年では，疑問視されることが多くなったプロト工業化論であるが，そのなかにも意義を見出すことは可能であろうか。最後にこの点について触れておきたい。

　既述したように，メンデルスは近世の農村工業に注目したが，それは単にある産業，たとえば綿紡糸業が農村に立地したという事実のみが重要なのではない。そのことによって近隣の綿作地域および別の地域に定着した綿織物業との間に，一つは繰綿，もう一つ原料糸の市場が発生し，それがさらに波及効果を他の産業および地域に及ぼしていったという，経済構造全体が複雑となっていく文脈のなかで，その重要性が判断されるべきである。いいかえれば，プロト工業化は分業と市場の発生・拡大の構図のなかに位置付け直すことができるのである。この論理は，基本的にアダム・スミス（Adam Smith）の分業論のそれである。農工間の関係だけではなく，工と工，すなわち中間財生産と次の段階の中間財生産，また中間財生産と最終財生産の間の関係が地域間分業のかた

ちをとって進展したあらゆる事例に当てはまる。繊維産業における原料作物の栽培，紡糸工程，織布工程，染色工程，仕上工程が次々に分離してゆき，仕上工程は都市に残る一方で，紡糸および織布の多くが原料生産地とは地理的に隔絶した地に立地するようになったのは，その典型的な事例である。プロト工業化論は分業に基づく発展の道が地域間分業のかたちをとって進行した歴史的過程を明示的にモデル化した点で意義を有するといえる（斎藤 2008：50，136-137）。

　メンデルスが実際に注意を払ったのは農村工業地域と主穀生産地域の間の相互作用だけであったが，潜在的にはより一般的に地域間分業の網の目が拡がっていく過程の一環として捉え直すことができよう。詳しくは第8章で述べるが，近年の研究においては，イギリス産業革命の展開を地域間分業の進展と捉える見方が提示されている。こうした点から見ると，プロト工業化論は近代的な工業化の起源と位置付けることも可能なのではないだろうか。

注
＊1　プロト工業化論は，結婚・出生率サイドを重視するが，死亡率サイドからのアプローチも考えられる。詳細については，斎藤（1985：171）を参照のこと。
＊2　いわゆる「マルサスの罠」からの離脱である。

参考文献
岡田泰男編　1995『西洋経済史』八千代出版。
金井雄一・中西聡・福澤直樹編　2010『世界経済の歴史』名古屋大学出版会。
クラークソン，L・A　1993『プロト工業化──工業化の第一局面』シリーズ社会経済史，鈴木健夫訳，早稲田大学出版部。
斎藤　修　1985『プロト工業化の時代』日本経済評論社。
斎藤　修　2008『比較経済発展論』岩波書店。
馬場　哲　2012「ヨーロッパ大陸におけるプロト工業化」馬場哲・山本通・廣田功・須藤功著『エレメンタル欧米経済史』晃洋書房，60-68 頁。
メンデルス，F 他　1991『西欧近代と農村工業』篠塚信義他編訳，北海道大学図書刊行会。

2-4　勤勉革命論

　近年でも活発に行われている「勤勉革命（Industrious Revolution）」の議論は，1976 年の社会経済史学会の共通論題において速水融が提起し，翌年に発表された「経済社会の成立とその特質——江戸時代社会経済史への視点」の論考によって始まったといわれる。その後「勤勉革命」論は，斎藤修や杉原薫，大島真理夫をはじめとする多くの研究者によって，さまざまな形で進化し続けており，今や日本経済史の範疇を超えた概念になりつつある。以下では，まず速水の議論を簡単に要約し，それに対する斎藤や大島が指摘する問題点を明らかにする。そのうえで，速水の「勤勉革命」の議論をグローバル・ヒストリー研究における重要な分析概念とした杉原の研究を中心に紹介する。

2-4-1　速水融の「勤勉革命」論[*1]

　まず速水は，上記の論考のなかで「勤勉革命」が成立する前提となる「経済社会」を「人々が経済的動機を基礎として行動していた社会」と仮定している。具体的には，近代以前の農業を中心とした経済社会では，社会全体の変化が比較的ゆるやかであると仮定でき，土地や労働が基礎的な経済資源であった時代においては，突発的な自然災害でもない限りは蓄積された経済資源が短期間で摩滅することは少ないものと想定できる。ゆえに前提とした「経済社会」では基礎的な経済資源（生産要素）のみで「勤勉革命」を検討できると考えられている。

　実際のところ，江戸後期のころになると，大坂の堂島米市場を中心とした統一された米の全国市場が整備されており，他にもさまざまな産品が大坂と江戸を軸に全国的に流通するようになってきており，この時期の日本では一つの「まとまり」を持った全国市場が成立していた（宮本 1988）。農民たちもまた，常に自らの生産活動の能率性を意識するようになっており，そのために自らの世帯労働力の効率を最大化するための制度が醸成されていった結果，小農の自立がこの時期に急速に進んだといえる。こうした新たな形の「経済社会」の成立

は，「勤勉革命」が成立したことも大きく貢献している。

　江戸中期以降，急速に耕作地の面積が増えたことは，江戸時代の日本の農業
部門の特徴の一つである。耕作地の面積が増えたことにより，生産量は増加傾
向を示した。それに加え，土地改良や施肥技術の発達，深耕や品種改良に代表
される実用的な知識や技術の普及も生産性の向上に貢献した。そして何より一
単位あたりの土地に投入される労働量が増えたことが生産力の向上に与えた影
響は大きかった。こうした土地面積あたりの生産性が高まった時期にもかかわ
らず，濃尾平野では家畜使用量が減少する傾向が見受けられた。この変化につ
いて速水は，畜力が「人力によって代替」された結果とし，「農業における多量
の，激しい，長時間の労働力投下こそが，江戸時代農業の特質」として指摘した。

　こうした激しい労働も，アメリカ大陸の奴隷に対する労働強化と同義ではな
く，むしろ率先して労働時間を増やした傾向があることに留意しておく必要が
ある。上述した農業技術や知識の普及により，二毛作や二期作の発達，換金作
物の栽培や養蚕や織物に代表される副業の多様化が進み，その結果として所得
を高める行動として労働時間の長期化が生じたのであり，自らそうした行動を
選択した。しかし，個人がそれぞれの判断で行動を選択したということはなく，
世帯全体で効用を最大化する選択がなされた。そのため家長は世帯構成員をど
のように配置することが世帯全体の効用を高められるか判断するようになった。
こうした家長の「見える手」の行使を肯定化するため，父親と子どもの関係な
ど，家長を中心とした家族形態の規範が社会のなかで醸成され，個人に対して
は勤勉に長時間働くことが道徳的にも美徳とされるようになった。

　こうした「勤勉革命」を速水はイングランドに代表されるヨーロッパにおけ
る「産業革命（Industrial Revolution）」と対比して検討した。いずれも生産量
の増大を伴う経済発展を含意しており，速水は基本的な生産要素である土地，
資本，労働のうち，土地を外して残りの２つの互いの投入量を比較することで
議論を展開した。そこで速水が描き出した概念が図2-4-1である。「勤勉革命」
が資本投入量と比較して労働投入量が多いのに対して，「産業革命」では資本
投入量が労働投入量より相対的に多いことが特徴としてあげられている。いず
れも生産量を増大させることに成功しており，日本経済がイングランドを代表
とするヨーロッパの経済と同時並行的に発展を経験したものの，要素の賦存状

況の差が近世の2つの「経済社会」を異なる経済発展に導いたと速水は仮説的な議論として指摘している。

こうした速水の「勤勉革命」の議論は，発表されてから40年ほどの時間を経た今もなお活発な議論を喚起している。速水自身，歴史人口学の研究を進めていくなかで，「勤勉革命」論に一定の補足を加えている。議論の大枠は変わっていないものの，多くの実証研究が積み上げられていくなかで速水が喚起した論争も新たな段階に到達しつつある。

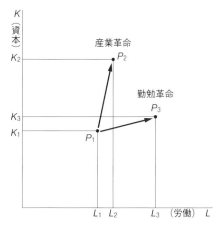

図2-4-1　勤勉革命と産業革命
出所）速水 2003：226（一部改変）。

2-4-2　速水融の「勤勉革命」論の拡大・発展

速水の「勤勉革命」論が発表されて40年ほどの時間を経たが，今でも近世日本を考えるうえで不可欠な概念であり続けていることは誰も否定しないであろう。しかしながら，この間に発表された数多くの実証研究のなかで，大枠に変更はなくとも「勤勉革命」論を補強する意味で修正やさらなる枠組みの拡大を図る研究も出てきている。ここでは斎藤修，大島真理夫，杉原薫の指摘を中心に取り上げる。

斎藤修は，最近の歴史人口学や農業史研究の成果を踏まえ，速水の議論のうち，とくに濃尾平野の事例から析出された，畜力で行っていた農作業の一部を人力で「代替」するようになった事象について，修正を迫っている[*2]。斎藤によれば，近年の実証研究の成果を踏まえ，17世紀から18世紀初頭にかけて農作業での牛馬の利用が減少することはなく，この点については速水の議論を修正する必要があると指摘している。

斎藤によると，当時の日本の農業システムは3つに大別することが可能であり，厩肥利用のために17世紀後半に牛の保有頭数が増加したとされる岡山地方に代表される地域，18世紀以降に耕耘のために牛馬の頭数が増加した瀬戸

内や九州に代表される地域，逆に18世紀半ば以降に牛馬の保有頭数が減少した東北地方や北陸に代表される地域である。これらの整理から見出される点として，斎藤は，少なくとも18世紀初頭までは牛馬の保有頭数は増加傾向を示していたことが推察されるとしている。

　また，この時期の農業の生産性の向上を考察するうえで施肥の技術の向上が大きな役割を果たしていたことは否定できない。畿内で綿花をはじめとする商品作物に大量の鰊が金肥として投入されていた事例からもよく知られている。畿内における商品作物生産の事例に限らず，この時期に多くの地域で購入肥料が導入されており，多肥集約による土地生産性の上昇が見受けられた。しかし，多量の購入肥料を投じることによって労働者の作業時間や作業自体の厳しさが緩和されることはなく，労働節約的な方向に変容した事例は見受けられなかった。この点からも速水の「勤勉革命」論は一定の修正が必要であると斎藤は強調する。しかし，大枠で速水の議論に賛成しており，斎藤の指摘はあくまで速水の議論を補強する意味合いで理解されるべきものである。

　次いで大島真理夫は，2009年に刊行した編著『土地希少化と勤勉革命の比較史——経済史上の近世』において，これまでの「勤勉革命」論を大きく前進させた。本書では「経済資源としての土地の希少化」とそれに対応する「勤勉革命」という図式を参照軸として，日本だけに限らずヨーロッパやアジア各地の研究者が自らのフィールドの歴史的過程を析出している。

　すでに明らかにしているように，速水の「勤勉革命」論がイングランドと日本の経済発展経路の違いを明示化するための概念であったのに対し，大島は速水とは異なる接近方法で「勤勉革命」を考察している。まず速水が「激しい，長時間の労働は『勤勉』に倫理化され，人々の遵守すべきエトスとなった。そして，この勤労を通じて，人々は物質的な生活水準の向上を期待できた」（速水・宮本 1988：36）と，江戸期に日本人が「勤勉」となった道徳的慣習の変化を強調しているのに対して，大島は「費用対効果を冷静に見通した経済合理的な行動」であると「勤勉」を定義している（大島 2009：10）。換言すれば，「日本人の勤勉性」という国民性ないし文化論的な側面から「勤勉」を考察することを，副次的なものとして大島は捉えている。上記の編著に収録されている徳永光俊の論文において，「勤勉」という形の労働倫理が検討されているが（徳永 2009），

本書全体としては農民の道徳的慣習や労働倫理が変化することで労働投入量が増加するような過程は重要視されていない。

　また速水が労働と資本の要素投入比率を比較して「勤勉革命」を描こうとしたのに対し、「資本と労働ではなく、土地と労働の投入のあり方に着目し、後期農業社会の経済発展を地域間比較すること」が試みられている点が特徴としてあげられる（大島 2009：8）。しかし、ここでは資本ストックが土地希少化のなかでどのような役割を担っていたのかについては十分に検討されていない。資本ストックの役割を大島も過小評価しているわけではなく、このプロジェクトでは中心軸から外したと考えるべきであろう。ただ大橋厚子の論文では、ジャワにおいては労働投入量の増加は見られたものの、オランダの植民地支配の下で適切な資本ストックの蓄積が阻害された結果、「勤勉革命」が生じなかったとされており（大橋 2009）、収録されているそれぞれの論文で統一された概念はないものの資本ストックの重要性については暗に示されている。大島は「後期農業社会において、土地希少、労働豊富という要素賦存状況になった段階で、さらなる労働投入の増大にもかかわらず、産出増加が行われる現象」を「勤勉革命」と定義しており、換言すれば、「土地が希少、労働が豊富になった段階で、さらなる労働投入の増大が、産出の増大（特に限界産出量の増大＝収穫逓増）に結果すれば、それは経済原則に逆らって産出が増大するという意味で革命的ということができる」としている（大島 2009：9）。資本ストックの役割を含め、今後もさらなる研究が蓄積される必要がある。

　速水の提示した「勤勉革命」論の主眼が近世日本とイングランドの比較であったことは周知のとおりである。また近年では川勝平太が速水の「勤勉革命」論を日本文明の特徴の一つとして概念付けようと試みており、その結果として日本もヨーロッパもアジアから輸入していた商品を自ら生産するようになり、ともに並行して「脱亜」を達成したとしている（川勝 1991）。速水も「勤勉革命」を産業革命の前段階として捉えることに否定的見解を示しており、2つは互いに異なる経済発展経路であると強調している。

　杉原も「勤勉革命」を産業革命の前段階として捉えず、「勤勉革命」経路を東アジア独自の経済発展経路として位置付けている。速水をはじめとする近世日本を事例とした「勤勉革命」の概念を中国に援用し、互いの共通する点と異

なる点を析出しようとしている。そのうえで「勤勉革命」の概念をグローバル・ヒストリーの枠組みのなかに位置付ける試みを行っている。ケネス・ポメランツは長江下流域のさまざまな経済指標を用いることで，同時期のイングランドや畿内と同水準あるいはそれ以上の生活レベルが達成されていたことを描き出したが，杉原も19世紀末から20世紀初頭のアジア間貿易の発展と日本の急速な工業化，そして両大戦間期にその萌芽が見受けられ，第二次世界大戦後に本格的に始まった東アジアの工業化，いわゆる「東アジアの奇跡」を可能にした要因として，「勤勉革命」に伴う経済社会の変化の意義を評価している。杉原はまた，とくに農業部門における商業化・市場志向化を重要な指標として考えており，この点で日本と中国の違いを明らかにしている。家族制度をはじめ市場や国家という「制度」や農機具や灌漑施設などのさまざまな「技術」を含め，農業部門の変化から近代のアジアの工業化への道程を示そうとしている（Sugihara 2003, 杉原 2004, 2020）。

補節　ヤン・ドゥ・フリースの「勤勉革命（家計革命）」論[*3]

ヤン・ドゥ・フリース（Jan de Vries）の「勤勉革命」論は，速水融の提唱した勤勉革命論とは趣を異にする。近世の西洋において見受けられた長期にわたる実質賃金の停滞という現象と遺産目録の分析などから見出された耐久消費財に対する購買力の拡大という事象の関係性を説明する観点から試みられた研究である（de Vries 1975）。ドゥ・フリースによれば，「勤勉革命」は「産業革命」の前に起きたものであるとされ，所与として近世初頭の労働市場が整備されていなかったことが仮定されており，またオランダやイギリスの農村部で耐久消費財の所有が徐々に増えていった事実に依拠している。このことから次のようなことが仮定できるとされる。つまり世帯内でモノが豊かになっていった現象は，換言すればそれまで世帯内で生産していた耐久消費財を市場で購入できる商品に代替させたものであり，当該の世帯でそれまで続けていた経済活動から追加の所得を確保する機会が得られないのであれば，新たに現金を獲得する手段を確保しなくてはならなくなる。それは換金作物や副業によっても可能であろうが，最も簡単な方法は世帯の構成員が追加的に労働供給を行うことであり，別言すれば世帯内労働力を再配分して効率性を高めるということになる。世帯

内でこれまで続けてきた経済活動から得られる所得を減じるわけにはいかないので、世帯の構成員が有していた余暇の時間を削減し、その時間を労働にまわすことで所得を増やし、耐久消費財の購入量を増やす方向に選択したと考える。このように自ら消費する商品を生産するのではなく、「完成品」に近い商品を購入するため、市場への関与を深め、市場の求める商品の生産や労働力を供給するようになることで、実質賃金が目立った上昇を示さない場合でも耐久消費財のストックが増大する可能性があるとドゥ・フリースは指摘している（de Vries 1993）。

　このような選択を、斎藤は「消費のサイレン」に反応して余暇より労働することを選択するようになったと表現している。図2-4-2は実質賃金の低下という現象を示しているが、これは家計が労働の供給を増加させた結果を反映したものであり、他方で世帯内のモノが多くなったという現象は家計が市場にもたらされた消費財をより多く購入しようとした結果であるともいえる。これらの点を踏まえてもドゥ・フリースの仮説は「勤勉革命」と表現するより「家計革命」と表現した方が妥当であると斎藤は指摘する（斎藤 2009：145）。そのうえで近世から産業革命期に労働者の年間労働時間が長くなったということは、歴史家によって認められた事実であり、オランダに限らず実際にイギリスでも顕

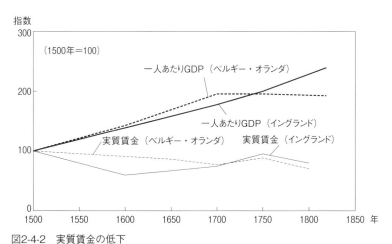

図2-4-2　実質賃金の低下

出所）斎藤 2009：125（一部改変）。

著な労働時間の延長があったことが実証されている（斎藤 2009：145）。

　ドゥ・フリース自身はまた，近世オランダの事例を念頭において，自家消費を軸とした自営農民世帯から賃金労働者世帯へと転換が起きたと捉えているが，実際のところはそのような変化が本当に起きたのかは判然としていない。とくにイングランドの農村部の事例で見た場合，17 世紀から 18 世紀の段階でドゥ・フリースの提示する意味での「自営業家計の転換」があったとはいえないと斎藤は指摘する。これに加え斎藤は，谷本雅之や尾関学の研究を踏まえ，日本においても労働時間は長期的に増加傾向にあったけれども，その傾向が消費面における財の自家生産から市場での購入への転換を伴っていたかは大いに疑問であり，綿製品をはじめとする衣料品で見た場合，その調達手段が購入という形へと変化するには幾つもの段階を経て長期の時間を要したことが実証されていると指摘する（斎藤 2009：146）。18 世紀から 19 世紀にかけて農家の副業の発達によって現金収入が増えており，それらを肥料の購入に充てていたことは見出せるが，それらの大部分を消費財の購入に充てていたとは考え難い。このようにイングランドと日本では世帯内で労働時間を長期化した趨勢は見て取れるものの，ドゥ・フリースが考える「家計革命」は両地域で見出すことは難しいと斎藤は強調している（斎藤 2009：146-147）[4]。

　このように厳しい指摘がある反面，永島剛は 19 世紀を中心にイングランド・ウェールズの公衆衛生に関わる幾つかの論点を取り上げてドゥ・フリースの議論を検討しており，速水の「勤勉革命」とは異なる概念として検討する意義を強調している（永島 2013：169）。このように今現在も斎藤を含め多くの研究者から厳しい指摘が出されており，ドゥ・フリースの仮説は今後さらに活発に議論されることが期待される。

注
*1　本節は主として速水融（2003）を参照している。
*2　本節における斎藤の議論は，主として斎藤（2004）と斎藤（2005）に依拠している。
*3　本節では主として de Vries（1994）と de Vries（2008）に依拠している。
*4　ドゥ・フリースも近年，東アジアと西ヨーロッパを対比して自らの「勤勉革命（家計革命）」
　　論を議論している（de Vries 2013）。

参考文献

大島真理夫　2009「序論」大島真理夫編『土地希少化と勤勉革命の比較史——経済史上の近世』ミネルヴァ書房，1-33 頁。

大橋厚子　2009「ジャワ島における土地希少化とインボリューション論」大島真理夫編『土地希少化と勤勉革命の比較史』ミネルヴァ書房，211-250 頁。

川勝平太　1991『日本文明と近代西洋——「鎖国」再考』NHK 放送出版協会。

斎藤修　2004「勤勉革命論の実証的再検討」『三田学会雑誌』97（1）：151-161。

斎藤修　2005「前近代経済成長の2つのパターン——徳川日本の比較史的位置」『社会経済史学』70（5）：3-23。

斎藤修　2009『比較経済発展論』岩波書店。

杉原薫　2004「東アジアにおける勤勉革命経路の成立」『大阪大学経済学』54（3）：336-361。

杉原薫　2020『世界史のなかの東アジアの奇跡』名古屋大学出版会。

徳永光俊　2009「江戸農書に見る『勤勉』と『自然』——『百姓の道』を生きる農民世界」大島真理夫編『土地希少化と勤勉革命の比較史』ミネルヴァ書房，125-163 頁。

永島剛　2013「近代イギリスにおける生活変化と〈勤勉革命〉論——家計と人々の健康状態をめぐって」『専修経済学論集』48（2）：161-172。

速水融　2003『近世日本の経済社会』麗澤大学出版会。

速水融・宮本又郎　1988「概説　17〜18 世紀」速水融・宮本又郎編『経済社会の成立——17〜18 世紀』（日本経済史1），岩波書店，1-84 頁。

宮本又郎　1988『近世日本の市場経済——大坂米市場分析』有斐閣。

de Vries, J. 1975. Peasant Demand Patterns and Economic Development: Friesland 1550-1750. In W. N. Parker & E. L. Jones (eds.), *European Peasants and their Markets: Essays in Agrarian Economic History*. Princeton: Princeton University Press, pp. 205-266.

de Vries, J. 1993. Between Purchasing Power and the World of Goods: Understanding the Household Economy in Early Modern Europe. In J. Brewer & R. Porter (eds.), *Consumption and the World of Goods*. London: Routledge, pp. 85-132.

de Vries, J. 1994. Industrial Revolution and Industrious Revolution. *Journal of Economic History* 54(2): 249-270.

de Vries, J. 2008. *The Industrious Revolution: Consumer Behavior and the Household Economy, 1650 to the Present*. Cambridge: Cambridge University Press. (ヤン・ド・フリース　2021『勤勉革命——資本主義を生んだ 17 世紀の消費行動』吉田敦・東風谷太一訳，筑摩書房)

de Vries, J. 2013. The Industrious Revolution in East and West. In K. Sugihara & G. Austin (eds.), *Labour-Intensive Industrialization in Global History*. London: Routledge, pp. 65-84.

Sugihara, K. 2003. The East Asian Path of Economic Development: A Long-term Perspective. In G. Arrighi, T. Hamashita & M. Selden (eds.), *The Resurgence of East Asia: 500, 150 and 50 Years Perspectives*. London: Routledge, pp. 78-123.

　　　制度と経済発展

　20世紀に発達した「新古典派経済学」は，分析の前提として①完全競争市場，②完全に特定化され費用なしに確立される所有権，③中立な政府，④嗜好は不変という仮定をおいてきた。しかしながら，こうした前提は現実の経済においては必ずしも満たされない。つまり，市場は完全に競争的ではなく，さまざまな経済的決定は市場の外で行われているし，さらに実際の経済においては取引の過程で発生する費用（取引費用）も考慮に入れる必要がある。したがって，経済理論を用いて現実の問題に取り組むためには，理論に組み込まれていない多くの制約条件に注意を払わなければならない（ノース 1982）。

　このような制約の一つとして，経済史では「制度」の問題が重視されてきた。歴史を振り返ると，人間の作った制度はたえず変化し続けている。そこで，経済史に「制度変化（institutional change）」という概念を持ち込んだダグラス・ノース（D. C. North）は，このことばをきわめて広い意味で用いることにした。すなわち，法律や規則で定められたものだけではなく，社会的慣習として行われているものも含めて制度として捉えるのである。

2-5-1　ヨーロッパ世界の勃興

　経済史における重要なテーマの一つは，なぜ，イギリスが世界で最初に産業革命を達成し，工業社会を作り出すことができたのかという問題である。ノースはロバート・トマス（R. P. Thomas）とともに書いた『西欧世界の勃興』のなかで，この問題を制度変化という観点から説明し，経済史研究に新しい方法をもたらすことになった。以下では，彼らの考え方を紹介し，経済史における制度の問題を考えることにしよう。

　ノースらは，16世紀以降の大航海時代において，最初に経済を拡大したのは，絶対王政下のスペインやフランスであったことにまず注目する。新大陸から産出される銀の独占に成功したスペインでは，貿易を独占した王室の権力が大きく高まったが，逆に議会の力は弱められた。その結果，国王は簡単に租税方式

を変えて税額を思いのままに動かすような独占力を行使したのである。王室はメスタ（羊毛の生産・出荷を支配した独占組合）から得る歳入を重視したので牧羊地は拡大したが，反対に穀物の生産量は大きく低下した。この結果，食糧不足が起こり，スペインの人口は停滞してしまった。さらに，王室の命令によって財産の差し押さえや没収が繰り返されたので，所有権の確立は著しく妨げられる。その結果，農業だけでなく商工業においても人々は生産的な職業から追い出されてしまい，貿易収入が減少するとスペインの経済力は衰えたのである。

　これに対して，フランスの農民は土地の所有権という点では，スペインの農民よりも恵まれていた。近世のはじめには貴族は土地に対する直接支配から退き，農業資産はおびただしい数の小農民と多数の小貴族の間で分割された。国王は農民の世襲保有権を認めており，固定された地代を払いさえすれば法的な所有権を保証していたのである。しかし農民にとっての問題は所有権ではなく，生産した農産物を売る市場にあった。フランス国王の財政政策は，意図的かどうかは別として，市場の拡大をあらゆる手段を通じて妨げたのである。その結果，農民は地域内で販売せざるをえなかったが，こうした販売には貿易と同じように「内国関税」が課されており，さらにある種の農産物を売る権利は特権化されて，政府歳入の源泉となった。その結果，取引部門から本来得られるような利益がフランスでは十分に実現されなかったのである。

　ノースらは，スペインやフランスと比べると，オランダ，イギリスには制度面に大きな違いがあったと指摘した。オランダの特徴は，ヨーロッパの地理的中心というメリットを最大限に生かすべく，効率的な市場が発達したことである。国際市場へのアクセスが可能になった結果，都市のギルド職人はより贅沢な製品の生産に特化し，高い利潤を得ることができた。また農村では，都市の商人によって管理された下請制度の下で，安価な織物の生産が発達するのである。

　一方，イギリスにはスペインのような海外の富も，フランスのような広大さも，あるいはオランダのような効率的な市場も欠けていたが（ノース＆トマス1980），18世紀には世界の経済成長の先頭に立ち，いち早く工業化を成し遂げることになる。ではいったい，その秘密は何だったのだろうか。

　ノースらは，イギリスがオランダをまねて所有権の確立を図ったことをまず重視する。さらに重要なことは，国王による特許権付与という制度が生まれた

ことであると述べている。もともとイギリスで特許とは，国王が恣意的に認めてきた独占的権利のことを意味していたが，1623年に制定された専売条例（Statute of Monopolies）は発明と新規事業のみを対象として一定期間（最長14年間）の独占権を認めるとともに，権利の侵害に対しては損害賠償請求の権利を与えた。18世紀に起こったワットの蒸気機関（1769年）やアークライトの水力紡績機（1771年）などの発明は，このような特許権の確立によるところが大きかったのであり，産業革命の基盤を作り出したといえるだろう。要するに，ノースらは産業革命が近代成長の原因なのではなく，産業革命をもたらすような制度的編成こそが重要だと考えたのである。

2-5-2　歴史制度分析

ノースが制度史的アプローチで重視したのは，経済発展において所有権，市場，さらに特許といった制度の持つ重要性であった。つまり，ヨーロッパでは相対的には後発のイギリスで産業革命が起こったのは，このような制度的条件がイギリスにおいて最もよく満たされたからだとしたのである。ところで，こうした制度的条件は一国の経済発展というようなマクロのレベルにとどまらず，企業や生産組織，あるいは市場取引といったミクロのレベルでも重要だろう。この種のテーマが経済学で扱われるようになったのは比較的最近のことであり，「組織の経済学」や「ゲーム理論」といった領域で研究が進められている。そこで，経済史の研究においても，こうした新しい理論を援用することで，単に記述的な歴史の解釈にとどまらず，制度的な枠組みの果たす役割を実証的に分析する新しい方法が生まれつつある。こうした研究は「歴史制度分析」と呼ばれており，経済史における最も新しい研究領域といえる（斎藤2010）。以下では，歴史制度分析の一例として，江戸時代の株仲間を分析した岡崎哲二（1999）の研究を紹介してみよう。

2-5-3　取引制度としての株仲間

株仲間とは，江戸時代に幕府や諸藩が許可した独占的な商工業者の同業組合のことである。株仲間には，業者側から見れば自己の権益を守ると共に品質管理や価格統制が可能といったメリットがあり，また領主側から見れば貿易統制

や警察的取締りといった機能に加えて冥加金という名前の税が受け取れるというメリットもあった。江戸中期に側用人・老中を歴任した田沼意次は株仲間を積極的に公認したので、幕府は冥加金を重要な収入源として見なすようになる。ところが、仲間による独占は商品価格の高騰を招いたので、江戸後期になると物価上昇の原因だという意見が強くなってきた。そのため、天保改革を主導した水野忠邦は天保12年（1841）、株仲間の解散を命じ、商品の自由取引を認めたのである。

しかし、株仲間の解散によっても物価の騰貴は続き問題は解決しなかったばかりか、むしろ流通機構の混乱が生じるなど、水野の命令はかえって事態を悪化させる方向に作用した。現代から見れば、物価上昇の真の理由は文政の改鋳によって金銀貨の品位が下げられ、発行量が増大したこと、すなわち、マネーサプライが増加したためなのである。

その後、水野が失脚すると株仲間を復活させるべきだという意見を述べるものが増えてくる。たとえば、江戸町奉行の遠山景元は株仲間について次のような意見書を提出し、その再興を主張した。①株仲間の停止によっても物価問題は解決しない。②株仲間の停止により資金融通が停滞した。さらに、③株仲間には「商法取締」の機能もある。こうした意見は幕閣に受け入れられるところとなり、株仲間停止からおよそ10年後の嘉永4年（1851）に同業者の人数制限は認めない条件をつけて仲間を復活させる「問屋再興令」が出された。

ここで、遠山景元が株仲間と物価の関係を否定するだけではなく、その積極的な意義を述べていることは注目される。株仲間といえば、これまではその独占的な側面が強調されることが多く、どちらかといえば否定的な評価がなされることが多かった。しかしながら、株仲間を一つの経済的制度として考えた場合には、取引を円滑にさせるようなポジティブな機能があった可能性を考えるべきことを遠山の意見書は示唆しているのである。

岡崎（1999）は、株仲間には所有権保護との関係で注目すべき機能があったと述べている。すなわち、仲間の規約には販売先である仲買人が株仲間のメンバーの一人に対して商品代金の支払いをしなかった場合、株仲間メンバー全員がその仲買人との取引を停止することが定められることが多かった。こうした不正取引の事実は役員を通してメンバーに回覧したり店頭に公開したりして告知されたので、商工業者は株仲間によって取引の円滑化と所有権の保護がはか

表2-5-1　株仲間停止前と停止期間の比較

	株仲間停止前（1833～1841年）	株仲間停止期間（1842～1850年）
年平均経済成長率*	0.006	－2.29%
飢饉年の回数	2	0
江戸と大坂の物価変化の相関係数	0.990	0.887
地域別米価変動係数	0.169	0.221

注）　*江戸時代には正確な国民所得統計を得ることができない。そこで，マーシャルのkが一定という仮定のもとに実質貨幣残高成長率を読み替えて，経済成長率を推定している。
出所）岡崎 1999：114-129。

れたと考えられるのである。

　では，こうした株仲間の積極的な意義は，何らかの形で実証的に示すことができるのだろうか。江戸時代の経済データは，現代と比べればはるかに貧弱であるが，それでも間接的な検証が可能であると岡崎は述べている。ここで観察されたのは，株仲間が停止されていた期間とそれ以外の期間の経済成長や市場のあり方であり，株仲間の経済に対する効果が検証された。

　表2-5-1によると，株仲間の停止期間は大きな飢饉がまったくなかったにもかかわらず，経済成長率は2％以上低下している。また，江戸と大坂の物価変化の相関係数が低下するとともに，全国13地域の米価変化率のばらつきを示す変動係数は上昇した（いずれも統計的に有意な差を持つ）。このことは，株仲間の停止によって全国的な市場機構の機能が低下したことを示唆している。こうした結果から岡崎は株仲間の停止期間には経済のパフォーマンスが低下したのであり，株仲間には市場機構の機能を支える役割があったという評価を与えたのである。

　このように，現実の経済は制度変化によって大きな影響を受けている。歴史制度分析はこうした政府の政策評価はもちろんのこと，産業組織，労働市場，コーポレイトファイナンスなど民間部門の研究にも広く応用が可能であり，今後の発展が大きく期待される分野といえるだろう（中林・石黒 2010）。

参考文献
岡崎哲二　1999『江戸の市場経済』講談社。
斎藤修　2010「数量経済史と近代日本経済史研究」『日本経済史研究入門』（日本経済史6），東京大学出版会，69-90頁。
中林真幸・石黒真吾 2010『比較制度分析・入門』有斐閣。
ノース，D・C & R・トマス　1980『西欧世界の勃興』速水融他訳，ミネルヴァ書房。

2-6　数量経済史

2-6-1　数量経済史誕生の背景

　歴史を学び，その当時の経済現象の背後にあった因果関係を数量モデルとして把握し，現代のデータに基づいて分析を行うのが，数量経済史である。日本では quantitative economic history と表現することが多く，他方，歴史研究に数量的な分析を加えるということからクリオメトリクス（clio metrics）と呼ばれることもある。clio とは歴史の女神であり，その女神と計測の結婚を表明するという意味であったとされる。

　理論分析と歴史学の分析は別物と考えられていたが，19 世紀半ばのドイツでは，歴史学派経済学のグループによって，経済史は経済学における研究手法の一つと捉えられていた。つまり，理論と歴史は密接に結びついているものとして捉えられていたのである。その後，一度は理論研究と，歴史の観点から現実の社会経済を分析する研究とは分離することとなったが，20 世紀に発展した数量経済学によって理論と現実の経済が再度結び付けられ，歴史研究にもその手法が用いられるようになった。

　現代の経済を分析する際よく用いられる指標に GDP がある。2020 年の一人あたりの GDP（名目 GDP）は，国際通貨基金（IMF）のデータによると，1 位のルクセンブルクが 116,921 ドルなのに対して，最下位のブルンジは 254 ドルと，非常に大きな差がある。ちなみに日本は 23 位の 40,146 ドルである。とはいえ，先進国もかつては発展途上国と同様の所得水準であった。いま発展途上国が直面している現実は先進国が歩んできた道の一部であり，発展途上国は先進国の成功と失敗の経験を教訓として得ることができるのである。

　GDP について各国が発表するようになったのは第二次世界大戦後のことであり，それ以前の GDP を得ようとすると推計する以外に方法がない。その際に用いられるのが一次史料であり，生産額や原材料費，流通コストなどを一次史料から収集し，GDP を推計する。GDP 推計の作業を最初に行ったのはサイモン・クズネッツとされる（クズネッツ 1961，1971）。彼の功績のおかげで 19

世紀以来の経済成長を定量的に把握することが可能となったのである。

　その最初の試みが，アメリカ合衆国の奴隷制度存続の可能性を著したマイヤー（John R. Mayer）とコンラッド（Alfred H. Conrad）の『奴隷制の経済学──数量経済史の諸研究』である。論理的な欠陥があったとされるが，彼らの著書は数量経済史の分野ではパイオニア的な存在となっている。

$$C = \frac{R + E}{i} \left[1 - \frac{1}{(1 + i)^n} \right]^2$$

　上記の式は，奴隷投資の収益率を計算した式である。奴隷一人あたりの価格とその奴隷が従事する土地と施設の価格の合計を C，奴隷がもたらす年間の純利益を R，土地と施設がもたらす年間の純利益を E，奴隷を使役できる期間を n，奴隷投資の収益率を i とする。この時代にあった制約を加味して求められた収益率は平均 6％ であり，当時の債権投資収益率とほぼ同じであった。彼らは，経営者の視点から見れば，産業への投資も奴隷への投資も利潤率が平均レベルであったと理論的に証明したのである。

　近年のアメリカ経済史研究では，経営史研究の発展や計量経済学の発展の影響もあり，産業革命に関する研究などから現代の現象に関心が移ってきている。そして，研究の発展とともに研究対象はますます細分化され，手書きのものを含めた一次史料を用いていない研究はもはや実証研究と見なされなくなってきていることは，周知の事実である。一次史料を用いて分析を行う際，数量経済史がどのような手助けとなるのか，誕生の背景から考えてみたい。

2-6-2　鉄道と数量経済史

　経済史分野の研究に経済理論を導入した人で最も有名な学者の一人にロストウがいる。彼は『経済成長の諸段階』（*The Stages of Economic Growth*, 1960）のなかで，鉄道は産業革命のリーディング・セクターであるとした。彼は，まず経済発展を次の 5 つに区分し分析を行った。それは，①伝統的社会，②離陸のための先行条件期，③離陸，④成熟への前進，⑤高度大衆消費社会である。ロストウは，飛行機が離陸する際のパワーの上昇を，アメリカの経済成長に重ね合わせたのである。経済成長理論でいうところの離陸には，「有効な投資あ

るいは貯蓄率が国民所得のなかで5%から10%の増加が必要」であった。それは，ロストウが，この離陸を主導したのが鉄道業であったとしたからである。鉄道を建設する際にはさまざまな産業が関わる。枕木などの原料となる材木を扱っている産業や，燃料である石炭を扱う鉱山業などに前方連関効果，また客車などの車両を生産する製鉄業や，鉄道が開通した際にヒト・モノ・カネ・情報を輸送するサービス業に後方連関効果をもたらし，各産業の労働者需要も増大していたからである。また，当時のアメリカの場合，労働者人口の確保が困難であったため，機械化が進んだともいわれている。

　数量経済史分野では，ロバート・フォーゲル（Robert W. Fogel）の方法も有名である。彼は，経済理論と計量的な手法で経済史研究に大きく貢献した功績が讃えられ，1993年にダグラス・ノース（Douglass C. North）とともにノーベル経済学賞を受賞している。『鉄道とアメリカの経済成長』やエンガーマン（S. L. Engerman）と共同で執筆した『苦難のとき』により，アメリカの経済発展に果たした鉄道の役割や奴隷制に関する歴史学のそれまでの解釈に大きな影響を与え，数量経済史の発展に貢献した。

　彼の著作の前者は，実証研究によって，ロストウが指摘した南北戦争前の鉄道業を中心とする産業連関効果はそれほど大きなものではなかったと批判したものである。それは，もし鉄道がなかったらアメリカは発展しなかったのかという仮説に基づいた実証研究である。ここでも一次史料が用いられ，フォーゲルによって数量分析がなされた。

　鉄道が導入される前のアメリカ国内輸送は，運河交通が主流であった。鉄道が建設されなかった場合，運河建設が続き，農業産地間の輸送は運河に頼っていたことは想像に易しい。フォーゲルは，鉄道がもたらした社会的制約はGNPのわずか数%だったとし，もし鉄道がなかったとしても運河輸送が続いていたため，アメリカが急速に発展していった事実は変わらなかったと結論付けている。

2-6-3　アメリカ南部奴隷制と数量経済史

　どの国においても農業における近代化と生産性の増加があって，そのうえに工業化の成功があることは押えておきたい。経済史分野の研究に経済理論を導入したロストウは，農業の重要な役割として次の3点をあげている。

1つめは，食糧供給の増加である。移民人口が増加すると彼らを養うため，農村地域から食糧の提供を受ける必要があるからだ。2つめは，農業において，生産性の向上に伴う実質所得の上昇が，国内市場の拡大をもたらし，工業化への布石となることである。3つめは，農業部門から工業化のために必要な労働力と資本を供給しなければならないということである。

　1741年ごろに，当時，北アメリカとイギリスとの貿易の中心地であったマサチューセッツでは，奴隷制度を確立した。しかしアメリカ北部は奴隷労働を必要とする産業構造ではなく，むしろタバコ・綿花といったプランテーション経営を展開させていたアメリカ南部が，奴隷労働を必要としていた。18世紀において，アメリカ南部の主要作物はタバコであったが，エリ・ホイットニー（Eli whitney）が発明した綿操機によって綿花栽培がこれまでにないほど拡大し，19世紀に入るとますます綿花需要が増加したからである。フォーゲルとエンガーマンは，ある農場経営者の日記から，奴隷に対する鞭打ちの回数をカウントした。それによると，一人あたり年平均0.7回行われていた。奴隷は工場の労働者と異なり，報酬によるインセンティブは発生せず，解雇も発生しない。代わりに，鞭打ちに遭わないというインセンティブが与えられたと考えられる。奴隷に与えられた体罰について理論的な考察をしたのが，ステファノ・フェノアルテア（Stefano Fenoaltea）である（Fenoaltea 1984）。彼は，苦痛は人々に恐怖を与える代わりに，それを避けようと働く努力水準が高まるとした。一方で，注意深さは損なわれる傾向にあるため報酬インセンティブが重要とし，注意深さが必要とされない作業に鞭打ちは有効であるという。

　アメリカ南部に展開された奴隷制による綿花プランテーション経営は，この時代で一定の収益を上げたのか否かという議論が行われていた。フォーゲルとエンガーマンは，もし南北戦争がなかったとするならば，という仮説を立てた。フォーゲルとエンガーマンの説は，①奴隷への投資は，製造業への投資に匹敵する収益率をもたらしたし，②奴隷制農業は，北部の家族農業と比較しておよそ35％効率的であった。③典型的な奴隷農業労働者は，白人労働者よりも勤勉であり，一部で奴隷制は黒人家族を崩壊させたといわれているが，奴隷売買はたいてい家族単位で行われるか，あるいは家族から自立できる年齢だと考えられる個人で行われた。④奴隷農業労働者は，怠惰などではなく，平均して白

人労働者よりも勤勉で，能率的であった，などである（フォーゲル＆エンガーマン 1981：259）。

1808 年に奴隷貿易が禁止されたが，それ以降もアメリカ国内での奴隷売買は合法であったため，奴隷労働を必要としていたアメリカ南部の農場経営者たちは，奴隷労働力に依存していた。先ほど紹介した奴隷投資の収益率の通り，コンラッドとマイヤーによって初めて，奴隷制によって農場経営者たちが獲得した利益が推計された。収益率は平均 6％と推算されたが，その推計は，フォーゲルとエンガーマンによって再検討され，現在でも妥当なものであったとされる。フォーゲルとエンガーマンは次に，奴隷を使った農場と自由農民を含むその他の農場の生産性を比較した。その結果，奴隷を使った農場の方が高い生産性を持つことが分かったのである。その理由として考えられているのが，1 つめは，作物の収穫時期が一致しない農産物を選択したことである。たとえば，綿花栽培の収穫最盛期に合わせて奴隷労働力を準備すると，収穫時期でない閑散期が生まれ，余剰労働力が生じる。そこで，綿花栽培の収穫時期と重ならないトウモロコシが選ばれ，綿花栽培の繁忙期を過ぎたころにトウモロコシを収穫することで，1 年中，奴隷労働力を活用することができたのである。次に奴隷の能力に応じて鋤（すき）を用いる作業と鍬（くわ）を用いる作業とを分け，また，庭師，子守，家事労働といった作業も適材適所に割り当てられたのであった。さらに，土地を掘り起こし，種を蒔き，土を被せるといった作業を分業して行うようになり，システマティックに作業を行わせた結果，農場の奴隷の生産性を引き上げたのであった。先述のフェノアルテアの説を当てはめてみると，綿花やトウモロコシは一年草の作物であることから，次の年の収穫のために枝や幹を傷めないように注意する必要がなく，その点で多年草の作物とは異なる。つまり，綿花やトウモロコシの栽培において，奴隷には，次の年の作物の出来などを考慮する注意深さは求められず，彼らの努力はあらゆる苦痛を避けることに傾けられた。奴隷制の下で，綿花やトウモロコシを栽培する農場で長期にわたって高い生産性が維持された要因は，この点に見出される。

2-6-4　数量経済史の可能性

アメリカの経済発展において鉄道や奴隷制が果たした役割を中心に数量経済

史を検討してきた。もちろん数量経済史には限界があり，このアプローチこそが経済史研究を発展させる唯一の手段と捉えるのは些か無理がある。とくに経済史研究には数値化できない事柄が密接に絡み合っていることが多く，それらを無視して議論することは大いなる誤りを生む可能性がある。しかし，それだけの理由で数量経済史の可能性を否定することは難しい。計量経済学や統計学の手法を活かし，さまざまな一次資料の数値を分析することで，文書類の言説分析からだけでは解明されなかった知見を得ることは，経済史研究にとって大きな意義があると考えられる。

　こうした数量経済史の可能性は，近世日本経済史家の西川俊作が江戸末期の長州藩の経済構造を分析した研究や，宮本又郎をはじめとして江戸後期の大坂における堂島米市場の動向を分析した研究は，多くの日本経済史研究者にも受け入れられている。その成果の一端は4巻本の『数量経済史論集』に収録されており，それ以降も数多くの素晴らしい数量経済史の成果が発表されている。そして今では経済史を研究する主要なツールとして認知されている。その可能性と限界を認識しつつ，伝統的な手法とどのように相乗効果を得ていくか，経済史研究者は今後もさらに考えていく必要がある。

参考文献

クズネッツ，S　1961『経済成長——6つの講義』長谷部亮一訳，厳松堂。

クズネッツ，S　1971『近代経済成長の分析』塩野谷祐一訳，東洋経済新報社。

Fenoaltea, S. 1984. Slavery and Supervision in Comparative Perspective: A Model. *The Journal of Economic History* 44（3）: 635-668.

Fogel, R. W. 1964. *Railroads and American Economic Growth: Essays in Economic History*. Johns Hopkins Press.

Fogel, R. W. & S. L. Engerman 1974. *Time on the Cross: The Economics of American Negro Slavery*. Little Brown.（フォーゲル，R・W & S・L・エンガーマン　1981『苦難のとき——アメリカ・ニグロ奴隷制の経済学』田口芳弘他訳，創文社）

Mayer, J. R. & A. H. Conrad 1964. *The Economics of Slavery: And Other Studies in Econometric History*. Aldine.

Rostow, W. W. 1960. *The Stages of Economic Growth: A Non-Communist Manifesto*. Cambridge University Press.（ロストウ，W・W　1961『経済成長の諸段階—— 一つの非共産主義宣言』木村健康他訳，ダイヤモンド社）

2-7　世界の農業革命

1750 年と 2000 年の間に世界の人口は 8.4 倍，7 億 2500 万人から 61 億人に増加した。しかし，世界の穀物生産はやや少ない約 8 倍程度の増加であった。この増加が可能となったのは，耕作地の拡大だけでなく穀物の生産性が上昇したからである。この生産性の利益はとくに 1900 年以後に生じた。それは，農業生産に化石エネルギーが大量に投入された結果であった。このような成果は，食糧事情を根本的に変化させた。

1750 年には，世界の穀物生産量は人類の食糧需要を満たせなかった。1870 年から 1913 年の間には一人あたり農業生産は 25％増加した。1913 年と 1938 年の間には一人あたりの生産は 10％の増加でやや停滞したが，20 世紀の後半の 50 年間に総生産量は 3 倍に，一人あたりの生産は 30％増加した。今日，世界各地における穀物収穫量は世界人口全体の食糧需要を満たしてもそれを上回っている。とはいえ，豊かな国と貧しい国の間の農業生産性のギャップは今も見られる。本章では，過去と現在の農業革命について考える（図 2-7-1）。

2-7-1　農業革命とは

農業革命とは，農産物需要の急増に対応して農業生産力が飛躍的に発展したことと，それに伴って農業部門の生産関係に変化が生じたことを指す。すなわち，農業革命には，技術と制度の変化が伴った。増加する人口を扶養し，工業の発展に必要な労働力を農業から工業へ移転するには，土地と労働の生産性を引き上げ

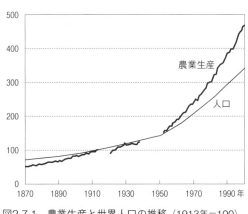

図2-7-1　農業生産と世界人口の推移（1913年＝100）
出所）Whaples & Parker 2013: 157.

る必要がある。農業における生産性を引き上げる技術の改良には，農村社会の制度変化が伴っていた。

　農業の近代化には農村における土地所有関係，借地制度，農場規模の大きな変化が伴った。このような「制度変化（institutional change）」は農業技術の革新の前提条件となる。封建制の時代に存在した荘園制，共同体的土地所有，開放耕地制，分益小作制は農業の革新を阻害する要因と考えられ，耕作地が大規模に囲い込まれた農場にかわることが農業の近代化への道であると論じられた。[*1]

　ヨーロッパ諸国の農業の技術革命は 1500 年と 1800 年の間に生じた。19 世紀に入る前には各国は農業技術の改良をすでに経験しており，1800 年には高い労働生産性を達成していた。19 世紀になると，農業革命は北西ヨーロッパからヨーロッパの他の地域にも広がった。こうしてヨーロッパ全体で，農場労働者一人あたりの生産量が増加し，都市工業社会の成長に貢献したのである。

2-7-2　農業革命の事例

イギリス

　経済史上，イギリスは農業革命の先行例であった。イギリス経済史では農業の発展には 4 つの要因があげられていた。①開放耕地の囲い込み（エンクロージャー），②資本主義的な農村社会構造の形成，③高い農業生産性，④初期の工業化，である。イギリスは，伝統的な農村社会の変化が農業生産性の上昇を促進し，産業革命への道を切り開いた「古典的事例」と考えられてきた。

　開放耕地の囲い込みはイギリス農村史の特徴であった。中世の末期，イングランドの農場の約半分は開放耕地と共同地であった。1850 年には，事実上すべての耕地と草地が囲い込まれた。まず，15 世紀末までに囲い込みはしばしば荘園の封建的領主によって行われた。借地農が強制的に追放されるか，あるいは疫病のために耕作者がいなくなり放棄された土地の囲い込みが進んだ。17 世紀には，囲い込みは，衰退しつつあった封建的領主が手放した土地を入手した新興の土地所有者と借地農の間の合意に基づいて行われた。1780 年代以降，こうした地主は議会で法律を定め，これに基づいて残っている開放耕地と共同地のほとんどを囲い込んでいった。

　この囲い込み過程を通して，イギリスの土地社会では地主，借地農民および

農業労働者という利害の異なる階級が生まれ，かつて見られた収穫や水利，雑草取り，家畜の飼育などをめぐる共同体的規制が撤廃され，農業の生産性が上昇したと論じられた。18世紀にはクローバやカブラなどの新しい農作物が採用された。このような土地を集約的に利用する輪栽式農法が成功した結果，土地生産性が上昇した。すなわち，農業革命は，囲い込みによる経営規模の大型化，効率的な農業による生産性の上昇，必要労働力の減少，都市の発展，経済成長という論理で産業革命を準備したと論じられた。

農業革命をめぐる論争

　しかし，近年では，中世から19世紀にかけて農業における効率性の利益は小規模農民によってもたらされたとの見方が現れ，この囲い込みの評価をめぐっては論争が展開されている。

　イングランドの土地所有制は，1500年と1800年の間に大きく変化した。中世時代の多くの土地は10エーカーないし20エーカーの小さな家族農場に分割されていた。多くの農民は封建的領主にいろいろな義務（経済外的強制）を負わされていたが，耕地は慣習的に世代間で移動した。

　19世紀になると，土地所有貴族は，議会で制定された法律を盾に土地を囲い込み，その土地を借地農民に貸し出し，彼らが農地を耕作し経営した。この農場は土地を持たない農業労働者によって耕作された。土地を持たない農業労働者はイングランドに特有のもので，農業を促進する近代的制度と考えられた。近年の研究では，大規模農場と小規模農場を比較すると，1エーカーあたりの雇用者は農場が大きくなると減少したが，1エーカーあたりの生産量は規模に関係なくほぼ同じであったといわれる。

　また，農業生産量の増加ないし農業生産性の上昇が見られた時期についても論争が展開されている。通説では，1750年と1850年の間の時期が決定的に重要であると考えられた。この時期には，議会の権力を背景とした囲い込み，大農場の成立，および産業革命が同時に生じたからである。したがって，囲い込みは生産性の上昇をもたらし，工業化を推進したという解釈が支持された。ところが，農業技術の革命は1650年から1750年の間に生じたという見解が現れた。この見解を支持する研究者は，農業生産における大規模耕地の役割を疑問

視し，生産性の上昇をもたらしたのは小規模な耕地の農民であると主張する。こうした考えによると農業の技術革命は産業革命の前提条件であり，農業革命と産業革命は同時に生じたのではないということになる。

フランス，ドイツ，アメリカ合衆国

　中世のフランスの荘園制度は厳絡ではなく，小農は基本的には土地所有者であった。貴族とブルジョワは小農の土地を買い上げて，彼らを借地農民に変えていった。北フランスの大農場は実際には小土地の集合であった。18世紀中頃，パリとイングランドのミッドランドの土地生産性は同じくらいであったが，南フランスと西フランスの土地生産性はこれと比べて劣っていた。支配的な経営形態は地主と農民の間の分益小作制で，農民は収穫の3分の1か2分の1を地主に納めた。このような分益小作制は農業の革新への動機を阻んだといわれるが，むしろ当時行われていた戦争の遂行に必要な資金を得るための高率の課税が農業生産性の向上を抑えたという見方もある。

　ドイツでは，16世紀の宗教戦争と30年戦争（1618～48年）のために，国土は荒廃し，農業生産性は低下した。戦争の結果，ドイツの人口は半減したともいわれている。18世紀と19世紀には，東ドイツと西ドイツでは農村社会の発展が異なっていた。西ドイツでは，国家の政策は小農を優遇した。封建的借地農民は小農として自立した土地保有者となったが，高率の課税に苦しんだ。東ドイツでは，小農は19世紀まで身分的に拘束される農奴のままであった。プロシアがナポレオン戦争に敗北した後，改革が進み，農奴は解放されたが，彼らの土地は奪われた。プロシアでは大農場経営者がユンカーと呼ばれる貴族的地主層として台頭してきた。所領の拡大と土地を持たない労働者を利用した農業には，19世紀を通して一定の生産性の向上が見られた。

　19世紀末にアメリカ合衆国では，急速な技術革新によって世界で最も効率的な穀物栽培が行えるようになった。1800年と1900年の間に農業生産性は著しく改善された。1800年のニューイングランドでは1ヘクタールあたりの労働時間は150～170時間であったが，1900年にはカリフォルニアでは9時間未満になっていた。1950年以後のアメリカ農業の基本的な変化としては，個人所有の農場規模の拡大，大規模な農業用機械の利用，大量の肥料の投入，中

央制御による灌漑，単一栽培の導入をあげることができる。このように，1850年から1900年までに行われた農業の近代化の結果，産業全体に占める農業労働力の割合は60％以上から40％に減少した。その割合は1950年代には15％，1975年以降わずか2％になっている。

2-7-3　農業の近代化とアジア

農業革命は伝統的農業から近代的農業への移行を指す。両者の相違点の一つとしてエネルギー基盤の変化をあげることができる。すなわち，伝統的農業は光合成による太陽の放射エネルギーの変換を活用して展開されてきた。伝統的農業は，人々には食糧，動物には飼料を提供し，土壌の肥沃度を保ち，家庭用燃料を確保するために有機廃棄物の再利用とエネルギーの再生利用に依拠するものである。

しかし，この農業は必ずしも伝統的な慣行の持続性をもたらさなかったし，信頼性の高い食糧供給を可能にしたわけではない。逆に，生産性の低い農業と過放牧は，土地の肥沃度を低下させ，土壌を侵食し，耕地と放牧地の放棄につながる場合もある。したがって，肥料の投入，灌漑施設の利用を通じた農業の集約化，農作業の機械化，家畜の効率的飼育が求められた。

今日，農業の近代化には次のような手段が必要とされる。第1は非有機肥料の利用（合成窒素）である。現在の農場で直接ないし間接に使用されている肥料の半分は合成肥料である。第2は農作業と穀物加工の機械化である。機械化は伝統的農業の隘路を突破した。穀物の植え付けや収穫時に必要とされる労働者の季節的需要も取り除いた。畜力に依存する「機械化」は早くから始まったが，1850年代以降，鉄製の鍬，播種機，収穫機が活用された。後には，馬力を利用したコンバイン，蒸気力を利用した鍬や脱穀機が使われる。1960年代にはアジアやラテンアメリカでもこうした機械は使用されたが，アフリカでは一部のプランテーション農業を除いて自給的農業の色彩が濃厚であった。また，動力付きポンプの利用は灌漑方式を変革した。第3は高収穫品種の利用である。大量の肥料投入と広範囲の灌漑に対応して新たな穀物品種を投入することで農作物の高収穫が得られるようになった。トウモロコシのハイブリッド種，小麦や米の高収穫品種の導入については，国際トウモロコシ・小麦改良センター

（CMMYT），国際米研究所（IRRI）で研究が行われてきた。

1960年代以降，アジア各地で行われた新しい農業の組み合わせは「緑の革命」といわれた。限られた農地を複雑な耕作に基づいて栽培の集約化を図った農業がアジアの米作であった。いわゆる「緑の革命」と呼ばれる農業革命である。米の水田耕作の労働集約化，それに必要な灌漑施設の建設と維持が大きな役割を果たした。この結果，高密度の人口を扶養できたが，一方では極端な貧困化が生じた。

集約的耕作で知られる中国の南部諸州には，20世紀初頭以前にも農業改革の兆候があった。その後，共同体農村の過剰労働に基づく農業経営は萎縮してしまった。革命後の1959年と1961年の間に農民は8億人で，人口の80%を占めたが，300万人の餓死者を出すほど農業生産性は低い水準にとどまっていた。

中国は独自に高収穫品種の米を開発したが，肥料の不足と制度の弱点のために生産性向上の成果を上げられなかった。しかし，1980年代末には，中国は世界最大の窒素肥料生産国となった。たんぱく質の75%は穀物から供給され，耕作可能な土地の40%は灌漑されている。1980年と2000年の間に中国の一人あたり平均の肉購入量は2倍以上になり，魚と果物は5倍以上となった。毛沢東以後の中国農業は，深刻な問題もかかえてきたが，化石燃料を使用した農業の効率性と利益の上昇を物語る成功事例となっている。

注
＊1　荘園制とは，封建社会の基礎を構成する領主の土地所有・経営形態。領主は領主裁判権などの経済外的強制に基づいて土地保有農民から地代を徴収するが，地代には賦役労働や生産物があった。開放耕地制は，中世ヨーロッパに典型的な耕地制度。農民の耕作する耕地が各田圃に散らばっている。分益小作制は，小作制度の一形態。地主・小作間で生産物を一定比率で分け，共に危険負担する。

参考文献
生源寺眞一　2013『農業と人間——食と農の未来を考える』岩波書店。
長命洋佑　2015『いま問われる農業戦略——規制・TPP・海外展開』ミネルヴァ書房。
世界銀行　2008『開発のために農業』田村勝省訳，世界銀行。
中島紀一他　2015『有機農業がひらく可能性——アジア・アメリカ・ヨーロツノ号』ミネルヴァ書房。
Whaples, R. M. & R. E. Parker eds. 2013. *The Routledge Handbook of Modern Economic History*. London: Routledge.

2-8　イギリス産業革命

　イギリスにおける歴史的な工業化，すなわち「産業革命（Industrial Revolution）」は，経済史の研究分野において，最も古くかつ現在においても強い関心が寄せられているテーマの一つである。近年では，研究の進展に伴って産業革命の革命性について疑問が呈され，古典的なイメージからは大きく変化している。本章では，まずイギリス産業革命について概観したうえで，近年提示されている新たなイメージについて，いくつかの点から見ていく。

2-8-1　産業革命とは？

　産業革命とは，1760年ごろから1830年ごろのイギリスで起こった産業技術上の変化をきっかけとした一連の経済社会の変革を指す。その影響はイギリスにとどまらず，欧米諸国や世界全体にも大きな影響を与えた。イギリスは，この時期を通じて，農業や手工業に基盤をおく社会から，機械制生産に基礎をおく工業社会へと移行した。この一連の変化は冠詞をつけて大文字で始まる The Industrial Revolution とされ，他の国の工業化とは区別される（奥西他 2010：118）。

　「産業革命」という用語が定着したのは1880年代であり，それはアーノルド・トインビー（Arnold Toynbee）によるところが大きいとされている。トインビーによれば，産業革命の起点は，蒸気機関・紡績業など新技術が発明された1760年代に求められる（長谷川 2012：10-11）。イギリスにおいては，18世紀前半における飛び杼の発明を契機として綿織物の生産が急増し，それが18世紀後半にジェニー紡績機，水力紡績機，ミュール紡績機などの相次ぐ発明を促して綿糸の大量生産が可能になった。それがまた織機の改良を刺激することになり，力織機が発明され，さらに動力源として蒸気機関が利用されるに至った。こうして綿工業において機械制工場が普及し始め，労働生産性が上昇し，生産量は飛躍的に増大した。やがて機械，鉄などの関連工業部門も大きな発展を遂げた（金井他編 2010：84）。

2-8-2　なぜイギリスが最初に？

　なぜイギリスにおいて最初の産業革命が発生したのか。簡単に思われるこの問いについては，古くからさまざまな説が提示されてきた。たとえば，イギリスが石炭や鉄鉱石に恵まれていたといった地理的な点，伝統的に毛織物工業が発展していた点，プロテスタンティズムの教義上に見出される「禁欲」や「勤勉」といった「資本主義の精神」が国民性となっていた点，などがある。こうした指摘はイギリスにおける国内的な要因を重視するものであった。

　これに対し，最近では，ロバート・アレン（Robert Allen）が議論しているように，貿易の拡大が都市の発展を促進し，その結果として農業生産が効率化され非農業人口の拡大が可能になったと考える対外要因を重視する見解も多く出されている（奥西他 2010：139）。生産性の上昇をもたらした要因については，イギリスでは，賃金が他国に比べて割高で，機械などを購入した方が割安だったため，それが技術革新につながったという指摘もある（アレン 2012：40）。

　また，近年重視されている見解として，私的所有権の保護がある。土地が共同体のメンバーの共有地であった場合，その土地で生産された作物は，原則として共同体のメンバー全員のものである。そのため，特定個人が自分でコストを負担し，生産性を上げるための土壌改良を行うことはない。しかし，土地の私的所有権がある場合には，原則としてその土地で生産された作物は，土地の所有者のものとなる。イギリスでは，18世紀末から19世紀初頭にかけての囲い込み（エンクロージャー）によって開放耕地をなくして，排他的所有権が確立された（奥西他 2010：140-141）。この結果として，資本投資が活発化し，生産性の上昇につながった（農業革命）。この点は，イギリス固有の要因の1つとして近年重視されている。

2-8-3　マクロ経済指標

　先ほど述べたように，近年の研究の進展によって，イギリス産業革命のイメージは大きく変化している。以下では，具体的なデータを用いてこの点について見ていこう。

　表2-8-1は，イギリスのGDP成長率と人口増加率について示したものである。

表2-8-1　イギリスにおけるGDP成長率と人口増加率（1700〜1831年，年率%）

期間	GDP 成長率諸推計			人口増加率
	クラフツ＝ハーリィ （1992 年）	クラフツ （1985 年）	ディーン＝コール （1962 年）	
1700 〜 1760 年	0.69	0.69	0.66	0.38
1760 〜 1780 年	0.64	0.70	0.65	0.69
1780 〜 1801 年	1.38	1.32	2.06	0.97
1801 〜 1831 年	1.90	1.97	3.06	1.45

注）　国内総生産成長率は，1801年まではイングランドとウェールズ，1801〜31年はグレート・ブリテン，人口
　　　増加率は，イングランドのみを対象とした推計。
出所）斎藤 2008：231。

　GDP 成長率については，ディーンとコールの推計値（1962 年），クラフツの推計値（1985 年），クラフツとハーリィの推計値（1992 年）があげられている。

　表 2-8-1 を見ると，1780 年まではいずれの推計値も大差ないが，1780 年から 1801 年については 2.06％から 1.38％へと下方修正し，1801 年から 1831 年に関しては，3.06％から 1.90％へと下方修正されている[*1]。また，これらの値をもとに経済規模の変化について算出した研究によると，1760 年を 100 とした場合，ディーン＝コール推計では 1830 年には 4.5 倍に達するのに対して，クラフツ＝ハーリィ推計では 1760 年の 2.5 倍をわずかに上回る程度とされている（奥西他 2010：121）。高度成長期の日本や近年の中国のように，年率 10％という経済成長が起こると，わずか 10 年で経済規模は 2.5 倍を超える。このことから，産業革命期の経済成長は，「革命」と呼ぶにはほど遠く，驚くほど穏やかなものであったことが分かる。こうした数量史的研究の成果を受けて，「産業革命」という用語を避け，工業化（industrialization）で代替される場合も多く見られるようになった。

　また，産業構造に関しても新しい見解が示されている。かつては，産業革命は，農業社会から工業社会への移行の契機と捉えられてきた。しかし，クラフツによる 1985 年の研究では，イングランドにおける労働者人口に占める農業人口の割合は 1759 年時点で 48％と，すでに 5 割を切っていたことが明らかになっている[*2]。これは，産業革命開始前に，イギリスにはかなり大規模な非農業人口が存在したことを示唆している（奥西他 2010：123）。このように，現状では，古い見解にも疑問が呈されている。

2-8-4　産業革命の社会的帰結

　産業革命によって人々の生活は豊かになったのか。この問題は，生活水準論争として知られ，長い論争となっている。この論争は，産業革命によって生活水準が上昇したとする楽観説と，むしろ低下したと主張する悲観説との間に起こったものである。悲観説は，都市の発達と改良が人口の増大と流入についていかなかったために，技術的な変化を生み，経済が不安定になっていった結果，農業労働者の高度の失業と低賃金をもたらしたとする。これに対し，楽観説は統計史料を用いて，労働者階級の実質賃金が上昇しているとする。近年では，必ずしも所得では測ることができない生活の質的な側面（身長など）に光を当てようとする研究が進んでいる。

　表2-8-2は，近年の研究によって得られた生活水準の諸指標を示したものである。これを見ると，相対的に上昇している実質賃金（W）と識字率（L），悪化している労働時間（WK）と見ることができる。また，身長に関するデータは整合的ではなく，出生時平均余命（E）は，1830年代までは改善傾向にあるが，1830年から50年にかけてはどちらも悪化している。こうした指標は，生活水準論争の決着が困難であることを示しているといえよう。

表2-8-2　生活水準に関する諸指標（1760〜1850年）

	W	H1	H2	WK	E	L
1760 年	109	167.4	171.1	2576	34.2	48.5
1780 年	100	168.0	164.4	2956	34.7	49.5
1800 年	103	168.3	164.4	3328	35.9	52.5
1820 年	113	170.7	167.2	3342	39.2	54.5
1830 年	120	170.7	165.6	3356	40.8	57.5
1850 年	135	165.3	164.7	3185	39.5	61.5

注)　　W＝年間を通じて雇用された場合の実質賃金（1780年＝100）。
　　　　H1＝フラウドによる20〜23歳の新兵の身長（出生年次別）推計。
　　　　H2＝コムロスによる20〜23歳の新兵の身長（出生年次別）推計。
　　　　WK＝年間労働時間　　E＝出生時平均余命（歳，平均寿命のこと）　　　L＝識字率（％）
出所)　奥西他（2010：144）の表を一部改変。

2-8-5　革命と呼べるのか？

　これまで見てきたように，近年の研究によって，イギリス産業革命に関する多くの新しいイメージが提示されてきた。その結果，「産業革命はなかった」と主

張する研究者も現れたほどである。それでは，産業革命の「革命」的な側面はどこに見出すことができるのであろうか。最後に，この点について触れておきたい。

斎藤修によれば，18世紀末イギリスの産業革命は，綿糸紡績と製鉄に代表される生産財生産部門の「革命」的変化をその本質とする。それは，産業と産業の間の分業が深化し，その産業と産業の間に新たな市場が創出され，その結果として原材料の加工から最終消費財の生産に至る工程が長くなり，中間財の生産とその市場が拡大することを示している。[*3]

これは，近世に各地で自生的に生じた分業の進展（プロト工業化の進展）と中間財市場の拡大という，長期的趨勢の延長において捉えられるべきものである。その累積的進化の結果，ある程度の市場規模となれば標準化しやすい製品を生産している産業では機械化が起こり，さらなる収穫逓増が実現する。消費財生産よりは生産財生産の方が標準化しやすい部門なので，18世紀に機械化による一段の拡大が起こったのは，綿糸紡績や製鉄といった産業であった（斎藤 2008：42-43）。ただし，それはそれ以前の時代からの断絶ではなく，現在の変化速度に比べれば，はるかに緩慢な変化であった。

このように，近年のイギリス経済史では，産業革命を「革命」としてではなく，近世からの連続的変化の延長に位置付ける見解が有力であるといえよう。

注
* 1　しかし，同推計は用いた資料と前提となる条件（労働者人口に占める農業人口の比率等）が異なるため，単純に「産業革命」論の定説を決めることはできない。
* 2　最近の研究では，1710年時点で，第一次産業に従事する割合は50.8%（農業人口の割合は49.8%）となっている（Show-Taylor & Wrigley 2014: 59）。
* 3　こうした指摘は「スミス的成長」として，近年注目されている。

参考文献
アレン，R・C　2012『なぜ豊かな国と貧しい国が生まれたのか』グローバル経済史研究会訳，NTT出版。
奥西孝至・鴋澤歩・堀田隆司・山本千映　2010『西洋経済史』有斐閣アルマ。
金井雄一・中西聡・福澤直樹編　2010『世界経済の歴史』名古屋大学出版会。
斎藤　修　2008『比較経済発展論——歴史的アプローチ』岩波書店。
長谷川貴彦　2012『産業革命』（世界史リブレット），山川出版社。
Show-Taylor, L. & E. A. Wrigley 2014. Occupational structure and population change. In R. Floud, J. Humphries & P. Johnson (eds.) *The Cambridge Economic History of Modern Britain, Volume I: 1700-1870*. Cambridge: Cambridge University Press, pp. 53-88.

大分岐論

2-9-1 『大分岐』の概要

　ロンドンを拠点とする経済史家が中心となって本格的に始まったグローバル・ヒストリー研究は，現在ではロンドンだけでなく「カリフォルニア学派」と呼ばれている研究者を中心に，欧米や日本を中心に多くの研究者によって取り組まれている。その後，2003 年から 2006 年にかけてロンドン大学のオブライエン（P.K. O'Brien）を中心に Global Economic History Network（GEHN）が組織され，世界各地のグローバル・ヒストリー研究者が定期的に研究会を開催するようになり，研究水準がこの時期に飛躍的に高まった。日本においてもグローバル・ヒストリー研究は多くの歴史家の関心を惹きつけており，グローバル・ヒストリーをタイトルに付したテキストが近年数多く出版され，徐々に日本の歴史学のなかでの認知度を高めつつある（水島 2010）。

　こうしたグローバル・ヒストリー研究の歩みのなかで，最も強い影響を与えた研究をあげるとすれば，それは 2000 年に刊行されたケネス・ポメランツ（Kenneth Pomeranz）の *Great Divergence: China, Europe, and the Making of the Modern World Economy* といえるだろう。日本では 2015 年に川北稔監訳で『大分岐』というタイトルで出版された。原著が刊行された直後からアジアに関心を寄せる歴史学者を中心に多大な影響を与え続けており，翻訳が刊行されたことで今後なおいっそうの議論が日本国内でも喚起されるだろう。

　『大分岐』の内容を概観してみると，まずポメランツはヨーロッパと東アジアの比較地域経済史を提唱し，これまでのヨーロッパ中心史観に立脚した比較経済史研究を批判する。まず 18 世紀までのヨーロッパとアジアの中核地域を比較し，ヨーロッパの側に特段の優位性がなかったことを強調している。中核地域としてはアジアでは長江下流域と日本の畿内，ヨーロッパではイングランドが主として取り上げられている。[*1]比較の尺度としては，市場経済のあり方をはじめとする制度や，長期にわたる人口動態の変遷，プロト工業化の発達や資本主義の形，女性労働車はじめとする家内労働の役割，資本蓄積や技術革新か

経済社会に及ぼした影響，砂糖をはじめとする贅沢品の消費動向や綿布の消費量など，さまざまな研究成果を駆使してヨーロッパの優位性が存在しなかったことを説明している。そして，ヨーロッパだけでなく中国や日本でも同様に18世紀に「プロト工業化」が起きていたと主張する。しかし，それらは生態環境的な制約に直面することになった。そのときヨーロッパ（特にイングランド）では，良質な石炭が近隣に存在していたこと，そして南北アメリカ大陸という未開拓な広大な土地を手に入れたことで制約から脱することが可能となったとして，このことを指してヨーロッパとそれ以外の地域の間で「大分岐」が生じたとポメランツは説明する。

　このように生態環境的な要因などの「不確実性」に問題関心を寄せる研究は，近年とくにアジア経済史の研究のなかで増えてきており，これまで真正面から関心が寄せられてこなかった「偶然」という要素が活発に議論され始めてきている。かつてリグリー（E. A. Wrigley）は，『エネルギーと産業革命』のなかで，石炭の所在地と近代工業の所在地との間の交通の利便性が「産業革命」が達成できたか否かの最も重要な鍵であったと指摘し，石炭の産出地からマンチェスターをはじめとする近代工業都市へ石炭を効率的に輸送できたという「偶然」がイングランドにおいて世界で最初の「産業革命」を達成することを可能にしたと論じた。ポラード（S. Pollard）も，多くのプロト工業化地域が衰退していくなかで，スムーズに近代工業地域へと移行できたプロト工業地域の近隣には石炭を産出する地域が必ず存在していたと指摘していることから（Pollard 1981），ヨーロッパ経済史では目新しい議論ではなかったかもしれないが，アジア経済史では近年になって急速に関心が集まった分野といえる。ポメランツもこうした流れの一翼を担っており，長江下流域が，ヨーロッパと同じくプロト工業化を経験し，地域間分業も成立させていたにもかかわらず，石炭を産出する地域との間の交通の利便性が確保できなかったために，近代工業を発展させる機会を失ったと指摘している。

　このようにポメランツは，ジョーンズ（E. L. Jones）の『ヨーロッパの奇跡』に典型的に見受けられるような，ヨーロッパ中心史観に立脚したヨーロッパと他地域の比較史に欠如していたアジアに対する理解を厳しく批判し，グローバル・ヒストリー研究を新たなステージに導いた。また，近世の東アジアにおけ

る市場経済がヨーロッパと比較して決して未発達なものではなく，むしろヨーロッパと比較して自由度の高かったことを指摘した点や，生態環境の動態と市場経済の発達の関係性に真正面から取り組んだ点は，ポメランツの重要な貢献である。

2-9-2 「大分岐」論に関係する研究

ポメランツとともにグローバル・ヒストリー研究に中国経済史の立場から貢献している研究者として，ビン・ウォン（R. Bin Wong）があげられる。彼が刊行した *China Transformed: Historical Change and the Limits of European Experience* は，「近世以降の社会経済および国家形成におけるヨーロッパと中国との共通性および相違性はどこにあったのか」という問題に答えた力作であり，『大分岐』とともにグローバル・ヒストリー研究を支える重要な研究成果である。とくにビン・ウォンは，清代中期の食糧問題と食糧政策の分析を通じて，清朝が自由な経済活動と国家による介入の間でバランスを取りながら，大規模な食糧備蓄制度を円滑に運営していたことを明らかにしている。商品経済の発達と人々の生存維持装置を担保することは，ヨーロッパで成立した近代国家においても両立させることは難しいことであったが，清朝は自らの経済政策を通じて大規模にそれを可能にしていた。これこそヨーロッパでは見受けられなかった国家統合の成功例としてあげられるとビン・ウォンは指摘している。こうした成果を踏まえ，ヨーロッパの経験を半ば普遍的なものとして考え，ヨーロッパを基準としてヨーロッパとヨーロッパ以外を比較するような比較史研究をビン・ウォンは批判する。ヨーロッパを基準として中国を見るとともに，中国を基準としてヨーロッパを見るというように双方向から取り組み，当時の経済状況に可能な限り立脚して論じることで，一方を基準とした従来の比較史研究を改めようと試みている。またビン・ウォンは差異を含みながらも緩やかに統合された「地域」の概念を駆使し，16世紀から18世紀のヨーロッパと，中国を含めたアジアにおける国家形成の動きを比較している。ここでいう「地域」としては，ブローデルが『地中海』で用いた概念が援用されており，その結果，アジアの「地域」において「国家」が形成されていった動きを，ヨーロッパにおける近代国家の成立と対比する試みがなされている。こうしたビン・ウォン

の研究成果は，ポメランツと同じく国際的に高い評価を受けている。

　また，グローバル・ヒストリーの研究は日本の歴史学の多くの分野にも多大な影響を与えてきた。一例として，速水融が近世日本を事例に提唱した「勤勉革命」論を，グローバル・ヒストリーを考えるための普遍的な概念としたことが挙げられる。斎藤修は，近世の実質賃金と一人あたり産出高（GDP）の長期的動向を分析することを通じて，所得格差の不平等が拡大した前近代のヨーロッパにおけるパターンと異なり，徳川期の日本では所得格差が拡大しなかったパターンが存在したことを明らかにした（斎藤 2005）。また杉原薫は，徳川期の日本だけでなく中国（主に華南）にも研究対象を拡大し，16 世紀から 18 世紀の東アジアにおいては土地の制約があるにもかかわらず，労働集約的技術や労働吸収的制度の発展を通じて，マルサスの罠を克服して人口を増大させることを可能にしたと指摘した（Sugihara 2003, 杉原 2004, 2020）。現在では，速水融の提唱した「勤勉革命」は，欧米の資本集約型発展経路とは異なる東アジア独自の労働集約型発展経路を醸成した一つの大きな要素としてグローバル・ヒストリー研究で認知されており，日本の歴史学研究においてもポメランツの指摘を含めおおむね好意的に評価されている。

　しかしながら，ポメランツが主たる研究対象としている中国経済史の研究者のなかでは，彼の評価は未だ定まっているとはいえない。日本における前近代の中国経済の研究では，ポメランツが強調したような発達した市場経済の姿や農業や商業の発展は周知のこととなっているため，取り立てて新しいパースペクティヴを提示したといえないと考えられたことから，日本の中国経済史研究ではポメランツの問題提起は真正面から議論されておらず，これからの課題として残されている（村上 2016：53）。

　グローバル・ヒストリー研究に関連する研究において，ポメランツの問題提起に補強あるいは修正を迫る研究としては，世界各地の実質賃金や生活水準の長期にわたる動態を明らかにし，比較検討しているアレン（R. C. Allen）やファン・ザンデン（J. L. van Zanden）をはじめとするグループの研究成果があげられる（Allen et al. 2005, Allen et al. 2011）。こうした研究は日本国内では一橋大学の経済研究所で活発に行われており，斎藤修の『比較経済発展論』もその成果を代表する大著といえる。他には，インド経済史の立場からポメランツの問

題提起に応えているパルササラティ（P. Parthasarathi）やスチューダ（R. Studer）の研究が，ヨーロッパとアジア（主にインド）との間でなぜ分岐が生じたのかをさまざまな分析を通じて実証的に明らかにしている（Parthasarathi 2002, 2011; Studer 2008）。とくにパルササラティはインドにおける織工の実質所得は 18 世紀イングランドの織工のそれと比較して高いものであったと指摘している（Parthasarathi 1998）。ポメランツと同様に中国とヨーロッパを比較した研究としては，ウォンとローゼンタール（Jean-Laurent Rosental）の都市化に着目して比較した研究（Rosental & Wong 2011）や，フリース（P. Vries）の国家が経済活動にどのように関与していたかという点でイギリスと中国を比較した研究（Vries 2015）が刊行されている。また，大分岐の前の段階で長江下流域とオランダを比較した李伯重（Li Bozhong）とファン・ザンデンの研究もあり（Li & van Zanden 2012），これら以外にも英語圏や中国語圏まで拡大させれば関係する研究は枚挙にいとまがなく，今もなお研究成果が蓄積され続けている。そうした海外における研究の急激な進歩と比較して日本の研究成果の蓄積は遅々としている感が歪めない。

　ポメランツの問題提起がグローバル・ヒストリー研究に多大な影響を与えていることはすでに述べてきた通りであるが，ホアン（P. C. C. Huang）をはじめとして厳しい批判を喚起したことも言及しておく必要がある（Huang 2002）。「大分岐」の議論のフレーム自体が地域的にも時間軸的にもあまりにも壮大であるため，実証分析の面で数多くの問題点が解決されずに残されたままであることは避けられないことではあるが[*2]，これらの点は今後，中国経済史や日本経済史を中心に修正されていく必要がある[*3]。

　2015 年に刊行された日本語訳の『大分岐』にポメランツが寄せた日本語序文のなかで，原著が刊行されて以降の「大分岐」をめぐる論争について，彼自身の認識が詳細に述べられている。このなかで原著の内容について修正が必要なところがあることも認めつつも，基本的には「大分岐」の議論は今もグローバル・ヒストリー研究を牽引する役割を担っていると強調している。近年，中国経済史は概説を含めて特に英語圏において急速に深化してきており，こうした研究成果がポメランツの議論を補強あるいは修正していくものと思われる。それ自体はグローバル・ヒストリーにとって好ましい進歩である。これに加え，

今後はアフリカやラテンアメリカ，南太平洋まで地理的範囲を広げて議論して
いくことで，「大分岐」を含めたグローバル・ヒストリー研究の議論がさらに
広く活発になっていくことが望まれている。

注
＊1 『大分岐』のなかで分析する際にヨーロッパとアジアで取り上げる地域は一定ではなく，
　　場合によっては中核地域が異なっている。一例を挙げれば，森林被覆率の比較の際にヨー
　　ロッパではフランス，アジアでは嶺南が取り上げられており，この点を村上衛は比較対象
　　を恣意的に選択しているといわれても仕方ないと厳しく指摘している（村上 2016：51）。
＊2 難しい点は多々残されているが，統計データ（とくに賃金）について時系列的に一次資料
　　を中心に構築していこうとする研究が近年発表されている（Deng & O'Brien 2016）。
＊3 中国経済史研究者の立場からの指摘として，村上（2016）を参照。

参考文献
斎藤修　2005「前近代経済成長の２つのパターン——歴史的アプローチ」『社会経済史学』70 (5)：
　　3-23。
斎藤修　2009『比較経済発展論』岩波書店。
杉原薫　2004「東アジアにおける勤勉革命経路の成立」『大阪大学経済学』54（3）：336-361。
杉原薫　2020『世界史のなかの東アジアの奇跡』名古屋大学出版会。
水島司　2010『グローバル・ヒストリー入門』山川出版社。
村上衛　2016「『大分岐』を超えて——K・ポメランツの議論をめぐって」『歴史学研究』949：
　　49-54，64。
Allen, R. C. & T. Bengtsson, M. Dribe eds. 2005. *Living Standards in the Past: New Perspective on Well-being in Asia and Europe.* Oxford: Oxford University Press.
Allen, R. C. & Jean-Pascal Bassino, Ma Debin, C. Moll-Murata, J. L. van Zanden 2011. Wage, Price and Living Standards in China, 1738-1925: In Comparison with Europe, Japan and India. *Economic History Review* 64 (1) : 8-38.
Deng, K. & P. K. O'Brien 2016. Establishing Statistical Foundations of a Chronology for the Great Divergence: A Survey and Critique of the Primary Sources for the Construction of Relative Wage Levels for Ming-Qing China. *Economic History Review* 69 (4) : 1057-1082.
Huang, P. C. C. 2002. Development and Involution in Eighteenth-Century Britain and China? A Review of Kenneth Pomeranz's *The Great Divergence: China, Europe, and the Making of the Modern World Economy. The Journal of Asian Studies* 61 (2) : 501-538.
Jones, E. L. 1981. *The European Miracle: Environments, Economies and Geopolitics in the History of Europe and Asia.* Cambridge: Cambridge University Press.（ジョーンズ，E・L 2000『ヨーロッパの奇跡——環境・経済・地政の比較史』安元稔・脇村孝平訳，名古屋大学出版会）

Li Bozhong & van Zanden, J. L. 2012. Before the Great Divergence? Comparing the Yanzi Delta and the Netherlands at the Beginning of the Nineteenth Century. *Journal of Economic History* 72 (4) : 956-989.

Parthasarathi, P. 1998. Rethinking Wages and Competitiveness in the Eighteenth Century: Britain and South India. *Past and Present* 158: 79-109.

Parthasarathi, P. 2002. Great Divergence. *Past and Present* 176: 275-293.

Parthasarathi, P. 2011. *Why Europe Grew Rich and Asia Did Not: Global Economic Divergence, 1600-1850*. Cambridge: Cambridge University Press.

Pollard, S. 1981. *Peaceful Conquest: The Industrialization of Europe, 1760-1970*. Oxford: Oxford University Press.

Pomeranz, K. 2000. *The Great Divergence: China, Europe, and the Making of the Modern World Economy*. Princeton: Princeton University Press. (ポメランツ，K 2015『大分岐』川北稔監訳，名古屋大学出版会)

Rosental, Jean-Laurent & R. Bin Wong 2011. *Before and Beyond Divergence: The Politics of Economic Change in China and Europe*. Cambridge Mass.: Harvard University Press.

Studer, R. 2008. India and the Great Divergence: Assessing the Efficiency of Great Markets in Eighteenth and Nineteenth Century India. *Journal of Economic History* 68 (2) : 393-437.

Sugihara, K. 2003. The East Asian Path of Economic Development: A Long-term Perspective. In G. Arrighi & T. Hamashita, M. Selden (eds.), *The Resurgence of East Asia: 500, 150 and 50 Year Perspectives*. London: Routledge, pp. 78-123.

Vries, P. 2015. *State, Economy and the Great Divergence: Great Britain and China, 1680s-1850s*. London: Bloomsbury.

Wong, R. Bin 1997. *China Transformed: Historical Change and the Limits of European Experience*. Ithaca: Cornell University Press.

Wrigley, E. A. 1988. *Continuity, Chance and Change: The Character of the Industrial Revolution in England*. Cambridge University Press. (リグリィ，E・A 1991『エネルギーと産業革命——連続性・偶然・変化』近藤正臣訳，同文舘出版)

2-10 交通・通信革命

　経済活動を行う上で交通や通信が不可欠の重要性を持つことはいうまでもなく，人々はさまざまな方法でものの輸送や人の移動，情報のやりとりを行ってきたが，19世紀に生じた交通・通信手段の革新は，それまでにない革命的な変化を世界にもたらした。その中心となったのが鉄道，蒸気船，および電信である。産業革命の成果である蒸気機関を利用した鉄道と蒸気船，そして電信は，輸送およびコミュニケーションの時間と費用を著しく減少させ，欧米諸国の経済成長に貢献するとともに，植民地化などを通じてアジア・アフリカ諸国が国際経済に組み込まれる契機を作った。新たな交通・通信インフラのネットワークが欧米諸国とアジア・アフリカを一体化した結果，世界経済が形成されたのである。本章では，世界で最初のグローバリゼーションが生じた19世紀前半から第一次世界大戦までの時期を対象に，交通・通信手段の変化を検討しよう。

2-10-1 交通革命

イギリスの鉄道

　鉄道の発達をリードしたのは，世界で最初に産業革命を経験したイギリスであり，1825年にイングランド北東部のストックトン・ダーリントン間で初めての路線が開業した。1830年にリヴァプール・マンチェスター間で本格的な営業運転が始まって以降，イギリスの鉄道網は急速に発展を遂げ，主要路線の建設が終了した1880年までに路線延長は2万5000kmに及び，1914年には3万8000kmに達した。こうした拡大の過程で炭鉱業や製鉄業に市場を提供し，19世紀のイギリスを代表する産業に成長した鉄道は，輸送費の低減と輸送時間の短縮を通じて経済全体に多大な影響を及ぼした。

フランスとドイツの鉄道

　イギリスに続いて，大陸ヨーロッパでも鉄道建設が進んだが，産業革命後に鉄道が発達したイギリスに対して，大陸諸国では鉄道網の拡大と産業革命が同

時に進行した。

　フランスでは，1842年にパリを起点とする全国規模の幹線鉄道計画が策定され，1850年代までに幹線鉄道が敷設された。その後も鉄道網は拡大し，路線の延長は1880年に2万3000km，第一次世界大戦前には4万kmを超え，鉄道の発展は，国内市場の統合や製鉄業への刺激などを通じて工業化に貢献した。

　1840年代に鉄道建設が本格化したドイツでは，プロシア政府が補助金の交付などを通じて鉄道の敷設を積極的に奨励し，1860年に1万1000kmだった路線延長は，1880年に3万4000km，1910年には6万1000kmに達した。こうした急速な鉄道の拡大は，炭鉱業や製鉄業，機械工業の発展を促し，鉄道レールや機関車など鉄道資材の国内生産（輸入代替化）と輸出につながった。ドイツの鉄道は，重工業を軸としたドイツの工業化で不可欠の役割を果たしたのである。

アメリカ合衆国の鉄道

　アメリカ合衆国では，イギリスにやや遅れて鉄道建設が始まったが，敷設のスピードはイギリスを上回り，路線の延長は1870年に8万5000km，世紀の末には32万km，そして1914年には41万kmにまで達した。こうした過程では，公有地の払い下げや補助金の交付など政府の援助が重要な役割を果たした。初期の路線は主に東海岸に敷設されたが，西漸運動の進展とともに鉄道は西に延伸し，1869年には大陸横断鉄道が完成した。鉄道の発展は，鉄鋼業の発展を促すとともに国内市場の統合を進展させ，南北戦争以後のアメリカの工業化に貢献したのである。陸上輸送の運賃を大幅に低下させた鉄道は，気象条件に左右されにくく短時間で正確な輸送ができたことから，競合する有料道路や運河に対して優位に立ち，また，鉄道網の拡大に伴って鉄道会社の経営規模が巨大化したことは，階層的な経営構造や洗練された管理会計システムが生じる契機となった。

アジア・アフリカの鉄道

　鉄道が欧米諸国で経済発展を促す役割を果たしたのに対して，アジア・アフリカでは，港湾都市と後背地を結ぶ鉄道が，米，小麦，砂糖，茶，コプラ，ゴム，カカオ，ダイヤモンド，金，錫，銅といった一次産品の欧米諸国への輸出

を促し，欧米諸国の工業製品を受け入れる市場を開拓した結果，欧米列強の植民地となったアジア・アフリカ諸国のモノカルチュア的経済構造が強化されることになった。アジアで最大の鉄道網を有したインドでは1853年に最初の鉄道が開業し，鉄道会社に対する政府の利子保証制度の下で路線が拡大し，1870年までに主要幹線が建設された。その後も支線などの敷設が続き，1913年の路線延長は欧米諸国に匹敵する5万4000kmにのぼり，稠密かつ広大な路線網はアジアの鉄道総延長の50%を占めた。一方，アジアに比べて鉄道の発達が遅かったアフリカで最大の鉄道網を持っていたのは南アフリカであった。南アフリカで鉄道建設が本格化したのは，キンバリーでダイヤモンド鉱床が発見された1870年代，およびヨハネスバーグ近郊で金の鉱床が発見された1880年代以降であり，1913年の路線延長は9000kmに達した。

蒸気船の発達

　欧米諸国やアジア・アフリカで敷設された鉄道を，国際的な輸送ネットワー

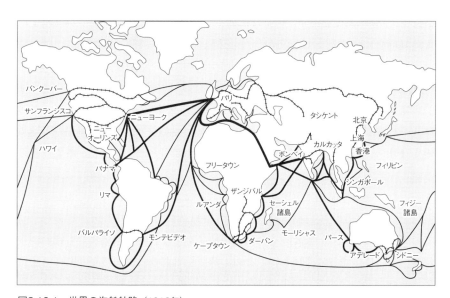

図2-10-1　世界の汽船航路（1913年）
注）　線の太さは航路としての重要度を表す。
出所）レイサム 1987：21。

クに組み入れたのが蒸気船による海運であった。蒸気船は 1820 年代から使用されていたが，構造的な弱さを持つ初期の木製蒸気船は，蒸気機関の効率の悪さから大量の石炭の積載が不可欠で貨物用の空間を十分確保できず，運行コストがかさみ，頻繁な石炭補給も必要であった。そのため，当時の海運では，競合する蒸気船と帆船との間で，前者が近距離航路や茶や絹といった高価値品の輸送を，後者は長距離航路や米，ジュートなど低価値で嵩高品の輸送を担当する住み分けが生じていた。蒸気船が長距離海洋航路でも利用されるには，船の構造と設備の改良が求められたのである。まず，推進装置としてスクリュー・プロペラが採用され，1840 年代には蒸気船の標準的装備として普及し，船体の素材には鉄が利用されるようになった。鉄製の船は木造船に比べて，軽さ，安全性，耐久性などに優れており，1850 年前後には鉄製蒸気船が一般的となった。1860 年代になると高圧の二段膨張エンジンが導入され，エンジン効率が高まった。そして，こうした改良をより強化し，高性能な汽船を生み出したのが，1880 年代に普及した三段膨張エンジンと鋼鉄製船体である。三段膨張エンジンは蒸気機関の燃料効率をさらに向上させ，鉄以上の強度を持つ鋼鉄の価格低下は，薄い鋼板を用いた軽量な船体を可能にし，三段膨脹エンジンと相まって蒸気船をスピードアップさせた（図 2-10-1）。

スエズ運河の開通と蒸気船

　蒸気船の普及に貢献したもう一つの大きな出来事が，1869 年のスエズ運河開通である。スエズ運河の開通によりヨーロッパからアジアへの海路が大幅に短くなり，従来のアフリカ喜望峰回りのルートに比べて，6400km あまり短縮されたのである。そのうえ，スエズ運河は風などのため帆船の航行に適していなかった。運河の開通は蒸気船ブームを引き起こし，距離が著しく短縮されたムンバイ航路では汽船の比率が上昇し，1890 年にはイギリス向け貨物がすべて蒸気船で運ばれた。また，茶など高価値品が扱われた中国貿易でも帆船から汽船への移行が急速に進展した。なお，蒸気船の普及によってただちに帆船が駆逐されたわけではなく，19 世紀の末まで，帆船は長距離航路での低価値嵩高品の輸送や蒸気船の燃料となる石炭の輸送などに利用されていたが，20 世紀に入ると衰退の方向に向かった。

こうした船舶技術の向上と船舶の大型化，そしてスエズ運河の開通は，船舶数が増加する競争的市場のなかで蒸気船の運賃率の大幅な低落を実現し，それが，国際貿易の拡大と多様化を通じてグローバリゼーションをもたらし，欧米市場におけるアジア・アフリカ産品の価格を低下させた。

2-10-2　通信革命

電信ネットワークの形成

　文字や数字を符号に変えて電気信号として伝送する電信は，情報の取引コストを削減する革新的な技術であり，19世紀後半以降に形成された海底ケーブルによる国際的な電信網は，鉄道と蒸気船がつないだ国際輸送ネットワークを情報面から支え，世界経済の形成を決定付けた。国際電信ネットワークの発展をリードしたのはイギリスで，ケーブル製造と海底電線敷設の高い技術を持つイギリス企業がケーブルの整備を担った。植民地インドとの通信を重視していたイギリスは，ケーブル技術の改良による1866年の大西洋横断ケーブルの完

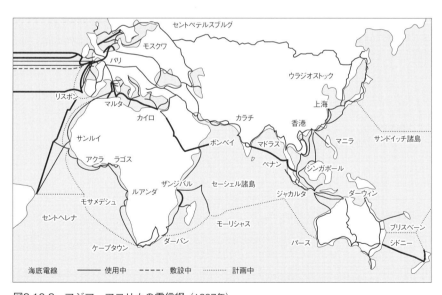

図2-10-2　アジア・アフリカの電信網（1897年）
注）　線の太さは電線の本数に対応する。
出所）レイサム 1987：25。

成やスエズ運河の開通などを背景に，インドへの直通海底ケーブルを1870年に完成させた。以前，帆船を使ってイギリスからインドへ手紙を出す場合，アフリカ回りで5～8ヶ月を要していたが，両国間の通信が5時間にまで短縮されたのである。このケーブルの成功はイギリス企業による海底ケーブル延伸の契機となり，国際電信ネットワークは1870年代に東南アジア，中国，オーストラリア，南アメリカ，南アフリカに及び，20世紀初頭には太平洋を横断する海底ケーブルも完成した（図2-10-2）。

電信と国際貿易

　こうした海底ケーブルの広がりは，アジア・アフリカが国際市場に組み込まれる決定的な契機となり，香港，上海，シンガポール，ボンベイ（現在はムンバイ），アデン，ケープタウンなど電信ネットワークのセンターが貿易の拠点としても重要性を持つに至った。また，国際電信ネットワークが形成されたことで，海運会社は船舶の運航を管理することが容易になり，最新の需給状況に応じた不定期貨物船の効率的な航行にも道を開いた。国際電信によって価格，品質，引渡期日など商品情報が事前に伝達可能になると，商品の到着前に決済が行われ，イギリスを経由することなく商品が目的地に運ばれるようになったが，ロンドンは国際電信網の中心であったため，国際貿易の中枢としての地位をさらに高めた。

参考文献
奥西孝至・鴋澤歩・堀田隆司・山本千映　2010『西洋経済史』有斐閣アルマ。
サイモン，P・V　2012『ヨーロッパ交通史』梶本元信他訳，文沢社。
ヘッドリク，D・R　1989『帝国の手先』原田勝正他訳，日本経済評論社。
ヘッドリク，D・R　2005『進歩の触手』原田勝正他訳，日本経済評論社。
レイサム，A・J・H　1987『アジア・アフリカと国際経済』川勝平太他訳，日本評論社。

2-11 ロンドン金融市場と国際金本位制

2-11-1 金本位制

　国際貿易が拡大して多角化していくと，自ずと国際決済の円滑化が重要になってくる。各国が異なる通貨を発行しているため，国際決済には常に複雑な問題がつきまとう。こうした課題を克服するために，ヨーロッパをはじめ世界各地で信用制度が発展した。国内の場合，バーター・ベースの取引あるいは貴金属を介した取引でも可能な範囲は大きいが，国際取引の場合，そうした取引はほとんど行うことができなかったため，ヨーロッパでは為替手形の利用が進み，アムステルダムをはじめ大陸ヨーロッパ各地で多くの金融市場が成立した。しかし，貨幣が多様である状況には変わりがなく，また地域や商人によって意図的に悪貨が鋳造されたこともあり，当時の貨幣の交換比率は常に不安定であることを余儀なくされた。こうした状況も信用制度の発展を促した背景の大きな要因の一つであり，アムステルダムや後のロンドンが高度かつ複雑な形で金融市場を構築させていった遠因といえる。

　19世紀後半になると，世界経済は急速に貿易額を拡大させ，資本移動も活発化させたことから，ロンドンをはじめとする国際金融市場の重要性は否応なく高まった。その基盤となった通貨制度こそ金本位制であり，金を唯一の国際通貨とすることで世界のさまざまな通貨制度を一つの「まとまり」のなかに再編した。

　金本位制を最も早い段階で採用したヨーロッパの主要国はイギリスである。1860年段階においてヨーロッパで金本位制を採用していた国はイギリスの他はポルトガルとブレーメンだけであり，フランスやベルギーをはじめ他の多くは複本位制を採用していた。それらが1900年段階ではほとんどすべてが金本位制に移行しており，わずか40年ほどで世界の通貨制度は大きな変容を見せた（Eichengreen & Flandreau 1996: 115-120）。

　金本位制を簡単に説明すると，①金の一定量で通貨の単位が規定されており，②中央銀行券や政府紙幣は要求されれば金貨に兌換され，③金貨は鋳潰すこと

も自由であり，④金貨や金の地金自体も輸出入が自由，という制度である（西村 1980：3-7）。換言すれば，金貨や金貨に兌換できる紙幣以外はすべて補助貨幣ということになる。これらを踏まえ，金本位制を採用する国々の間では，それぞれの金貨に含まれる金含有量で為替相場が規定され（これを金平価と呼ぶ），事実上の固定相場になった。そして各国の経済状況により物価や経常収支に差異が生じたとき，それらを解放するために若干の上下の変動はあったとしても，金に対する兌換が自由で輸出入も自由であるとき，大きな変動につながる可能性は低かった（「金本位制のゲームのルール」と呼ばれる）。実際のところは金を輸送するために必要となる諸経費を加算しても輸送して利益が出る場合にのみ金現送が生じるのであり，そのような金現送点を越えることは実際には極めて少なかった（Officer 1996: chap.10）。これは当時のヨーロッパやアメリカ合衆国で金融市場間の資金融通が機能していたためともいえるが，金兌換が担保されていたことによる信用が頻繁な金現送を抑制していたともいえる。このように金本位制が成立した結果，外国為替相場の安定化が実現されていった。

これに反して複本位制の場合，金銀の市場比価の変動によって外国為替相場が動揺するのは避けられないので，複本位制の国の政府は常に各国と国際協定を交わして金銀比価の安定化に努める必要があった。ラテン貨幣同盟やスカンディナヴィア貨幣同盟も複本位制の維持や各国相互の通貨価値の安定化を目的に実施されたが（Henriken & Kargard 1995: chap.4, Einaudi 2001），それらも1870年代から進んだロンドン銀塊相場の急落で崩壊し，大陸ヨーロッパ諸国もまたイギリスと同じ金本位制を選択する方向に動いていった。

世界最大の銀産出国であったアメリカ合衆国が金本位制法を制定したのは1900年，日本が金本位制に移行したのは1897年であった。日本の場合，日清戦争の賠償金を元手として金貨を鋳造することで金本位制へと移行することが可能となった。しかし，日本の金本位制の特徴は，その資産の多くをロンドンに置いていたことであり，イギリスの強い要請の下，自由に金を移動させることはほぼ困難であったことである。この点では当時欧米列強の植民地であったインドや海峡植民地と変わりなく，金為替本位制といいかえることもできる。

こうした国際金本位制は第一次世界大戦で停止に追い込まれ，その後いったん回復も兆しも見せたが，イギリスの慢性的な失業率の高さや1929年の世

界恐慌に伴う混乱のなかで崩壊していった。

2-11-2　ロンドン金融市場

　1870 年代以降，ロンドン銀塊相場の急落を契機として進行した国際金本位制の世界的な普及は，世界経済が一つの「まとまり」を加速度的に形成していったことの表れである。実際，第一次世界大戦前のわずか 40 年足らずの間，急速に発達した情報技術や輸送技術により，さまざまな財貨や資本が自由に世界各地に移動した。そのうち資本の流れを迅速化かつ円滑化させることができたのは高度に発達したロンドン金融市場の存在であり，そのことがイギリスを世界経済のなかで覇権国家の地位に押し上げた大きな要因の一つであったことは間違いない。

　19 世紀後半になると，イギリスの工業生産力はアメリカやドイツに主要産業で追い越され，その「世界の工場」としての覇権は喪失していた。しかし，「世界の銀行」あるいは「世界の手形交換所」としての国際金融における優位性は変化することなく，むしろ工業生産などをドイツやアメリカに委ねて，金融・サービス利害に特化したことで，覇権国家としての地位をさらに高めることに成功した。こうしたイギリスの覇権国家としての地位を支えた根幹こそロンドン金融市場であった。

　また当時の唯一の国際通貨であった金をコントロールしていたのもロンドン金市場であり，主要産出国であったオーストラリアや南アフリカはイギリスの植民地であった。同様に銀に関してもロンドン銀塊市場が世界の銀価格を規定する最も影響力があった市場であったことから，イギリスは貴金属市場の面でも金融市場の面でも他の追随を許さない圧倒的な覇権国家であったといえる。

　ロンドン金融市場の特徴は，いうまでもなく，長年の積み重ねのなかで構築されたものであり，一時期に誰かが意図的に構築した制度ではない。イングランド銀行を中心として，ビッグ・ファイブ[*1]をはじめとする商業銀行，割引商社，マーチャント・バンカー，証券取引所，ロイズをはじめとする保険会社，海運業者など，シティと呼ばれるロンドンの一角に集まった機関すべてがロンドン金融市場の発展を支えた。18 世紀後半から 19 世紀前半にかけてイギリスは「産業革命」と呼ばれる著しい工業化を経験したが，このことがロンドン金融市場

の性格に多大な影響を与えた。以下でロンドン金融市場の特徴をいくつかあげてみることにする。

第1の特徴としてあげれば、それはロンドン金融市場で活躍した金融機関のすべてが民間の金融機関であり、政府のコントロールを受けずに発展したことである。イングランド銀行も1694年の設立以来、1946年に事実上国有化されるまで民間の一株式銀行であり、他の金融機関もすべて政府の規制や監督を受けずに自らの判断と経験則に従って業務を行っていた。なお日本の中央銀行である日本銀行は株式の過半を政府が所有している民間の株式銀行であり、アメリカの連邦準備制度理事会は、中央銀行の役割を担っているものの、それらを構成する12の地区のそれぞれに設置されている連邦準備銀行は今でも民間銀行である。イングランド銀行をはじめとする金融機関は、ナポレオン戦争から第一次世界大戦までの間の「平和の100年」の間、政治的な安定を背景に相対的に自由な経済活動を通じて自らの業務を世界各地に伸ばしていった。イギリス以外にもさまざまな国の金融機関がロンドンに進出し、彼らもまたイギリスの圧倒的な覇権を背景に経済活動を行った。ロンドン金融市場はさらにその覇権を強めることに成功した。

第2の特徴としては、高度に分業化し専門化した金融機関が相互に支え合いながら活動していたことである。商業銀行をはじめとする国際金融をメインとする金融機関やマーチャント・バンカーが互いに資金を融通し合いながら活動しており、さらには短期資本から鉱山や鉄道などの長期資本に至るまで多様なサービスを提供できたこともロンドン金融市場の強みであった。

そしてロンドン金融市場の第3の特徴として忘れてはいけない点は、国内金融よりも国際金融に軸足を置いていたことである。イングランド銀行の重役会の構成を見ても、マーチャント・バンカーや海外取引に業務の中心を置く人々が多くを占めており、ロンドン金融市場は相対的に海外志向であったといえる。またロンドン金融市場は総じて産業金融に関心が低く、その点で19世紀前半の工業化とロンドン金融市場の関係性は強くなかったといえる。またイムラーをはじめとする研究において、イギリスの資本輸出先としてイギリス国内はいうに及ばずイギリスの植民地も特段優先されていたわけではなかったことが明らかにされている（Imlah 1958, 尾上 1996）。ロンドン金融市場は政府のさまざ

まな政策と密接な連関性を維持しつつ発展したのではなく，相対的に自由な経済活動のなかで発展したものだといえる。

　ロンドン金融市場において国際金融との関係性でとくに重要視する必要があるのがマーチャント・バンカーとビル・ブローカーの存在といえる。ナポレオン戦争後，名実ともにアムステルダムから世界の金融市場の中核的立場を奪取したロンドンは，その後の運輸・通信革命の下で成長を遂げ，そのなかで発展した貿易はシティを通じて決済されるようになった。そのロンドン金融市場の中心的プレーヤーとして活躍したのがマーチャント・バンカーであった。

　彼らは名前が示すように元々は貿易商であったが，19世紀後半のころには外国為替手形の引受業務や有価証券の発行業務が主業務になっていた。信用の高いマーチャント・バンカーによってロンドン宛手形が引き受けられることで，その手形の信認はロンドン金融市場で最上位のものとなり，割引市場で最も有利な割引率で現金化された。それは貿易金融の円滑化にも多大な貢献をし，マーチャント・バンカーはその点で大きな役割を果たしていた。ナポレオン戦争後になると，マーチャント・バンカーは各国の外債発行や海外に進出する企業の社債発行を行う業務を拡大させ，その重要性をさらに高めていった。しかし19世紀後半になると，業務の高度化のために，より専門的な業務に特化した機関が設立されるようになり，また外国銀行のロンドン支店の設置や外国為替銀行の発展により，マーチャント・バンカーの役割は徐々にではあるが減じていった。一例をあげれば，20世紀初頭にはアジアにおける香港上海銀行やアフリカにおけるスタンダード銀行は現地における金融活動を主導するまで発展しており，彼らはロンドン支店を設置するかロンドンの銀行と為替取引決済の関係を構築することで自らロンドン金融市場とアクセスしていた（Suzuki 2020）。こうした点もマーチャント・バンカーの優位性を低減させることにつながった。

　マーチャント・バンカーの活動に話を戻す。マーチャント・バンカーによって引き受けられたロンドン宛手形は，金と同程度の信用を持つ優良な決済手段となったが，それは現金化されるまでの期間であり，現金化される場合は割引市場でビル・ブローカーがその業務を担うことになる。

　ビル・ブローカーの業務の端緒となったのは，工業地帯の地方個人銀行から手形を入手し，これを比較的資金に余裕がある農業地帯の地方個人銀行に売却

して，わずかな利鞘を得る仲介業であった。1820年ごろからは有力なブローカーはロンドンの有力な商業銀行からコール資金や短期通知による資金などで資金を融通して自己勘定で手形を割り引くようになった。19世紀中葉からはイングランド銀行にも口座を開設するようになり，再割引業務を活発化させていった。19世紀後半からは，彼らも貿易金融に進出し始め，第一次産品輸出に伴う外国為替手形なども積極的に割り引くようになった。手形を円滑かつ迅速に現金化することでビル・ブローカーもまた世界貿易の円滑な拡大に貢献した。

　イギリスは，周知のように，第一次世界大戦前まで世界最大の貿易国であり，世界で最も強力な海軍力を保持し，そして世界で最も発達した国際金融市場を有していた。その国際金融市場では，それぞれの分野に特化した金融機関だけでなく，海運業者や保険業者も活躍しており，イギリスの金融サービス利害の世界経済における圧倒的な優位性を保持することに貢献した。そして世界各地に張り巡らされた国際金融市場のネットワークを活かして膨大な額の資本を世界各地の経済発展に融通した。こうしたロンドン金融市場の優位性を支えた要因を最後に簡潔にまとめておく。

　まず金本位制の存在があげられる。イギリスは1914年まで金本位制のゲームのルールに忠実であり続け，金との自由兌換を保証していた。そのためポンドに対する信認は強まり，結果として世界経済はポンドを基軸通貨として認めることができたといえる。そのなかでもアジアの場合は，ポンドは金との兌換が保証されているよりもイギリスという覇権国家に対する信認によって基軸通貨性が与えられていたと考えられる。イギリスがポンドと金の関係性をかたくなに維持し続けた結果，ポンドの信用が基軸通貨の地位まで高まったといえる。加えてロンドン金融市場のなかで高度に発達した金融機関や制度により，世界貿易の大きな部分がポンド建ての手形で決済されるようになり，先ほど述べたようにポンドの信認がきわめて高かったことから，金への兌換を求められることも少なかった。したがって，金は価値尺度として機能しつつも，実際の交換手段あるいは流通手段として機能することは国際貿易の場面においては急速に減じていった。このように19世紀末から第一次世界大戦前のロンドン金融市場は，自らが内包する高度に発達した金融機関と制度をはじめ，ポンドの基軸

通貨性を有した高い信認とイギリスの貿易大国としての地位や軍事力を背景とした覇権国家としての立場を活かして，世界経済の中枢にいたことが見て取れる。

注
＊1　第一次世界大戦前のイギリスでは，中央銀行の役割を事実上担っていたイングランド銀行の下に，ロンドンを拠点として多数の支店を有した5大商業銀行（ミッドランド銀行，ロイズ銀行，ウェストミンスター銀行，ナショナル・プロヴィンシャル銀行，バークレイ銀行）が存在するかたちで，銀行制度が編成されていった。

参考文献
尾上修悟　1996『イギリス資本輸出と帝国経済――金本位制下の世界システム』ミネルヴァ書房。
西村閑也　1980『国際金本位制とロンドン金融市場』法政大学出版局。
Eichengreen, B. & M. Flandreau 1996. The Geography of the Gold Standard. In B. Eichengreen & J. Reis（eds.）, *Currency Convertibility: The Gold Standard and Beyond*. London: Routledge, pp.113-143.
Einaudi, L. 2001. *Money and Politics: European Monetary Unification and the International Gold Standard*. Oxford: Oxford University Press.
Henriken, I. & N. Kargard 1995. The Scandinavian Currency Union. In J. Reis（ed.）, *International Monetary Systems in Historical Perspective*. London: Macmillan, pp.91-112.
Imlah, A. H. 1958. *Economic Elements in the Pax Britannica: Studies in British Foreign Trade in the Nineteenth Century*. Cambridge Mass.: Harvard University Press.
Officer, L. H. 1996. *Between the Dollar-Sterling Gold Points*. Cambridge: Cambridge University Press.
Suzuki, T. 2020. British Overseas Banks' Activities in the London Financial Market Before the First World War from a View Point of Bill Transactions. In T. Nishimura & A. Sugawara（eds.）, *The Development of International Banking in Asia*. Tokyo: Springer, pp.115-155.

2-12　自由貿易体制と帝国主義

　我が国において環太平洋戦略的経済連携協定（TPP）への参加の是非がさかんに議論されたことは記憶に新しいが，このような世界的な自由貿易化の動きは，近年に始まったものではない。本章では19世紀のイギリスを中心とした世界的な自由貿易体制の確立を，対外膨張政策である帝国主義と関連付けながら取り上げる。

2-12-1　19世紀イギリスにおける重商主義から自由貿易への転換

　15世紀から17世紀にかけてのヨーロッパ諸国においては，絶対王政と呼ばれる国王を中心とした中央集権的な国家体制が成立した。これらの国々において安定した王権を可能にしたのが，官僚組織と常備軍であったが，これらの組織を維持しつつ，宮廷経費を賄うには莫大な財源を必要としたことから，国家は国内の経済活動に対して，より積極的に介入するようになった。とくに，海外との交易に関しては，金銀などの貴金属の輸入や国内産業の保護育成による貿易黒字の確保を通して，国富の増大を図ろうとする重商主義政策がとられた。

　しかしながら，18世紀半ば以降のイギリスでは，このような重商主義的な保護貿易政策に対して，アダム・スミス（Adam Smith）やデヴィッド・リカード（David Ricardo）など当時の経済学者によって，経済理論の側面から強い批判が加えられるようになった。また，実際の貿易でも，当時のヨーロッパとアジア間で行われていた東インド貿易を例にとると，1600年以来のイギリス東インド会社による貿易独占を核とした交易パターンが，アジアにおける私貿易商人の成長などによって，実態にそぐわなくなっていた。さらに，イギリス国内における新興の綿紡績・織物業者に代表される地方の商工業者を中心としたロビー活動もあって，19世紀前半からの本格的な自由貿易政策の採用に先駆けるかたちで，1793年以降，東インド会社に与えられていた特許状の更新のたびに，段階的に貿易の開放が進められた。

　このように当時のイギリスにおいては，自由貿易化の流れが徐々に形成され

たが，18世紀末のフランス革命以降の当時のヨーロッパの政治情勢のなか，国内において保守主義が盛り返していたことで，その進展は遅れることになった。さらに，1815年にナポレオン戦争が終結すると，それまで高騰していた穀物価格が急落したことから，地主・農場経営者は苦境に陥ることになった。彼らは，穀物価格の急落の原因を，海外からの安価な穀物の輸入にあると見なしていたことから，イギリス議会に対して働きかけを行い，同年に穀物法が制定された。この法律は，国内の穀物価格がある一定以上に達した場合に限り，海外からの輸入を認めるものであったが，その価格が1クォーターあたり80ポンド以上と非現実的なほど高く設定されていたことから，海外からの穀物輸入を事実上禁止するものであった（マサイアス 1988）。そして，同法は一般庶民に対して「高価なパン」の購入を強いるものであり，貧困層の犠牲のうえに富裕な地主・農業経営者層を保護するものであったことから，強い批判を受けることになった。

　1820年代に入ると，イギリスは再度自由貿易化に向けて舵を切り，関税の引き下げや，第三国によるイギリス本国と植民地間の貿易を規制していた航海法の緩和などが実施されることになった。このような通商政策の変化には，当時のリヴァプール政権内において自由主義的な考えを持っていたジョージ・カニングやウィリアム・ハスキソンらが大きな役割を果たした。さらに，次のウェリントン内閣の時代になると，1828年に穀物価格と関税率を連動させるスライディング・スケールの導入が実施され，海外からの穀物輸入に対する規制が緩和された（マサイアス 1988）。また，1839年には，マンチェスターにおいて，工場経営者であったリチャード・コブデンやジョン・ブライトが中心となって反穀物法同盟を結成し，新聞やパンフレットなどを用いて世論を喚起しながら，穀物法の撤廃を求めて全国規模の運動を展開した。安価な労働力確保のために安価な食料品を求めていた産業資本家にとって，穀物法は食料価格を釣り上げ労働コストを増やすものであり，自国製品の国際競争力を弱めることにつながると考えられていた。また，同国への伝統的な穀物供給地であったドイツや，原綿の主要供給地であったアメリカ合衆国を含めて，当時のヨーロッパ大陸諸国や北米大陸においては工業化が進みつつあった。そのため，イギリスにおいては，自由貿易化によって海外からの一次産品の輸入を拡大し，同国を頂点と

する国際分業体制にこれらの国々を組み込むことで，国内産業が必要とする食料や工業原材料を確保しつつ，ライバル国の工業化を阻止することが求められていた。その結果，穀物法に関しては，1842年に第二次ロバート・ピール内閣によって，スライディング・スケール方式が見直された後，1845年にアイルランドで発生したジャガイモ飢饉のために，海外からの穀物輸入が必要となったことを契機として，翌年には事実上廃止された。同様に，イギリス植民地－ヨーロッパ間の貿易をイギリスが独占することを目的に制定された航海法は，穀物法とともに重商主義政策を支え続けたものの，19世紀前半の海外貿易の実情にはそぐわなくなったことから，1849年に廃止された。

2-12-2　1860〜70年代にかけての国際的な自由貿易化の流れ

イギリスにおける自由貿易化の流れは海外へも拡大することとなり，1860年には，ナポレオン3世統治下のフランスとの間で英仏通商条約が締結された。交渉担当者の名をとってコブデン＝シュヴァリエ条約とも呼ばれるこの条約に基づいて，両国は関税率の大幅な引き下げを行い，フランスはイギリス製繊維製品の輸入禁止を解除し，逆に，イギリスはフランス産農産物に市場を提供することとなった。また，この条約には最恵国条項が含まれていたことから，後年フランスが他のヨーロッパ諸国と通商条約を締結した際に認めたより有利な条件が，そのままイギリスにも適用されることになった。そして，1860年代から70年代にかけてのヨーロッパでは，多国間の通商条約の連鎖が形成され，国際的な自由貿易体制が確立されることとなった。しかしながら，自由貿易化が関税収入に与える影響に関して，イギリスとフランスを比較した場合には，後者よりも前者の方の影響が大きかったことを論じるナイの研究のように，この条約がフランスによるイギリスの自由貿易政策の受容であったとする従来の説明に対する反論もある（Nye 1991）。

2-12-3　自由貿易と帝国主義

世界各国が自由貿易政策を採用することで国際分業体制が進み国際平和が達成されることをコブデンが信じたように，自由貿易と平和主義はしばしば関係付けて論じられてきた（熊谷 2001）。また，第二次世界大戦以前の古典的な高

図2-12-1　1850年代のイギリスの「公式帝国」（British Empire throughout
the world exhibited in one view, by J. Bartholomew）

出所）Library of Congress, Map. https://www.loc.gov/item/98687124/（最終閲覧
2017年 1 月25日）

国主義研究においては，イギリスが自由貿易化に邁進した19世紀半ばを帝国
に対する「無関心」の時代と見なし，逆に，自由貿易が収縮した同世紀後半の
時代を帝国に対する「熱狂」の時代と見なしていた。しかしながら，欧米諸国
以外のアジアやアフリカなどの地域における自由貿易ならびに国際分業体制の
受容には，帝国主義的な何らかの支配－隷属関係や強制が存在していた。この
ような「自由貿易帝国主義論」は第二次世界大戦後，イギリスのギャラハーと
ロビンソンによって提起された（Gallagher & Robinson 1953）。彼らよりも以前
の帝国主義に関する議論では，図2-12-1のイギリス帝国の版図のように，ヨー
ロッパ列強が物理的・政治的に直接支配した植民地など「公式」の帝国だけを
帝国の領域として考えていた。しかしながら，ギャラハーとロビンソンは，「公
式」の帝国のほかに，経済などの間接的な影響力で支配を行う「非公式」の帝
国の存在を主張した。たとえば，19世紀イギリスの「非公式帝国」と見なさ
れる地域としては，アルゼンチンやブラジルなどのラテンアメリカ諸国，オス
マン帝国や中国などのアジア，エジプトなどのアフリカがあった。そして，こ
れらの地域をイギリス中心の国際分業体制に組み込むために利用したのが，自
由貿易と修好条約の強制であった。もしも，それらが受容されなかったり，浸
透するのを阻まれたりした場合には，1840 ～ 42 年のアヘン戦争や1856 ～ 60

年のアロー戦争のように，軍事力の行使も選択肢に含まれていた。その結果と
して，これらの地域は，イギリスに対して政治的・経済的に従属するようになっ
ていった。しかし，19世紀後半になると世界各地において，他のヨーロッパ
諸国による植民地の獲得がさかんになるにつれて，イギリスも「非公式」な支
配の下で確立していた自国の権益や将来の市場を確保するために，「アフリカ
分割」などの植民地獲得競争に参加し，「公式帝国」に移行せざるをえなくなっ
た。つまり，上述した2人の言葉を引用すれば，イギリスは海外統治にかかる
費用を抑えるために「できるかぎり非公式な支配によって貿易を行いながらも，
やむをえない場合に限って，支配による貿易を行う」という方法をとったので
ある（Gallagher & Robinson 1953: 3）。

2-12-4　ロンドンとジェントルマン資本主義論

　最後に，従来の見解では，このような19世紀におけるイギリスの自由貿易
政策の採用に関しては，旧来の地主貴族層に対する新興の綿工業などの産業資
本家層の勝利という構図によって説明するのが一般的であった。つまり，産業
革命の結果として，工業製品の輸出と安い原材料・食料品の輸入の拡大を求め
る産業資本家層が，経済的成功とともに1832年の選挙法改正などによって政
治的発言力も増大させることに成功したため，政府は彼らの要求に応じるかた
ちで，地主貴族層の存在基盤である国内農業を犠牲にしながら自由貿易化を進
めた，というものである。しかしながら，イギリスの帝国主義に関する理論と
して近年さかんに論じられるケインとホプキンズの「ジェントルマン資本主義
論」では，このような見方を否定する（ケイン＆ホプキンズ 1997a，1997b）。彼
らは，17世紀末以降のイギリスの帝国政策の形成について，地主貴族やロン
ドンのシティ（The City of London）の金融・サービス部門に従事するエリー
ト層などによって構成されるジェントルマン資本家層の影響力を重視する一方
で，地方製造業の影響力は限定的であったことを主張する。そして，イギリス
の自由貿易政策の採用に際しては，国内製造業よりも，むしろシティの金融・
サービス部門の利害が反映されたと見なす。つまり，19世紀半ばの国際的な
自由貿易化の流れのなかで，イギリスは工業製品自体の輸出のみならず，貿易
に付随する金融，保険，海運からも莫大な利益を獲得することになったが，こ

れらを提供したのは同世紀初頭に
国際金融・商業の中心となったロ
ンドンのシティであった。また，
海外投資に関しても，イギリスは
自由貿易によって工業製品の輸出
を拡大させたが，輸入国はその対
価として農産物や工業原材料の輸
出を拡大する必要があったことか

写真2-12-1　イギリスの金融・サービスの中心地ロンドンのシティ　出所）筆者撮影。

ら，シティからの資本を利用して，必要とされた鉄道建設や牧場・鉱山開発を
行った。さらに，1870年代以降になると，他の欧米諸国のキャッチアップによっ
て工業的な優位が喪失され，また，これらの国々において保護主義への回帰が
図られたことから，イギリスにおいても，一部の製造業などを中心に自由貿易
政策の放棄がさかんに論じられるようになった。しかしながら，最終的には，
1914年の第一次世界大戦勃発まで，イギリスは自由貿易政策を堅持すること
になった。この点に関しても，ケインとホプキンズの主張に基づくことで，イ
ギリスが「世界の工場」としての地位を失った後も「世界の商人」や「世界の
銀行家」としての地位を維持することに貢献したシティの意向に応じるもので
あった，と論じることが可能である。

参考文献

ケイン，P＆A・G・ホプキンズ　1997a『ジェントルマン資本主義の帝国I　創生と膨張1688
　　～1914』竹内幸雄・秋田茂訳，名古屋大学出版会。
ケイン，P＆A・G・ホプキンズ　1997b『ジェントルマン資本主義の帝国II　危機と解体1914
　　～1990』木畑洋一・旦祐介訳，名古屋大学出版会。
熊谷次郎　2004「自由貿易帝国主義とイギリス産業」秋田茂編『パクス・ブリタニカとイギリ
　　ス帝国』ミネルヴァ書房，21-49頁。
マサイアス，P　1988『最初の工業国家』小松芳喬監訳，日本評論社。
Gallagher, J. & R. Robinson 1953. The Imperialism of Free Trade. *The Economic History
　　Review, Second Series 6-1*, pp.1-15.（ネーデル，G＆P・カーティス　1983『帝国主義と植
　　民地主義』川上肇他訳，御茶の水書房，129-166頁に邦訳が記載）
Nye, J. V. 1991. The Myth of Free Trade Britain and Fortress France: Tariffs and Trade in
　　the Nineteenth Century. *Journal of Economic History* 51(1), pp.23-46.

20 世紀前半に相次いで発生した２つの世界大戦は，戦争の意味を塗り替える世界史上かつてない規模の戦闘であり，国際社会の秩序を大きく変化させ，その影響は政治の領域だけでなく，各国の経済や社会にまで及んだ。世界の中心は，第一次世界大戦を経てイギリスからアメリカ合衆国へと移行し，また，戦時下の経済統制や戦時期の世界的な不況は，経済社会への国家の干渉を高め，「社会国家」や「福祉国家」などと呼ばれる管理経済の形成が進んでいくことになる。そこで本章では，２つの世界大戦が世界の経済に与えた影響について検討していくことにする。

2-13-1 第一次世界大戦

1914 年６月，バルカン半島のサラエボでオーストリア皇太子がセルビア人ナショナリストに暗殺されると，オーストリアはセルビアに宣戦布告を行い，それに呼応したドイツが同年８月，ロシア，フランス，イギリスと戦闘を開始し，第一次世界大戦が勃発した。ドイツ，オーストリア，オスマン帝国からなる同盟国は，20 世紀初頭からイギリス，フランス，ロシアなど連合国と政治的に対立しており，とくに，普仏戦争でフランスを破り，鉱産資源の豊富なアルザス・ロレーヌ地域を獲得したドイツが，国家として自信を深めていたことも戦争の背景となった。

開戦当初，ドイツはベルギーやフランスに進撃し有利な戦局を進めたが，塹壕の使用が広がると戦況は膠着状態に陥り，前線の物資補給の多寡が消耗戦の成否を左右することになった。そのため，アメリカの参戦によって経済力を増した連合国側が優位に立ち，1918 年 11 月ドイツは降伏，ここに大量殺戮兵器が史上初めて使用された戦争の終結が宣言された。ところで，長期の消耗戦となった本大戦は，各国に国家を総動員して戦争を遂行させただけでなく，膨大な戦費支出を余儀なくし，財源確保のために増税や大量の公債が発行された。また，軍需物資を効率的に生産し，前線に物資や兵士を補給するため国家によ

る経済の統制が行われたが，イギリスやフランスはアメリカからの物資補給に依存していた。

2-13-2 戦後処理とドイツの賠償問題

大戦終了後のパリ講和会議を受けて調印されたベルサイユ条約では，敗戦国に関する事項が取り決められた。ドイツに対しては，植民地の没収や軍備の制限，多額の賠償金などの厳しい措置がとられたが，ドイツが賠償金の支払いに窮すると，アメリカがこの問題の解決に乗り出し，アメリカがドイツへ資本を貸し付け，ドイツが賠償金を支払い，連合国が対米債務を支払うという戦時債務を処理する枠組みが形成された（図2-13-1）。

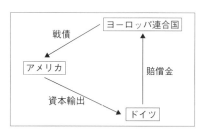

図2-13-1　債務循環の三角関係

2-13-3 アメリカの繁栄から恐慌へ

世界経済の中枢であったヨーロッパが大戦で物的・人的な大損害を被ると，世界貿易や国際投資は停滞し，ヨーロッパの地位は低落する。他方，凋落したヨーロッパにかわり世界経済の中心になったのがアメリカであった。戦場となったヨーロッパから離れていたこともあり，大戦中の戦時景気で好況を迎えたアメリカは，1920 年代になっても耐久消費財や住宅需要の持続的拡大を背景に経済発展を遂げた。そうした経済成長のなかで生まれた大量生産・大量消費システムを象徴するのが自動車産業であり，フォード自動車会社はベルトコンベアー方式による大衆車 T 型フォードの大量生産を実現した。こうして史上初の大衆消費社会がアメリカに誕生する（常松 1997）。

とはいえ，その繁栄は自動車産業や建設業ほかのわずかな産業に依存する極

図2-13-2　ニューヨーク株価の推移（1926〜38年）
出所）キンドルバーガー（2009：106）より作成。

めて偏ったものであり，大量に生産され続ける商品を消費するだけの強い購買
力を国民全員が有していたわけではなかった。それゆえ，1920年代後半にな
るとアメリカの設備投資，耐久消費財支出，一般的消費需要といった経済指標
はいずれも横ばいないし減退し始めた。それにもかかわらず，異常な株式ブー
ムが繰り広げられていった（ガルブレイス 2008）。

　1927年の軽微な景気後退の後，株式相場は実質価値からまったくかけ離れ
た水準で加速度的に騰貴し始める。まさしくバブル経済と呼ぶに相応しい社会
現象が見られた。やがて株式市場は崩壊する時がくる。ついに1929年10月
24日，のちに「暗黒の木曜日」と呼ばれたこの日から始まったニューヨーク
株式市場の暴落は，5日後の29日に再び大暴落が起きて100億ドル相当が紙
くず同然になった。同年11月13日に株価が底をついたときには，最高値を記
録した約2ヶ月前のほぼ半値になっていた。株式市場の崩壊は，アメリカの金
融業界を直撃し，銀行倒産が続出する。1929年中だけで659行が倒産し，翌
1930年には1350行に達した。結局，1933年3月にフランクリン・ルーズベル
ト（Frahklin Roosevelt）が大統領に就任するまで，実に9500行の銀行が破綻
に追い込まれた（図2-13-2）。

　不況の実態を大まかな数字で示すと，国民所得は1929年の878億ドルが
1933年には402億ドルに半減し，鋼鉄生産は1929年の5600万トンをピーク
に1932年には1400万トンに減産している。また失業者は1929年の150万人

から1933年には1300万人に増加し，失業率は25％に達していた。つまり4人に1人が失業者であった。農業分野はさらに深刻で，アメリカ全体の農業収入は60％以上低下し，農民の3分の1が借金をしてそれを返済できずに土地を失うという状況であった。このようにアメリカの経済活動全体が急激に縮小したのであるが，その影響は連鎖反応的に国境を越えて拡大し，やがてヨーロッパ経済へと飛び火することになった。

2-13-4　恐慌の波及とヨーロッパ経済

　第一次世界大戦後の世界経済，とりわけヨーロッパ経済は，アメリカからの資本輸入とアメリカ向け輸出を増やすことで自国経済の立て直しを図っていた。しかし，アメリカでは，1930年のスムート・ホウリー関税法の施行による輸入関税の大幅な引き上げに続いて，翌年後半に向けて連邦準備制度理事会（FRB）が，金利の引き上げ，金融の引き締めを行い，対外投資の減退ないし停止を決定した。結果として，アメリカで起きたバブル崩壊の影響がヨーロッパ経済に本格的に及び始めることになった。

　1931年5月，オーストリア最大の銀行，クレディット・アンシュタルトが倒産すると，その余波はドイツ経済を直撃した。ドイツ帝国銀行は信用収縮を余儀なくされ，それがドイツ第2位のダナート銀行の支払い停止へと導き，激

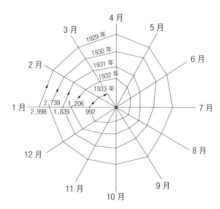

図2-13-3　世界貿易の縮小（単位千万ドル）
注）　主要75ヶ国の総輸入を旧ドル表示したもの。
出所）キンドルバーガー 2009：183。

烈な金融恐慌が起こった。ドイツ政府はドイツ帝国銀行を除く全金融機関の休業を命じ、通貨の自由兌換を停止した。ここに至り、事実上の金本位停止が宣告されたのであった。

　ドイツ金融恐慌は、巨額の対外債権を持ちながらも、それを回収できずに国際収支を崩壊させかねない危機的状況におかれていたイギリス経済をさらに追い詰めることになる。イギリス労働党内閣は挙国一致内閣によってこれを切り抜けようと試みたが、社会不安は治まることなく、金流失は止まらなかった。ついに1931年9月21日、金本位停止条例が議会を通過成立し、ポンドは切り下げられた。「ポンドの没落」は、1920年代に再建された国際金本位制の終末を告げるものであり、ついにアメリカで生じた恐慌が金本位の停止にまで及び、世界経済の崩壊がここに決定的となった（図2-13-3）。

2-13-5　ニューディール政策

　しばしば誤解されがちだが、世界恐慌が始まった当時の大統領は民主党のローズベルトではなく、共和党のフーバーである。フーバーは「小さな政府」と「緊縮財政」を進めることでアメリカ経済は回復するものと強く信じていた。それゆえ、政府主導による景気回復策については極めて消極的であった。たとえば、国立職業紹介所を設けて、州の紹介所と協力して失業救済に当たることを規定したワグナー法案に対し、拒否権を発動したことからも明らかである。もっとも、そのころの経済学者も1929年の恐慌をそれまでのものと質的に異なるとは考えず、やがて回復に向かうと楽観視していたようである。

　フーバーが積極的に不況対策に乗り出すのは、ようやく1931年になってからであった。しかしその内容は、資金の融通によって経済機構を破壊から守ることに重点をおいたものであり、したがって、金融機関の一時的な救済に役立つことはあっても、全般的な不況克服策とはなりえなかった。こうして1929年に始まった世界恐慌はますます深刻化していった（秋元 2009）。

　深刻化する大不況の渦中の1933年3月に第32代大統領に就任したのがルーズベルトである。彼が行った一連の恐慌対策を総称してニューディールという。それは、従来の自由放任を排して、政府が国民全体の経済的厚生のために積極的な役割と責任を担うべきであると考え、恐慌からの救済・復興に大胆に取り

組むものであった。このようにニューディールは，アメリカ経済政策史における転回点となった（マーフィー 2015）。

ところで，ニューディールが取り組んだ主な内容は次のようなものであった。

①　国内の物価を戦前の水準に高めるため，金本位制を捨てて管理通貨制に改める。

②　失業者を救済するため，新たな連邦政府機関を設けて，森林資源の開発・保存や道路建設などの雇用を提供する。

③　全国産業復興法（NIRA）のもとに産業復興庁（NRA）を設け，生産過剰の抑制，購買力増加のための賃金引き上げ，労働条件の改善，完全雇用の実現のため，各種産業に公正な競争の規約を定め，産業を政府管理下におく。

④　農業調整法（AAA）によって農業生産を制限し，需給バランスを図るとともに，農産物価格を引き上げて農民の購買力を回復させる。

⑤　失業や老齢貧困を個人の責任から社会の責任とし，社会保障制度を導入する。

⑥　テネシー渓谷開発公社（TVA）を設けて，7 州にまたがる大規模な総合地域開発を進める。

⑦　証券市場を政府統制のもとにおく。

⑧　計画的な赤字財政という新しい財政政策を導入して不況と失業の克服を図る。

このように多方面にわたるものであった（荒井 1973）。

しかし，③および④の政策は，政府が期待した効果を上げる前に違憲判決を受けるなど，幾度となく政策転換を迫られた。結果的に，ニューディールは景気回復というその目的を十分に達成しないまま戦時体制に取って代わられた。

2-13-6　世界恐慌から第二次世界大戦へ

危機的な状況に直面したヨーロッパ各国は，国内経済の回復を図るため，アメリカ同様，公共事業など積極的な財政支出を行って経済への介入を強めていった。たとえばドイツでは，ヒトラー率いるナチス政権が「仕事とパン」という公約に基いて第一次四ヶ年計画を立案し，失業対策として大規模な公共投

資を実施した。たとえば，高速道路アウトバーンを建設して雇用創出に効果を上げたその一方で，経済統制も強化していった（アハメド 2013）。

　しかしながら，主要国の多くはそれぞれ経済のブロック化を進め，関税引き上げや輸入割当，為替の管理などを行い，貿易面においても産業革命以来続いた「自由貿易」の経済思想を捨てて，積極的な保護貿易策を推進した。

　なかでもイギリスのスターリング・ブロックは，ブロック経済の始祖として，またその典型として位置付けられている（原田 1995）。イギリスのような帝国ブロックでは豊富な資源を背景に経済の再生産が可能であったが，ドイツや日本など「持たざる国」は資源や物資の自給が難しく，それが軍事的領土拡大やファシズムを生む素地ともなり，次第に第二次世界大戦へと導かれていった。

　1939年9月にドイツがポーランドへ侵攻し，イギリス・フランスがドイツに宣戦布告したことで第二次世界大戦は始まった。翌40年6月にはイタリアがドイツ側に立って参戦し，同年9月に日独伊三国同盟が結ばれ，日中戦争の長期化によりアメリカとの対立が決定的となった日本も1941年12月にアメリカとの戦争に突入した。戦争当初，ドイツと日本は快進撃を続け，ドイツはヨーロッパの大半を占領するに至った。両国は占領地植民地からの収奪によって物資や資源を調達していたが，物量に勝るアメリカなど連合国の圧倒的な戦闘力を前に劣勢に陥り，戦争の継続が困難となり，降伏を余儀なくされたのであった。

参考文献

秋元英一　2009『世界大恐慌』講談社学術文庫。
アハメド，L　2013『世界恐慌』上下，吉田利子訳，筑摩書房。
荒井政治　1973『国際経済史入門』東洋経済。
ガルブレイス，J・K　2008『大暴落1929』村井章子訳，日経BP社。
キンドルバーガー，C・P　2009『大不況下の世界1929〜1939』石崎昭彦・木村一朗訳，岩波書店。
常松　洋　1997『大衆消費社会の誕生』（世界史リブレット），山川出版社。
トゥーズ，A　2019『ナチス　破壊の経済1923〜1945』上下，山形浩生・森本正史訳，みすず書房。
原田聖二　1995『両大戦間イギリス経済史の研究』関西大学出版部。
マーフィー，R・P　2015『学校で教えない大恐慌・ニューディール』梶本元信他訳，大学教育出版。

2-14　フォード・システムの形成

20世紀初頭にアメリカ合衆国で確立された大量生産システム＝フォード・システムは，それまでの「大量生産」のあり方とは質的に大きく異なるものであった。本章ではフォード・システムを中心に扱うが，その完成への不可欠な前提をなしたアメリカ・システム，テイラー・システムもあわせて少し触れてみたい。

2-14-1　アメリカ・システム

「アメリカ・システム」という表現は，1850年代中頃，イギリス人の専門家がアメリカの兵器工場を視察した後にまとめた報告書で用いられた。この言葉には当時のイギリスでの生産のありようとアメリカでのそれが大きく異なっていたことが暗示されている。アメリカ・システムの特徴は，「一連の工程に専用機を連続して用いる」（森 1996：187）ことや，それによって部品の互換性が実現されていること，などであった。この傾向は小銃生産で際立ったが，農業機械や時計，ミシンといった，庶民から大量生産の要請（安い実用品への需要）がある幅広い分野で見られた。この生産システムは，仕事に機械を積極的に取り入れ，常に新しい工夫を加える性向を持つアメリカ職人社会で培われた（森 1996）。

2-14-2　テイラー・システム

熟練労働者としてのアメリカ職人は，19世紀末からの巨大企業の出現に直面して自らの存立基盤を失い，企業から下級管理者＝職長として利用されるようになった。熟練労働者に求められる機能が，ここにきて管理的なものへと変化し始めたのである。しかしながら，熟練労働者が組織の管理という畑違いの仕事をうまくこなせるはずもなく，労働者の酷使や怒鳴りつけなど恣意的な手法に訴えるのが関の山であった。生産の効率化・コスト削減は思うに任せず，結果的に労使双方からの挟撃を受ける格好となった。この状況を打破して会社全体の管理体制を打ち立てようとしたのが「体系的管理運動」であり，それは

やがてフレデリック・テイラー（Frederick W. Taylor）による「科学的管理法（テイラー・システム）」に結実することになる。

　テイラーは，多くの側面での職長の恣意的管理を排するために，①個々の労働者に設定すべき「課業」を研究し，②課業管理の権限を経営側におき，③労働者一般に課業を強制する，ことを目標にした。すなわち，職長の「管理機能をスタッフ部門に吸収し，各職場間のモノの流れを全体的に計画調整すると同時に，直接の機械運転作業をもこのスタッフ部門の動作研究・時間研究による課業の設定によって統制しようとしたのである」（湯沢他 2000：63）。課業とは1日に労働者1人が果たすべき標準的な科学的・客観的作業量のことである。その設定には，「すべての仕事をそれを構成する動作の要素に分解した上で動作別に要する時間を客観的に計測」（森 1996：239）する手法がとられた。いわば，労働者はスタッフから示されたマニュアルの通りに機械を操作するだけという方向性が目指されたのである。

　以上，アメリカン・システムが「作業機構の変革」をもたらしたとすれば，テイラー・システムは「管理機構の変革」をもたらしたといえる（塩見 1978：307）。

2-14-3　フォード・システム

フォード社の発展

　新しい経営管理方式としてのテイラー・システムを基礎として，そこに従来から存在したアメリカン・システムを発展させ結合したのが，フォード・システムである。

　大量生産システムの原型としてのフォード・システムは，フォード・モーター社（Ford Motor Co.）あるいはその社長ヘンリー・フォード（Henry Ford）が1910年代に開発したものである。まず，フォード社発展の概要をおさえておこう。ヘンリー・フォードはデトロイトの機械工見習いを経てエジソン照明会社で技師を務めていたが，並行してエンジンの独自開発を進めた結果，1896年ごろにガソリン・エンジンの開発に成功した。1903年にはフォード・モーター社を設立して本格的な自動車製造事業に乗り出した。同社が1908年に売り出したのが，自動車の歴史を書き換えたといわれるT型車（写真2-14-1）である。この自動車は当時のアメリカの道路事情にあわせて頑丈で，また運転や修理が

写真2-14-1　フォードT型車（1913年）
出所）ハウンシェル 1998：279。

容易であり，家族で乗ることができ，軽量であるという特性を兼ね備えた画期的なものであった。T型車の爆発的な需要は，同車の発表後，工場がまだ1台も生産していないうちに販売代理店から1万5000台もの発注があったという事実がよく示している。これ以降フォードのT型車の生産台数は急激に伸び，1913年4〜6月には月産2万台，通年の生産台数も18万台あまりとなった。さらに1923年になると，年間生産台数200万台を達成したのである（ちなみに，これをトヨタが達成したのは1972年，日産は1973年である）。フォードはT型車という単一車種のみを1909〜27年の18年間にわたって改良を加えながら生産し続け，累計の生産台数は1500万台にのぼったとされている。大量生産・大量販売が進んだ結果，発売当初のT型車（ツーリング・カー：幌付き自動車）

表2-14-1　乗用車市場の企業別シェア（%）

	総販売台数	全社	フォード	GM	クライスラー	3社計
1919 年度	1,658,000	100	40.08	20.77	－	60.85
1921 年度	1,518,000	100	55.67	12.73	－	68.40
1923 年度	3,624,717	100	46.05	20.23	－	66.28
1925 年度	3,735,171	100	40.02	19.97	3.60	63.59
1927 年度	2,936,533	100	9.32	43.49	6.22	59.03
1929 年度	4,587,400	100	31.30	32.31	8.18	71.79
1931 年度	1,973,090	100	24.86	43.88	12.42	81.16
1933 年度	1,573,512	100	20.69	41.44	25.41	87.54
1935 年度	3,252,244	100	28.04	39.24	22.73	90.01
1937 年度	3,915,889	100	21.37	41.79	25.44	88.60

出所）塩見 1978：311。

の価格850ドルは，1916年に360ドルまで低下し，かくして自動車はかつての金持ちの贅沢品から大衆の足へと変化するに至る。フォード社は乗用車市場を席巻し，マーケットシェアは1920年代初頭に50％を超え（表2-14-1），1925年には15万人もの従業員を擁する巨大企業に変貌したのである（東北大学経営学グループ2008，和田2009）。

自動化と連続化（オートメーション）の推進

　フォードが自動車の大量生産を実現するにあたって，生産システムの側面でどのような条件が必要だったのか。いうまでもなく自動車は多くの部品から構成されている。現在の自動車は2〜3万点の部品から成り，構造がずっと単純なフォードのT型車でも約5000点であったと考えられる。つまり自動車生産には，多数の部品の生産とそれら部品の組立という2つの側面が存在している。こうした側面を踏まえて自動車の大量生産の条件を考えると，生産の同期化という重要な要素が浮かび上がってくる。要するに，1種類の部品だけであっても，それが他の部品に比べて数倍の生産時間を要したとすれば，そこがボトルネックとなって完成車の生産も遅れる。完成車を大量生産しようと思えば，それにつながるすべての部品をも大量生産しなければならないのである。またこれとは逆に，どうにか全体の部品の大量生産は実現できたが，組立が遅々として進まない，というケースもありえる。組み付ける部品の精度が一様ではないため，組み合わせるたびに手作業で部品と部品をヤスリ掛けなどで調整・手直ししなければならない，つまり部品の互換性が十分でない場合，この問題は発生しがちである。この点についてフォード社は「我々は4万個のシリンダー，1万台のエンジン，4万個の車輪，2万個の車軸，1万台の車体，それに自動車の全ての部品をそれぞれ1万個製造しており，……それら全てがぴったりと同じ形状である」（ハウンシェル1998：281）と宣伝していた。

　それでは，フォード社は互換性を持つ部品の大量生産をどのように実現したのだろうか。設立後数年間，フォード社は大部分の部品を外注していたこともあって，同社が所有する工作機械は熟練機械工によって運転される万能機械であった。また，当時の機械産業で多く見られた機種別配置（職場）も見られ，雑多な部品がさまざまな工作機械（半自動機械）のルートを通っていたため，

加工ルートの錯綜や仕掛品の搬送の手間などによって加工に要する時間が長くなりがちであった。それは管理手法の導入によって改善が図られたとはいえ，一般に大量生産には不向きな職場であったといってよい。こうした状況の変革は，T型車が登場したころから始まり，新工場であるハイランド・パーク工場（1910年開業）において完了した。この変革の方向性は，部品の加工順に専用機（自動機械）を配置し加工ラインを形成する，いわゆる品種別配置とするものであった。この方式は19世紀以来の生産システムであるアメリカン・システムにおいて顕著に見られ，フォードがニュー・イングランド地方から優秀な機械工を雇い入れた際に導入が進んだものと考えられる。専用機は基本的に自動機械であり操作には熟練を要しない。つまり熟練は機械の機能に移転していて，人間による作業に不可避な出来栄えのムラはなく，そのぶん加工精度は向上する。専用機の利用によって，生産性の向上と互換性水準の飛躍的な向上が期待できるのである。

　次に，機械加工を経て生産された多数の部品を自動車の構成部品に組み立て，それをさらに完成車（シャーシ：自動車のボデー以外の部分で，それだけで自走できるもの）に組み立てる工程について検討しよう。この工程に導入されるのがコンベヤー・システムに基づく移動式組立ラインであり，それは長年フォード・システムを特徴付けるものとされてきた。この方式に明確につながる事例としては，すでに1913年2月に稼働していたフォード社の鋳造所があり，そこではコンベヤー・システムが鋳型と砂の搬送に用いられていた。鋳造所については1890年代のウェスティングハウス・ブレーキ社の鋳造所が一つのモデルを提供したのだろうが，それ以外にもシカゴの精肉業者の家畜解体ライン，缶詰生産ラインなどが移動式組立ライン着想の源泉になったと考えられる。いずれにせよ1913年以降フォード社では，「物は全て移動させ，人は全て停止したままにする」あるいは「加工対象物を人のところに移動させる」「という工場における実験と変化が爆発的な勢いで始まった」（ハウンシェル 1998：299，307）のである。1913年4月1日には，T型車のフライホイール磁石発電機（エンジンの点火用）組立部門で移動式組立ラインの試みが始まった。並行して，エンジン，変速機部門でも同様の試みがなされ，総じて著しい生産性の向上を実現した。こうしたなか，1913年8月からは完成車の移動式組立に向けた実験が

始まった。静止式組立方式による1台のシャーシ組立には最短で12時間28分の総労働時間を要したが，移動式組立の導入や工程の改善など諸々の影響を受けて1914年4月末までには1台あたり1時間33分にまで短縮された。以上のように組立工程では，生産の連続化が著しく進展していくことになる。ただ，このような生産の連続化が円滑に進むためには，組立ラインに張り付いている多数の労働者の個々の作業に要する時間がすべて同じでなければならない。いいかえれば，前もって全工程を単純な多数の工程に細分化し，そのうえで細分化された工程の作業の標準化を進め時間を合わせていくという調整・計画作業が欠かせないのである。加えて，多数の部品生産部門の生産速度をも考慮して全工程の調整を図らねばならない。ここに，フォード・システムに「ラインの編成基準」としてテイラー・システムが結合される必然性がある（ハウンシェル 1998，和田 2009，塩見 1978）。

　なお今日では，フォード社がT型車の大量生産を実現しえた最大の要因はシャーシ組立ラインへの移動式組立法の導入にある，と考えることはできなくなっている。これを実現可能にした諸条件——専用機の部品加工精度の向上とエンジニアによる組立作業の改善——が満たされていくに伴って生産性はすでに急上昇していたと考えるべきであろう。実際に，T型車1台の生産に要する労働時間について，1910～11年および1913～14年にかけて大幅な短縮が見られるのだが，この全体の労働時間の削減に移動式組立ラインがどこまで寄与したのであろうか。最大の労働時間の削減を記録している1910～11年には移動式組立ラインは導入されていないし，1913～14年に削減された90時間のうち移動式組立ラインが寄与していると推定され得るのは11時間にすぎないのである（和田 2009）。

参考文献

塩見治人　1978『現代大量生産体制論』森山書店。
東北大学経営学グループ　2008『ケースに学ぶ経営学』新版，有斐閣。
ハウンシェル，D・A　1998『アメリカン・システムから大量生産へ 1800～1932』和田一夫・
　　金井光太朗・藤原道夫訳，名古屋大学出版会。
森　杲　1996『アメリカ職人の仕事史』中公新書。
湯沢威・谷口明丈・福應健・橘川武郎　2000『エレメンタル経営史』英創社。
和田一夫　2009『ものづくりの寓話』名古屋大学出版会。

本章のテーマは社会主義であるが，読者は「資本主義（市場経済）以外の経済体制を論じることなど何の意味があるのか」と思われるかもしれない。しかし，20世紀の数十年間にわたって多くの人々がそこで生活し，資本主義体制にも大きな影響を与えた経済システムは，とりわけリーマン・ショックを経て市場経済万能論が相対化されつつある今，どうして失敗したのかも含めて検討する価値がある。以下，社会主義の理念的側面，次に現実的側面ついて論じてみたい。

2-15-1　理念（思想）としての社会主義

社会主義思想は元来，「近代社会の矛盾を批判的に分析し，それを根本的に乗り越えようとしたラディカルな批判思想」（塩川 1999：13）であった。ここでは20世紀社会主義との関連を念頭において，マルクス主義の方法を簡単に見ておこう。

カール・マルクス（Karl H. Marx）は社会発展の動態を，生産力と生産関係の対応関係から説明している。人間は自然への働きかけを通じて生活に必要なものを生産してきたが，同時に道具・機械などの労働手段を介して自然に向き合うことで生産力（労働生産性）の飛躍的上昇を実現してきた。他方，生産関係とは人間が自然に働きかける際に取り結ぶ人と人との関係である。とりわけ，土地・機械・装置といった生産手段の所有をめぐる関係は重要である。マルクスが描いた歴史の発展諸段階，すなわち原始共同体→奴隷制→封建制→資本主義→社会主義（共産主義）は，基本的にこの生産関係に規定された具体的・歴史的形態である。彼によると，それぞれの発展段階で生産力の高さに照応する生産関係が成立するが，生産力がさらに高まっていくと旧来の生産関係と矛盾をきたすようになる。その矛盾の度合いが限界点に達すると新しい生産関係が現れて旧来の関係と交代する。経済構造が社会の土台を形成するものとされたから，これによって古い社会が新しい社会に取って代わられることになる。

具体例として原始共同体を見てみよう。この人類初期の社会では生産力は極めて低く，共同体の生活維持に必要な量を超えた剰余生産物を生産する余裕は存在しない。いいかえると，個人が部族などの共同体を離れて孤立的に生活を維持することは不可能で，共同体として協業を営むことで初めて成員の生活が成り立つという状態であった。これは，「ちょうど個々の蜜蜂がその巣から離れていないのと同じであった」（資本論辞典編集委員会 1961：132）。こうした社会では，生産手段は共有であり生産物も共同体として直接消費されることになるから，生産関係は平等なものであったといえる。ところが，生産力が高まり，交換可能な剰余生産物を生産できるようになると私有財産が発生し，財産の所有関係（所有と非所有）としての生産関係が現れてくる。生産力の発展によって資本主義社会へと続く階級社会が発生したのである。

　資本主義社会の一般的特徴は，私有財産制度（生産手段の私有），労働力をも含む全面的な商品生産，市場を通じての需給調節，自由競争などである。資本主義は，自らの生産力の発展にとっての妨げとなる小経営形態（小農民・小手工業者など，働く本人＝生産手段の持主という形態）を否定することによって成立する。これは，「多数者による小規模で分散的な生産手段の所有から少数者による独占的な大規模所有への転換」であり，小経営という古い生産関係を過去のものとすることによる生産力の増大を意味している。こうして資本主義社会は，一方に利潤の取得を目的として生産手段を独占する資本家，他方には自らの労働力を資本家に売り渡す以外に何ら生活する手段を持たない労働者が存在する階級社会となったのである。ここでは，資本・生産の集中，「協業による労働の社会化，科学の技術的応用」などの結果，飛躍的な生産力の増大が実現されることになる。ところが，資本主義社会での生産力の発展もその極限に達すると，資本－賃労働としての生産関係と矛盾するに至る。その矛盾とは，生産力の増大に伴う「生産の社会的性格」と，「生産関係＝所有〔取得〕の私的・独占的性格とのあいだの矛盾である」。この「資本主義的生産の基本的矛盾」（経済学辞典編集委員会 1979：410-411）は，労使対立の先鋭化，周期的な恐慌という現象形態をとって現れることとなる。この矛盾を解決するためには，もはや生産の社会化に対応する社会的取得を実現するほかなく，そのためには生産手段の社会的所有を土台とする新しい無階級社会－社会主義（共産主義）へと移

行しなければならない，という展望が生まれる（松村 1981：106-108）。

　なお，マルクス主義の描く発展段階のなかで資本主義の次に来るのは共産主義であるが，資本主義から生まれたばかりの低次の段階を社会主義，高次のそれを本来の共産主義と呼ぶことがある。ここで詳説する余裕はないが，高次になるほど平等な社会が実現されると考えられている。

2-15-2　「現存した社会主義」

　1917 年のロシア革命を経て 1922 年に建国を見たソ連は，基本的には以上のような理念に基づいて成立した社会制度・体制だといってよい。とはいえ，その体制の成立過程において，当初の理念がそのまま純然たる形で実現されることは考えにくい。一般に，理念が高邁で抽象的であるほど，それを「現実化」した時とのズレは大きくなるものである。このようにいうと，「本来の理念に忠実でなかったためにソ連は崩壊した」などという議論もありえるのだが，ここでいいたいのはそうしたことではなくて，「本来の理念が逆説的に生み出さざるをえなかった固有の特徴」を考える必要性である。こうした意味をこめて塩川伸明は「資本主義体制を否定し，その対極的な体制をつくろうという試みによって生まれた体制」を「現存した社会主義」と定義している（塩川 1999：7-12）。20 世紀の数十年間に存在した社会主義を，さしあたり理念からは自由に（また，そこからの距離感を意識しつつ），現実そのものとして歴史的にどう位置付けるか，これが問われているのである。こうした点を踏まえつつ，以下では塩川に依拠して「現存した社会主義」経済が伴った大きな特徴として，「公式制度とその裏面」を取り上げてみたい。

　社会主義諸国に共通する制度としては，特定のイデオロギー，中央集権的な指令（計画）経済，一党独裁，党・国家の癒着，国家権力による社会統制，などがある。ちなみに，「国家主導」「国有化」などは前節の理念から微妙に異なっていると考えられるかもしれない。しかしながら，これらは現実的に資本主義体制を否定して社会主義体制を建設するうえでは不可欠の条件であって，ここから安直に「本来の社会主義ではない」ということはできない。いずれにせよ，国家主導の指令経済は社会主義の理念を現実社会に落とし込むために必須の要件であったと考えられる。ただし，これらの公式の制度は，あくまで「建て前」

としてのそれであって，現実的に実施・運用される部面になると，その限界を露呈することになり，それをなんらかの形で埋め合わせるため非公式の行動を呼び起こすことになる。社会の実相に切り込むには「公的な制度面とその裏面とを，表裏一体のものとして，いわばワンセットにしてとらえることが必要である」（塩川 1999：66）。

情報の非対称性

　計画経済は中央が作成した計画を通じて経済を統御しようとするシステムであったが，そもそも，その計画が現場の生産性を上げうるような厳密な性格を持たなかったという問題がある。まず，本質的に厳密な生産計画を立てること自体が困難であった。たとえば東ドイツでは数百万，数千万にものぼる財のうち，中央当局が計画しえていたのは，わずか 8000 財程度だったとされている。さらに，生産計画の情報伝達のあり方について，石井聡によれば「計画は上から下へ指令されて終わりではなく，受け取った数値は各企業で検討され，逆に企業から現場の『実態に応じた』修正案を提出することができた。それら上から下へ，あるいは下から上へという何度かのやりとりを通じて，最終的な計画数値が決定されていたのである」（石井 2010a：186）。こうした計画決定のプロセスにおいては，生産計画の情報の歪みが発生せざるをえない。中央当局，企業指導部，労働者の立場からこれを考えてみよう。中央当局としては当然ながら，「効率最大化による最大の生産」（石井 2010b：148）を目指すが，企業指導部が望むのはできるだけ低く抑えられた生産計画である。なぜなら，高い目標を与えられ未達に陥ると，彼らはその責任を問われるからである。そのため，彼らには企業の持つ本当の「生産能力を隠しておこうとする傾向」（石井 2010b：148）があった。加えて，ある年に生産計画を大きく上回る実績を残せば，次の年にはより高い目標を設定される可能性があるので，生産能力をフルに発揮するべきではなかった。末端の労働者にしても，賃金上昇を実現するため，より低い労働ノルマを望む傾向が強かった。こうして，情報をやりとりする主体間の利害（立場）が異なるために，上位の各部署に伝達される情報はそれぞれにとって都合のよいものとなりがちであった。こうして歪んだ情報が中央に集められ，それに基づいて生産計画が作成されるため，計画は必然的に厳密性

を欠くものとならざるをえない。さらに，このような性格を持つ計画に従う作業現場においては，継続的に生産性を向上させていくことは困難であった。こうした状況は一般的には「情報の非対称性」としてとらえることができる。

　この問題は何も社会主義体制だけに限定されたものではないが，中央集権的な計画経済が企業の自立性の高まりすぎを阻止し，生産性向上のためのインセンティヴ制度を不十分にした（石井 2010a，2010b）。

不足の経済

　ハンガリーの経済学者コルナイ・ヤーノシュ（János Kornai）は，社会主義経済の特徴を慢性的な過剰需要が存在する「不足の経済」として捉え，その要因を「ソフトな予算制約」という概念から説明している。資本主義体制のもとでの企業の生産活動を想定してみると，生産の制約条件としてまず予算を考慮に入れなければならない。その予算の枠内で，原材料や労働力といった生産要素をどれだけ使い，いかに効率的にそれらを結合するか（生産性を高めるか），ということが問われるのである。一方，社会主義においても各企業は政府から予算を与えられていたが，予算超過した場合でも政府から比較的容易に追加投資が与えられた。というのも，原材料や部品の供給遅延，停電の頻発，計画伝達の遅延などといった企業指導部の責任ではない要因によって生産コストの上昇が常態化していたからである。予算制約が「ソフト」であれば，不安定な環境のなかで生産計画を達成しようとする企業は可能なだけ多くの原材料や労働力を確保しようとする。また「ソフトな予算制約」下では日常的な生産活動が弛緩するが，企業の成績が記録される直前になると「突貫作業（シュトルモフシチナ）」がなされる傾向があり，そのためにも資源の貯め込みは必要だったといえる。こうして前項の要因と相まって，財の不足すなわち「売り手市場的状況」が一般化し（表2-15-1，2），また労働力に対しても同様に過剰需要が発生して失業もなくなった。「需要が供給を上回れば価格が上昇して均衡をもたらすのが市場経済であるが，価格を公定して需給関係にかかわりなく固定していれば，慢性的に不足が続くのは当然で」（塩川 1999：115）あった。こうした状況のもとでは品質に関係なく商品は売れ，品質改善のインセンティヴも機能しないようになる。すなわち，「不足の経済」のもとでは「質的に無意味なも

表2-15-1　ハンガリーにおける消費部面で見た不足の指標

指標	測定単位	指標の説明	1976	1977	1978	1979	1980	1981	評価
1. 国営住宅の割当て順番待ち時間（計算値）	年	年頭の申込者数の残を年間の割当数で割ったもの	−	7.3	6.8	7.1	7.0	−	不足の強度は変わらず
2. 乗用車の順番待ち時間(計算値)	年	年頭の注文ストックを年間の販売数で割ったもの	2.3	2.5	3.6	5.3	3.1	2.4	1979 年に比べて緩和。1966 ～ 81 年の平均（2 年の待ち時間）に戻る
3. 電話敷設申込者数	千人	−	233	−	267	−	−	296	不足の強度は増大

出所）コルナイ 1984：15。

表2-15-2　ハンガリーにおける生産部面で見た不足の指標

指標	測定単位	指標の説明	1976	1977	1978	1979	1980	1981	評価
1. 全工業の在庫に占める原材料在庫の比率	％	「売り手市場」では高くなり，「買い手市場」では低くなる	70	71	72	72	72	−	最も重要な総合指標の一つ。不足の強度は変わらず
2. 建設業の生産額に占める注文拒否額の比率	％	−	39.4	41.4	26.5	16.8	16	20.8	投資の緊張は次第に軽減。1981 年にいくぶん上昇

出所）コルナイ 1984：15。

のが物量として大量に作られるという無駄が発生しがちにな」り，一般的には「とにかく重いもの，大きなものがたくさんつくられる」（塩川 1999：128）。ただ，こうした非公式の事象が作業現場の労働者にとっては一種の「いごこちの良さ」（石井 2010a：233）を生み，長期にわたる体制の存続に不可欠な要素となっていたことも事実である（石井 2010a，2010b，塩川 1999）。

参考文献
石井　聡　2010a『もう一つの経済システム』北海道大学出版会。
石井　聡　2010b「社会主義計画経済システムの諸特徴」金井雄一・中西聡・福澤直樹編『世界経済の歴史』名古屋大学出版会，148-149 頁。
経済学辞典編集委員会編　1979『大月経済学辞典』大月書店。
コルナイ，J　1984『「不足」の政治経済学』盛田常夫訳，岩波書店。
塩川伸明　1999『現存した社会主義』勁草書房。
資本論辞典編集委員会編　1961『資本論辞典』青木書店。
松村幸一　1981「西洋経済史」大阪経大学会編『経済学』105-108 頁。
マルクス　K　1966『経済学批判』杉本俊朗訳　国民文庫。

Ⅲ 国際関係のなかの日本経済の展開
——1985年プラザ合意まで

左から渋沢栄一，大久保利通（出所：国立国会図書館「近代日本人
の肖像」http://www.ndl.go.jp/portrait/ 2017年2月2日最終閲覧）

江戸に幕府が開かれた17世紀の前半は，日本を取り巻く国際社会において
変化が生じた時期であり，幕府の対外政策はそうした東アジアの国際環境に対
応したものであった。従来，消極的な政策と見なされる傾向が強かった「鎖国」
制度は，1970年代以降の研究の進展により，幕府による積極的な外交政策とし
て評価されるようになり，また，「鎖国」下でも複数のルートで外国との貿易
が行われていたことも明らかにされている。本章では，日本のおかれた国際環
境にも留意しつつ，江戸幕府の対外政策と「鎖国」下の貿易について見ていこう。

3-1-1　江戸幕府の対外政策と「鎖国」

貿易の統制とキリスト教の禁教

1543（天文2）年にポルトガル人が種子島に漂着し，それ以後，ポルトガル
との貿易が始まり，1584（天正12）年にはスペイン人が肥前の平戸に来航し，
スペインとの貿易も開始された。ポルトガルやスペインとの貿易は南蛮貿易と
呼ばれ，鹿児島，大分，平戸，長崎など九州諸港が貿易港となった。その後，
オランダが1609（慶長14）年に，イギリスも1613（慶長18）年にそれぞれ東
インド会社の支店として平戸に商館を設け，日本との貿易を開始した。

西ヨーロッパの国々が相次いで日本に進出した背景には，西欧社会で絶対主義
国家が形成されたことがあり，重商主義と呼ばれる経済政策のもと，西欧諸国は
貿易の利益と植民地の獲得を目指してアジアへ進出したのである（杉山2015）。

貿易の活発化を背景に日本人の海外進出もさかんになったが，幕府は利益を
もたらす貿易を管理統制する方針を打ち出し，東南アジアの国々へ渡航する商
人などに渡航を許可する朱印状を与え，朱印船貿易が行われるようになった。
朱印船貿易に携わった商人は，長崎の末次平蔵や摂津の末吉孫左衛門，京都の
角倉了以，茶屋四郎次郎などの豪商であった。また，ポルトガル商人が利益を
独占していた中国産生糸（白糸）の輸入について，幕府は糸割符制度を設け，
京都，長崎，堺，江戸，大坂の特定の商人に生糸を一括購入させ，ポルトガル

による独占の排除を行った。

キリスト教カトリック（旧教）の国であったポルトガルとスペインは，貿易の拡大とともにキリスト教の布教も進めた。1549（天文18）年にイエズス会宣教師のフランシスコ・ザビエルが布教のため鹿児島に到着して以降，宣教師の来日が相次ぎ，布教が進められた結果，九州や畿内などでキリスト教が広まって信者も増加し，大名のなかにも洗礼を受ける者（キリシタン大名）が現れた。当初は貿易の

表3-1-1　対外関係略年表

1543 年	ポルトガル人が種子島に漂着
1549 年	フランシスコ・ザビエルが来日（キリスト教の伝来）
1584 年	スペイン船が平戸に来航
1592 年	文禄の役
1597 年	慶長の役
1601 年	朱印船貿易の開始
1603 年	徳川家康が征夷大将軍となる（江戸幕府の始まり）
1604 年	糸割符制度の創設
1607 年	朝鮮使節の初来日
1609 年	己酉約条の締結（宗氏と朝鮮）
	薩摩藩が琉球を制服
	オランダが平戸に商館を開設
1612 年	幕府直轄領にキリスト教禁教令
1613 年	イギリスが平戸に商館を開設
	全国にキリスト教禁教令
1616 年	中国以外の外国船の来航を平戸と長崎に限定
1623 年	イギリスが平戸の商館を閉鎖し日本から撤退
1624 年	スペイン船の来航を禁止
1633 年	オランダ商館長の江戸参府制度の始まり
1634 年	長崎に出島が建設される
1635 年	日本人の海外渡航・帰国を禁止
	中国船の来航を長崎に限定
1637 年	島原の乱
1639 年	ポルトガル船の来航を禁止
1641 年	オランダ商館を出島に移す（鎖国の完成）

利益を重視し，キリスト教の布教を容認していた幕府も，ポルトガルやスペインがキリスト教徒を増加させて日本を侵略するのではないかと危機感を抱き，キリスト教信者の反乱を懸念するようになった。そのため，幕府は1612（慶長17）年に直轄地にキリスト教の禁止令を出し，翌年には禁止令を全国に拡大した。こうした措置に伴い，幕府は貿易にも制限を加え，1616（元和2）年にヨーロッパ船の寄港地が平戸と長崎に限定され，1624（寛永元）年にはスペイン船の来航が，1635（寛永12）年には日本人の海外渡航と海外からの帰国が禁じられ，中国船の寄港地も長崎に限定された。そして，島原の乱（1637～38年）の後，幕府は禁教政策をさらに徹底し，1639（寛永16）年にポルトガル船の来航を禁じ，1641（寛永18）年にはオランダ商館が平戸から長崎の出島に移され，幕府が長崎においてオランダ，中国との貿易を管理する「鎖国」の体制が形成された。キリスト教プロテスタント（新教）の国であったオランダは，貿易の利益のみを求めたことから，「鎖国」の下でも貿易相手国として幕府に認められた。なお，同じ新教国のイギリスは，オランダとの競争に敗れたため，1623（元和9）年に平戸の商館を閉鎖して日本から撤退した（表3-1-1）。

幕府の外交政策

　日本と中国の国交は，1551（天文20）年に勘合貿易が断絶して以来，途絶えており，日本と朝鮮の国交も，豊臣秀吉による文禄・慶長の役（1592 ~ 93，97 ~ 98年）の結果，途絶していた。そのため，江戸幕府にとっては，周辺諸国との外交関係を正常化することは重要な課題であった。幕府は当初，中国明朝との国交回復を試みたが明朝はこれに応じず，明朝の海禁政策のため国家レベルの公式な貿易関係も構築されなかったが，民間レベルの貿易は，朱印船貿易から「鎖国」の実施後も行われた。秀吉の侵略により関係が悪化していた朝鮮については，対馬藩の藩主であった宗氏を仲立ちとして国交の回復が図られ，1607（慶長12）年から1811（文化8）年まで前後12回，朝鮮から使節が来日した。第3回までの使節は，文禄・慶長の役の捕虜の返還を目的とした回答兼刷還使で，4回目以降の使節は，両国の修好を目的に将軍就任時などに来日し，通信使と呼ばれた。300 ~ 500人に及ぶ大規模な使節が江戸まで往復する姿は，幕府の権威と正統性を示す効果を持った。一方，朝鮮と同じく中国への朝貢国であった琉球王国については，1609（慶長14）年に幕府の許可を得た薩摩藩が武力で制圧して支配下におき，幕藩体制に組み込まれたが，独立した王国としての中国との朝貢関係は継続されたため，琉球では中国と日本の双方に服属する「両属」の体制がとられた。琉球からは，国王の代替わりごとに謝恩使が，将軍の代替わりごとに慶賀使が，それぞれ幕府に派遣された。

　当時，中国では漢民族の明朝から満州民族の清朝への王朝の交替が生じており，幕府の対外政策からは，東アジアの国際環境が変動するなかで，中国を中心とした伝統的な華夷秩序を離れて，朝鮮や琉球などを含む日本を中心とした「日本的華夷秩序」とも呼ばれる独自の外交秩序の形成を目指していたことが伺える。キリスト教の禁令も含めて，「鎖国」の体制には対外関係に関する幕府の積極的な姿勢が示されているといえるだろう。

3-1-2　「鎖国」下の貿易

貿易と4つの窓口

　16世紀から17世紀における日本の貿易は，銀を輸出し，中国産の生糸や絹織物などを輸入するというものであった。当時の日本は，鉱山開発の進展を背

景に世界有数の鉱産国となっており，日本の銀はアジアなどで交易の決済にも
使用される国際商品であった。中国産の生糸は京都西陣の高級絹織物の原料と
して重要性を持っていた。主要輸出品は 17 世紀の後半以降，銅に変わり，そ
の後，俵物と呼ばれる海産物（いりなまこ，干しあわび，ふかひれ）へと移行した。
18 世紀後半になると，貴金属の枯渇や輸入品の国産化の進展を背景に貿易は
縮小し，19 世紀の初めには，国内だけで経済が完結する閉鎖的な経済体系が
形成された（杉山 2015）。

　「鎖国」の下では，長崎におけるオランダ・中国との貿易のほか，対馬藩に
よる朝鮮との貿易（対馬ルート），薩摩藩による琉球との貿易（琉球ルート），松
前藩による蝦夷地との貿易（松前ルート）がそれぞれ幕府公認の貿易として行
われた。続いて，これらの 4 つの窓口による貿易を見ていこう。

長崎貿易

　長崎の出島は「鎖国」体制下で唯一の公式貿易港であり，オランダとの公式
な貿易と国交のない中国との民間レベルの貿易が行われた。オランダとの貿易
は中国産の生糸や絹織物の輸入と銀や金の輸出が中心で，すでに形成されてい
たアジア経済圏の枠組みのなかで，正式な貿易関係がない日本と中国の貿易を
仲立ちする役割を果たしていた。この点は「鎖国」以前のポルトガルとの貿易
にも当てはまる（杉山 2014）。長崎での貿易の拡大は銀輸出の増大をもたらし，
それは国内の経済にも影響を及ぼしたことから，幕府は貿易の抑制を行った。
1633（寛永 10）年からオランダ商館長の江戸参府が定期的に行われ，1850（嘉
永 3）年まで続いた参府は 167 回に及んだ。一方，中国との貿易では，生糸，
絹織物，東南アジア産の砂糖などの輸入と，銀や銅，海産物の輸出が行われた。

対馬藩の貿易

　対馬藩主の宗氏は，1609（慶長 14）年に朝鮮との間で貿易に関する己酉約 条
を締結し，朝鮮との貿易を独占することを認められ，釜山に倭館（日本人居留地）
が設けられた。耕地が少なかった対馬藩では，貿易の利潤を知行として家臣に
与えていた。朝鮮との貿易は私貿易（商人との自由相対取引）が中心で，中国
産の生糸・絹織物や朝鮮人参の輸入と，銀の輸出が行われ，貿易量は長崎貿易

をしのぐ規模となり，大量の銀が輸出された。その背景には，幕府による長崎
貿易の制限があったと考えられる。

薩摩藩の貿易

　琉球を支配下においた薩摩藩は，両属体制をとる琉球の中国への朝貢貿易を
継続させ，中国との貿易を行った。貿易の内容は，長崎貿易や対馬藩の貿易と
同じく，生糸を輸入し，銀を輸出するというものだった。薩摩藩は貿易から利
益を得ただけでなく，琉球から貢租として上納される黒砂糖の専売からも利益
を得ていた。そして，19世紀になると抜荷貿易（密貿易）まで行い，こうした
貿易の利益は幕末維新期における薩摩藩の政治活動の経済的基盤となった。

松前藩の貿易

　15世紀以降，蝦夷地の南端の和人地を支配していた蠣崎氏は，1599（慶長4）
年に松前氏と改称し，1604（慶長9）年に徳川家康からアイヌとの交易独占権
を認められ，松前藩を形成した。米が収穫できない土地を領有していた松前藩
では，商場や場所と呼ばれるアイヌとの交易地域での交易権が上級家臣に知行
として与えられ（商場知行制），知行主は商場に交易船を派遣して米と鮭の交
換を行った。18世紀前半になると，運上金の上納を条件に和人商人に商場の
経営を請負わせる場所請負制に移行した。交易品としては鮭，ニシン，いりこ，
昆布などがあげられる。

参考文献
杉山伸也　2014『グローバル経済史入門』岩波書店。
杉山伸也　2015『日本経済史』岩波書店。
田代和生　1981『近世日朝通交貿易史の研究』創文社。
田代和生　1988「徳川時代の貿易」速水融・宮本又郎編『経済社会の成立——17〜18世紀』（日
　　本経済史1），岩波書店，129-170頁。
トビ，R　1990『近世日本の国家形成と外交』速水融他訳，創文社。
浜野　潔　2009「近世の成立と全国市場の展開」浜野潔他編『日本経済史』慶應義塾大学出版会，
　　3-48頁。
速水融・宮本又郎　1988「概説17〜18世紀」速水・宮本編『経済社会の成立』1-84頁。

3-2　幕末の「開港」とその影響

3-2-1　黒船来航と「開国」

　18世紀末ごろには，イギリスでの産業革命（工業化）やフランス革命など，西洋諸国で大きな変化が生じ，アジアも含めて国際環境が変容を遂げていた。そのような変化は，日本にも影響を及ぼし始めていく。ロシアが通商を求めて日本に使節を派遣し，前後してイギリス船も来航するようになるなど，日本周辺の海は異国船で騒がしくなった。これまで日本を中心においた華夷秩序のなかで，長期間いわゆる「鎖国」を継続してきた日本にとって，その転換を迫られる事態となっていたのである。徳川幕府は，1825年に異国船打払令を発し，1842年には薪水 給 与令を出して方針を改めるなど，その対応に苦慮していた。

　産業革命（工業化）を経た西洋では技術革新により蒸気船を製造できるようになり，世界的海運ネットワークが形成されるようになると，当然，日本にも外国船が来航しやすくなった。そのようななかで，1853年に蒸気艦2隻を含めた艦隊を率いてアメリカ合衆国東インド艦隊司令長官のペリーが来航したのである。アメリカとしては，同国内での鯨油需要の増加に対応すべく，北太平洋で捕鯨業を展開していくために燃料・食糧補給をできるようにすること，清国との交易のための燃料補給地を確保することを当初の目的としていたが，日本よりすれば，アメリカと条約を結ぶことは，江戸時代における外交上の重大な方針変更になりかねないものであった。

　このような事態に直面した幕府は，対応方針を外様も含めた諸大名に下問し，条約締結への多数の理解を得たうえで，京都の朝廷の許可も取り付けて，1854年日米和親条約を締結した。これにより日本は「開国」したとされるが，実際には困っている外国船に水や燃料を提供するこの条約自体はまだ，これまでの華夷秩序の枠組みで捉えうるものであり，だからこそ朝廷も理解を示していたとされる（青山 2012）。一方で，条約締結をめぐって朝廷や外様大名にまで意見を求めたことは，重要政治決定を幕府で独占してきた従来の枠組みを変化させるきっかけとなった。これまで国政から遠ざけられてきた朝廷や外様大名の

国政への登場が，以降の幕末政治の展開を流動化・複雑化させるのである。

　確かに幕末までに多くの藩が深刻な財政危機に陥り，藩の統治で精一杯とい
う状況にあったが，一部の藩では藩政改革を実施し，たとえば特産物生産を奨
励しながら，それを藩が独占的に販売する専売制なども取り入れて，藩財政を
立て直し，西洋の先端技術を取り入れた工場も建設されていた。そのような雄
藩は，有能な人材を積極的に登用したことも含め，まさに国政へと進出してい
く基盤を整えていた。やがて幕末政治で華々しく活躍していく薩摩藩・長州藩・
越前藩などはその代表例であった。

3-2-2　安政の五ヶ国条約と「開港」

　日米和親条約締結後も，日本を取り巻く国際情勢が落ち着くことはなかった。
和親条約に基づいてアメリカの駐日総領事に任じられたハリスは，1856 年に
来日し，通商条約の締結を要求した。1858 年になって，井伊直弼が大老に就
任した幕府は，いよいよ日米修好通商条約の締結を決断することとなった。外
交上の重大な方針変更である以上，幕府は今回も事前に朝廷の許可を得ようと
していたが，朝廷は勅許を与えなかった。アメリカなどと新たに貿易まで行う
ことを定めた新たな条約は，もはや従来の華夷秩序の延長上には捉え得なかっ
たのである。朝廷と幕府の方針が大きく乖離するなかで，国政における朝廷の
存在感が増し，その意向を踏まえて，外国勢力を追い払うべく攘夷を唱える勢
力も出てきたことから，条約締結をめぐる国内環境は厳しいものとなった。結
局，井伊を中心とする幕府勢力は，無勅許で条約を結んだのであった。

　この通商条約は，和親条約がすでに他国とも締結されていたのと同様に，イ
ギリス・フランス・ロシア・オランダとも結ばれたので，締結された年号から
安政の五ヶ国条約と称されている。五ヶ国に有利な不平等条約で，治外法権を
認め，片務的最恵国待遇条項も入っていたが，この段階では日本側は問題に気
づいてはいなかった。

　経済に関わるのはまず関税に関わる条項であろう。関税自主権は認められず，
当初輸出品には従価 5%，輸入品には従価 20% の関税をかけることとされたが，
1866 年の改税約書（江戸協約）調印により，輸出入ともに従量税で 5% という
低関税に設定され，関税面では日本はさらに厳しい立場に立たされることに

なった。

　安政の五ヶ国条約では貿易の枠組みが規定された。まず神奈川・長崎・箱館・新潟・兵庫を開港し，江戸と大坂を開市することが規定され（図3-2-1），1859年から神奈川，長崎，箱館が実際に「開港」する。日本はいよいよ西洋諸国と貿易を開始することとなった。もっとも，この条約により，外国人が自由に日本国内を移動し，貿易ができるようになったわけではない。外国人は，開港場に設置される居留地に封じ込められ，内地通商は禁止されていた。過激な攘夷派が国内に跋扈していくなかで，この判断は政治的には賢明なものであったが，条約で自由貿易が原則とされ，かつ関税自主権がなく，不利な税率が設定されていくなかで，次節で見るように，この居留地が経済的にも大きな意味を持つこととなる。

　なお，この条約の無勅許調印以降，朝廷は幕府に対して批判的な姿勢を強め，朝廷の下には，外国を打ち払おうと主張する過激な攘夷派が集まり，開国・開港を主導した幕府に対して反抗を試み，遂には桜田門外の変で井伊大老が暗殺

図3-2-1　開市・開港場の位置

される事態に立ち至った。権威が地に落ちた幕府としては，朝廷との関係を修復する必要性に迫られ，疎隔した両者の間を周旋すべく，外様雄藩の薩摩藩や長州藩の台頭を許すこととなった。両者はやがて幕府を終焉に追い込む勢力と化していくが，この条約締結が両者の政治的活性化の大きなきっかけにもなった。加えて，攘夷志向の強い朝廷や一部の志士たちの動向にも幕府は振り回されることになった。上述の改税約書の締結も，イギリス・アメリカ・フランスなどとの下関戦争における長州藩の敗北とその賠償金支払問題が関係していた。不安定な政治的動向が経済的な部分にも影を落としていた。

3-2-3　居留地貿易の展開

　安政の五ヶ国条約に基づいて開始された西洋諸国との貿易は，自由貿易を原則としていたが，現実には欧米商人の活動は，開港場に設定された居留地に限定されていた。そして，貿易が開始される以上，その前提として，欧米の海運会社による蒸気船を用いた東アジア航路が日本へ開設され，イギリスなどの外国銀行も日本に支店や代理店を設けて，外国商社も日本に進出してきた。開港場ごとに特徴があるものの，外国商社はジャーディン・マセソン商会などの大規模商社より，グラバー商会のような中小商社が多かったとされる。

　日本の側でもそれに対応する形で輸出入の取引体制が整えられていった。日本からの輸出品を扱う売込商，外国からの輸入品を扱う引取商が登場し，外国商人との間で取り引きを始めた。幕府と関係の深い特権商人は貿易には関心が薄く，このような日本人貿易商の多くは，産地に結びついた在郷商人・地方商人であった。彼らは商品ごとに分業しており，当時の輸出品としては生糸，茶などがあり，輸入品としては毛織物，綿織物が代表的であった。

　不平等条約は，実際の貿易上も日本に多くの不利益を蒙らせたかのようなイメージがあるが，現実には居留地貿易という方式であったため，日本への不利益をある程度は防ぐことができた。居留地貿易と称されるこの貿易方式は，西洋諸国と国内市場とが直結するのを防ぐなど，日本にとっては管理しやすいものであった。輸出品については，少数の売込商が多数の外国商人に売り込むという売り手市場であり，輸入品についても，多数の外国商人から少数の引取商が買い取るという買い手市場であって，日本側に有利であった。しかも，国内

市場に関する情報収集も居留地に封じ込められた外国商人には難しく，日本側を利するものであり，居留地制度は，欧米の経済的圧力を一定程度回避できる仕組みであった（杉山 2012）。

また，この貿易は，日本に大きな変化ももたらした。まずは，物価が年8.5%上昇するようなインフレが起こった。貿易開始に伴い，日本国内外の金銀比価のズレが問題となり，海外のそれに合わせるべく，貨幣改鋳によって金含有量の少ない小判を発行したことによるものであった。このような物価変動は「価格革命」と評されるほどの大きなものであった。次に，国内の流通ネットワークも変化を遂げる。主要輸出品となった生糸については，輸出価格が上昇したため産地から横浜まで直接輸送されるようになり，都市問屋商人を経由しなくなったほか，国内絹織物産地では生糸が不足する事態となった。幕府は，生糸を含めた五品江戸廻送令を出し，流通ネットワークを再編しようと試みたが，うまくはいかなかった。

3-2-4　江戸時代の「遺産」

朝廷や雄藩の政治的覚醒は国内政局を流動化させ，最終的には1867年の大政奉還と王政復古をもたらし，幕府を終焉へと追い込んで，新政府の樹立へとつながった。この一連の過程は，しばしば朝廷・幕府・雄藩などの離合集散，政治的闘争として描かれるが，経済史的にもその背景について説明が試みられている。

すなわち，江戸時代を通じて，農民も商人も大きな変化を遂げてきた。米穀生産を中心とする伝統的な形態から，商業的農業へ転換したり，農村工業を展開したりする人々も少なからずいたうえ，それぞれの地方が経済的に成長するなかで，それまでの伝統的な都市商人とは異なる在郷商人も登場することになった。先述の通り，諸藩のなかには，このような農・商の変化に対応して，経済政策を打ち出すことのできた藩もあり，それが雄藩となっていったが，幕府は年貢を中心とする旧態依然とした税制を継続し，それに対応できず，農・商の成長を取り込めないで，衰退していったという見方である（谷本 2013）。なお，この農・商の成長は，日本の近代化にも大きな影響を与えていく。一部の農民や商人が富を蓄積していった結果として，明治以降における日本の産業化において，彼らの資産が諸事業への投資という形で活用されていくのである。

写真3-2-1 伊藤博文

　また，幕末に幕府などが創始していた西洋化事業も江戸時代の「遺産」であった。幕府は，横須賀，横浜，石川島，長崎に造船・機械工場を建設していた。これらは，幕府が開鑿してきた諸鉱山などとともに，維新後に新政府によって継承され，富国強兵の一つの基盤となったが，多額の費用を要するこのような事業をすでに幕府の資金で立ち上げていたことは，近代化を推進していく新政府にとって極めて貴重な財産となった。

　さらに，幕末には，幕府の正式な遣外使節や留学生に加えて，一部の藩の留学生なども一定数が西洋諸国に渡っていた。そのなかには長州藩の伊藤博文のような密航者も含まれていた。新政府は，程度の差はありつつも，さまざまな分野で西洋諸国を目指して近代化を進め，多くの幕末の洋行経験者たちが，その近代化政策を各部門で実際に担った。このような人材もまた，極めて有益な「遺産」となった。

　もちろん，「負の遺産」も存在した。その最たるものが，不平等条約であろう。確かに居留地に貿易を限定することにより，その不利益は緩和されていたものの，関税自主権がないという問題は，明治初年において輸入超過・正貨流出をもたらすなど，やはりマイナスの影響を及ぼしていく。そして，条約改正にはかなりの時間と外交的努力を要することになった。

参考文献
青山忠正　2012『明治維新』（日本近世の歴史6），吉川弘文館。
鵜飼政志　2014『明治維新の国際舞台』有志舎。
梅村又次・山本有造編　1989『開港と維新』（日本経済史3），岩波書店。
杉山伸也　2012『日本経済史——近世〜現代』岩波書店。
谷本雅之　2013「在来産業の展開と資本主義」明治維新史学会編『明治維新の経済過程』（講座明治維新8），有志舎，231-261頁。

3-3　明治政府の成立と財政経済政策

3-3-1　王政復古から廃藩置県へ

　新政府は，総裁・議定・参与の三職からなる体制で発足した。極めて未整備な段階からのスタートであった。幕府の終焉によりその領地を継承することができたが，諸藩は厳然として存在し続けており，新政府が日本全体を統一的かつ強力に統治できる状況ではなかった。組織整備と中央集権体制の構築が新政府にとって大きな課題となった。

　組織については1868年中に，三職七科体制，三職八局体制，政体書体制とたびたび変化をした。1869年になって太政官職員令体制へと至り，各政策を担当する行政部門が，現在までその名称を残す「省」となるなど，機構面では現実に対応しながら整備が進められていく。後述する財政担当官庁も，新政府発足直後から設置され，会計事務科，会計事務局，会計官，大蔵省と名称を変化させながら継続してきた。機構形成とともに，それを動かす人材も必要となり，新政府は各藩で優秀な人材を徴士として採用していった。初期の財政政策を担当する由利公正も，初期の近代化事業を担った大隈重信，伊藤博文らも，この徴士であり，江戸時代の「遺産」たる洋行経験者をはじめとして，多数の人材が採用されていった。

　また，1868年には五ヶ条の御誓文という形で，新政府の基本方針を示したが，その第五条は「智識ヲ世界ニ求メ大ニ皇基ヲ振起スベシ」と定められていた。西洋諸国の進んだ知識や技術を学び，いわゆる近代化を推進することで，この国を発展させていく方針が明示された。確かに政府幹部はしばしば「万国対峙」という言葉で，日本を西洋諸国に並び立つ国に導こうという目標を表していた。

　新政府が近代化政策を展開するうえで大きな障害となったのは，維新後も一定の自立性を持って継続する藩の存在である。「富国」政策の前提となる財源も，「強兵」政策の前提となる軍事権も，新政府は旧幕府領しか掌握できず，藩に関わるものは相変わらず藩が押えており，そのままでは新政府が財源を集中して近代化事業を推進することも，全国で徴兵により国民皆兵を実施することも

できなかった。一方で，新政府の中核メンバーの多くは，薩摩や長州など有力藩出身者であったし，250年以上継続してきた諸藩まで一度に終焉させることもいろいろな意味で現実的ではなかったので，にわかに藩を廃止することも難しかった。

こうして段階的に中央集権化が進められていく。1869年には維新を主導する薩摩・長州・土佐・肥前の四藩主が願い出て，他藩主も追従し，藩の土地と人民を新政府に返上する版籍奉還がなされた。さらに諸藩は新政府の中央集権化に向けた指令に従わされ，廃藩への条件は整えられていき，1871年6月廃藩置県が断行された。諸藩は県となり，中央から県令が派遣され，旧藩主たちは2年前に就任した知藩事を免ぜられ藩政から切り離されて，華族として東京に集められる。廃藩がスムーズに実施された背景には，多くの藩が多額の借金を抱え，それから解放されることを望んでいたこともあった。逆にいえば，新政府は各藩の負債を大胆に整理しつつも引き継ぎ，江戸時代の「負の遺産」をここでも継承した。

3-3-2　地租改正と秩禄処分

廃藩置県により全国の徴税権を掌握した新政府は，近世以来の税制やその前提となる土地制度も改革していく。すでに江戸時代には事実上，土地の売買や貢租の金納化が一部で進んでいたが，新政府はその実態を追認する形で田畑勝手作を許可し，田畑永代売買も解禁した。そのうえで1873年7月に地租改正法を定め，制度が不統一で，職分などで負担も不均等であった江戸時代の税制を改正していった。

すなわち，それぞれの土地で所有者が明確に決められ，土地の私的所有が認められた。そして，その地価を，土地の収益を基準にして政府の定める統一的な算定方式によって決定し，その3％を地租として，政府に金納させることとした。1875年に設置された地租改正事務局を中心として作業が進められ，最終的には1880年代に入るまで続いた。政府にとっては，農作物の出来やその値段の変動に関係なく，毎年定額で税が納められることとなり，財政の基盤を固めることができ，政策展開の裏付けとして貴重な財源を確保できたともいえるが，農民にとっては，米価の変動などの影響を直接蒙ることとなり，米価が

下落したときでも定額を支払わねばならない地租では，相対的に負担増となることもあった。結果的に 1876 年には，地租改正反対一揆が頻発し，新政府も地租税率を 2.5％に引き下げるなど，一定の配慮を示すこととなった。

　一方で，新政府は 1876 年に秩禄処分を断行した。江戸時代には，武士は領地から年貢を徴収したり，幕府や藩から禄を支給されたりしていたが，幕府終焉後は，多くの幕臣が家禄を支給する主君を失うこととなった。そのまま家禄を打ち切っては彼らが路頭に迷うことになるので，新政府は額を減らしながらも，彼らへの家禄支給を引き継いだ。また当初は存続していた諸藩に対しては，できる限り家禄を削減するよう求め，そのうえで廃藩置県により諸藩士の家禄支給も引き受けた。結果的に，新政府で何の役割も果たさない彼らへの家禄等が政府支出の 3 割以上を占め，財政難の政府には大きな負担となっていた。最終的に 1876 年 8 月に金禄公債証書発行条例が公布され，その整理が断行された。すなわち，5 〜 14 年分の家禄に相当する金額を 5 〜 10％の利子の付いた金禄公債として発行して，家禄受給者に交付し，5 年間据え置きの後，25 年かけて償還することとして，家禄支給を打ち切った。

　家禄制度の廃止は，同年 3 月の廃刀令とともに，士族の特権を奪うもので，不平士族の反乱を続発させ，とくに 1877 年の西南戦争鎮圧に多額の費用を要したので，短期的には政府支出を嵩ませたが，長期的には，支出のなかで大きな割合を占めた家禄関係費を整理でき，政府の財政基盤は強化された。加えて，金禄公債の形でまとまった額を士族たちに支給したことにより，高禄だった華族などは，金禄公債証書を出資や投資などに活用できるようになった。その意味では，産業発展の基盤形成に資するものでもあった。

3-3-3　殖産興業

「万国対峙」を目指す新政府は，諸分野で近代化政策を展開していかねばならなかった。確かに江戸時代を通じて都市も農村も一定の経済発展を遂げて，幕末には西洋技術を導入した工場も設立されていたが，目指すべき西洋諸国とはかなりの隔たりがあり，明治初年から政府主導で産業・経済の近代化を図るべく，いわゆる殖産興業政策が実施されていく。

　維新直後は，まず幕府時代の「遺産」を継承することから始めつつ，インフ

ラ整備を中心に西洋化事業にも着手していった。たとえば鉄道建設は，1869年終盤に政府決定を見て，東京・横浜間で工事が開始され，同年には同区間で電信線架設工事も始まった。これらの西洋化事業は，基本的に洋行経験などで西洋事情に理解の深い開明派官僚によって担われ，西洋から招聘された技術者たる御雇外国人が現場を指導していた。

　当初はこのような新事業を担当する官庁は想定されていなかったが，1869年に民部省が管轄するようになり，すぐさま開明派官僚が集結する大蔵省と合併されて，民部大蔵省となった。まだ政府収入がかなり限られていた時期であり，同省の積極的な政策展開は早速財政的な壁にぶつかり，開明派官僚は新政府の収入源であった直轄府県（旧幕府領）で重税を課してでもそれを確保しようとしたといわれる。もとよりそのようなことでは地方統治が不安定化するので，政府内で問題視され，結局，民部大蔵省はわずか1年で分割された。

　このような組織の不安定さを回避すべく，1870年に設立されたのが工部省であった。幕末に密航留学し造船技術を身につけていた山尾庸三らがその中心で，技術系官僚が主導する省であった。同省は，鉄道や電信をはじめとするインフラ整備，製鉄所や造船所などの重工業の導入，鉱山開発などの産業基盤の整備などを推進した。短期間で一定の成果を残し，1872年に京浜間で，1877年に京阪神間で鉄道を開業させ，1873年には東京・長崎間で電信を開通させて，既設の長崎・上海間の海底ケーブルを経由して世界とつながった。

　もっとも，このような工部省の事業は，単なる西洋の模倣に過ぎず，体系性もない不統一な事業で，多額の予算を割きながら，当時の一般の人々にはさほど大きな意味を有していなかったと，厳しい評価がなされることもある。しかし，工部省事業は，目に見える形で象徴的にこの国の進むべき方向性を示し，政府内でさえ西洋化事業に理解のない政治家や官僚がいたなかで，実物を見せてその理解を深めるものであったし，何より，同省が整備した交通・通信インフラが，その後の産業の近代化に大きく寄与したのであった。

　一方で政府内では，民間での事業奨励を含め，より一般の人々を意識した殖産興業も展開すべきだという意見が出されるようになり，とくに大久保利通がそれを主張した。内治優先を理由に征韓派を退けた征韓論政変直後の1873年11月に内務省が設立された。同省は，警察，地方，土木行政などを管轄し，設

立時は民間の産業振興を推進する勧業が重視された。確かに，富岡製糸場を引き継ぎ，新町紡績所などを新設したほか，農業レベルでも西洋農法の調査・研究やその普及に力を入れ，不平士族対策の意味を込めて開墾も進められた。ただし，1874年の佐賀の乱，台湾出兵から1877年の西南戦争まで，国内は内憂外患の連続で，同省長官の大久保も対応に忙殺され，十分な成果を残すには至らず，最終的に，同省の殖産興業部門は1881年に新設の農商務省に移管された。

3-3-4 明治初期の財政

　発足当初の新政府は戊辰戦争を展開しつつ，幕府にかわり統治を進めていかねばならず，多額の費用がすぐにも必要となった。三井組や小野組など江戸時代に成長していた都市商人から300万両を借り入れて会計基立金としたうえで，不換紙幣の太政官札も大量発行し，翌年には4800万両まで膨らんだ。最初期に会計を担当したのは由利公正である。越前藩で改革を成功させた経験をもとに「由利財政」を展開し，政府紙幣を貸し付け，商業・物産を振興し，生産物で返済させて，それを独占的に流通させて利益を上げようと試みた。しかし，調達した資金の多くが戊辰戦争に回り，政府紙幣の大量発行は紙幣価値を下落させ，藩札や偽造貨幣も出回って，通貨の混乱を招いた。諸外国から猛烈な抗議を受けて，政府で大問題化し，由利は財政担当を外れた。

　由利のあと財政を担当したのは大隈重信である。当初外交担当であった彼は，贋金問題などの解決を約束して諸外国の批判を抑えたのち，会計担当組織に移り，商業振興に加えて貿易・金融なども視野に入れて財政経済政策を展開しようとしたが，この点では大きな成果を残すには至らなかった。当時の大隈は開明派官僚であって，前述の民部大蔵省で西洋化事業を積極的に推進し，費用不足に直面すると直轄府県に重税を課そうとさえしていた。各省が必要に応じて費用を請求し，それを支出するなど，予算制度が未確立であり，収入の裏付けにより支出を決定し諸政策を実行する形式はまだ難しかった。

　民蔵分離により近代化事業の多くを取り上げられた大蔵省は，大隈が政府幹部たる参議に転任するなど，井上馨を中心とする体制に変わっていた。同じく開明派官僚であった井上は，民蔵分離後は財政担当の役割に専念し，現在の財務省へと連なる，予算管理に重点をおく組織に大蔵省を変貌させた。廃藩置県

写真3-3-1 井上馨
出所）国立国会図書館「近代日本人
の肖像」。

後は，各省に「定額」（年間予算）を設定し，「量入
為出」の方針で財政運営を目指した。予算制度がよ
うやく登場してきたことを意味するが，廃藩置県に
より新政府の収入が増えたといっても，各省も近代
化政策を積極的に展開しようとしたので，歳入を上
回る予算請求額となった。とくに，岩倉使節団外遊
後の留守政府では，各省と大蔵省の間で予算をめぐ
る攻防が激化し，司法省，工部省などと大蔵省の間
では双方幹部の辞表提出にまで発展した。最終的に
政府幹部の調整で決着したが，これをきっかけに一
連の政府改革がなされ，結局それに抗議する形で井
上は辞職した。

　この後，大蔵省を率いたのは再び大隈である。参議と大蔵省長官を兼務する
形で，財政政策を担当し，事実上，明治10年代前半まで財政運営を主導した。
この「大隈財政」は，基本的に積極財政で特徴付けられ，鉄道・電信・重工業
などを管轄した工部省と，農業や軽工業などを担当した内務省の双方の殖産興
業を財政的に支援することになった。この間，井上が導入した予算制度も定着
した。一方で，貿易は輸入超過が続き，正貨が海外に多く流出して政府を悩ま
せた。内務省による勧業などを通じて輸入代替を進め，輸入に頼る鉄道事業を
凍結するなどの方針で臨もうとしたものの貫徹できず，明治零年代には何ら解
決を見なかった。そのうえ，1877年の西南戦争での多額の戦費を賄うべく多
くの政府紙幣を発行し，多数設立された国立銀行による不換紙幣の大量発行も
加わって，インフレが生じた。西南戦争後，この政府紙幣をどのように処理す
るかが大きな課題となった。

参考文献
梅村又次・山本有造編　1989『開港と維新』（日本経済史3），岩波書店。
杉山伸也　2012『日本経済史——近世〜現代』岩波書店。
鈴木　淳　2002『維新の構想と展開』（日本の歴史20），講談社。
松尾正人　1995『維新政権』吉川弘文館。
明治維新史学会編　2011『維新政権の創設』（講座明治維新3），有志舎。

3-4 松方財政と企業勃興

3-4-1 大隈財政の終焉

　1878年に紀尾井坂の変で大久保利通が暗殺されると，伊藤博文，大隈重信，黒田清隆らの集団指導により政治が展開するようになった。この「大久保没後体制」下でも，経済・財政政策の中心は引き続き大隈であった。西南戦争時の多額の紙幣発行などに伴うインフレと，貿易上の正貨流出が大きな課題となり，当初，大隈は輸入抑制と輸出増に結び付く国内産業振興を目指して，殖産興業政策を継続し，積極財政を展開した。インフレをもたらした紙幣価値の下落についても，通貨流通量を収縮させない対応策を検討し，1880年には巨額の外債発行により紙幣を裏付ける方法を提案するが，伊藤らの反対により政府決定に持ち込めなかった。結局，増税と経費節減によって余剰金を捻出し，その分の紙幣を整理する方法を採用せざるをえなくなった。

　1881年には政府内の主導権争いのなかで，議会制度導入を含めた統治システム改革をめぐって，大隈はイギリス流の議院内閣制の即時導入を主張し，政府内で孤立していった。そして，開拓使廃止に伴い，その官有物を黒田清隆長官が同郷の五代友厚に破格の安価で払い下げるという機密情報が新聞に漏洩し，黒田らへの批判が世間で高まると，その漏洩情報源として大隈は疑われることとなった。結果として，政府内での大隈追放圧力が強まり，ついに大隈は辞職するに至った。この明治14年の政変により，政治的にはプロシア流の立憲君主制を目指すという方向性が定まっていき，1890年の国会開設も決定をみたが，経済・財政についても，明治初年からその中心であり続けた大隈の退場により，「大隈財政」は終焉を迎えることになった。大隈に近かった三菱も，海運業で三井と熾烈な

写真3-4-1　大隈重信
出所）国立国会図書館「近代日本人の
　　　肖像」。

競争を迫られ，鉱山や造船など経営の多角化を進めて財閥形成に向かうなど，影響は政府内に留まらなかった。

この時期には，殖産興業政策も新たな段階へと入ることになった。これまでは，鉄道・電信・造船などの巨額の予算を必要とする大規模西洋化事業を展開した工部省，民業の活性化を目指して製糸・紡績・製絨工場などを模範的に展開した内務省が中心となって，官主導で政府の直接的な予算投入により政策を推進してきた。しかし両省の推進してきた殖産興業については，多くの事業において経営面で厳しい状況に直面していた。結果として，経費節減が喫緊の課題となった1881年になると，新たに農商務省が設立され，民間における諸産業に対して，直接的な財政資金を投下せずに奨励していく方針が打ち出されていった。大隈の退場はこの傾向をより強固なものとし，以降，とくに金融機関を整備して，間接的に資金供給する手法が目指されていくこととなった。

3-4-2　松方財政

大隈の下野を受けて，新たに財政責任者となったのは，参議兼大蔵卿に就任した松方正義であった。彼は1892年まで大蔵省長官の地位を占め，その間財政政策を運営し続けたが，なかでも就任時から5年間の前半期が「松方財政」として重要視されている。

写真3-4-2　松方正義
出所）国立国会図書館「近代日本人の肖像」。

就任直後から松方は，大隈時代以来の懸案となっている財政問題に取り組まねばならなかった。すなわち，大隈財政末期から実施されていた紙幣整理により重点をおいて，本格的に展開した。具体的には，酒造税などの増税や新税創設などで財政収入増を図りつつ，土木費の地方転嫁などにより支出を抑制して，剰余金に当たる政府紙幣を焼却していき，短期間で政府紙幣を消却していったのである。同時に，横浜正金銀行を通して輸出業者に政府紙幣で資金を貸し付けて，正貨で支払われる海外での輸出品売却代金からその返済をさせる海外荷為替取組など

によって，紙幣の裏付けとなる正貨の蓄積も進めて，紙幣価格の回復を実現していった。1882年に日本における中央銀行として日本銀行も設立され，金融制度の整備も進められ，1886年には政府紙幣が銀貨で兌換されるようになって，銀本位制の通貨体制が整っていった。

　紙幣整理の強力な推進もあって，積極財政の傾向が色濃かった大隈時代から一転して，松方財政は緊縮財政の色彩を強めていった。そして，紙幣整理による通貨流通量の収縮は，増税の影響も加わって，デフレを加速し，深刻化させたのである。この松方デフレはとくに農村部に大きな影響を及ぼし，農産物価格の下落に対して，租税額（地租）は一定であったこともあって，農家の負担感を増した。農地の売却により小作農に転落する農家が増えただけでなく，離農して都市へ流れ込む人たちも少なくなかった。後者は，低い賃金で働く労働者となって，日本の工業化を支える役割を果たすことにもなった。一方で，商人や地主たちは，土地を集積するなど不動産を中心とした資産を多く蓄積することとなった。このような資産も，企業勃興や工業化において投資に用いられた。

　こうして松方財政を通じて，紙幣整理や日本銀行設立などによる金融・財政システムが確立し，さらに企業勃興やいわゆる産業革命に向けて投資資金や賃労働者が創出されることにもなった。これらがその後の日本経済の成長を支える土台となったという意味で，松方財政は高く評価されることが多い。

　なお，財政再建の財源捻出のため，大隈財政末期から官業払下げが計画されていたが，現実に払下げが実施されるようになるのも松方財政期になってからであった。1884年以降に，院内・阿仁鉱山などの官営鉱山，長崎造船所や新町紡績所などの官営工場が実際に払い下げられ，最終的には優良鉱山まで高値で払い下げられていった。これらの多くは政府と密接なつながりを持つ政商に払い下げられ，彼らが財閥へと成長していった。その意味で近代産業の基盤を創出することにつながった。また先述のように，明治初期を中心に政府が直接的に事業をするような殖産興業は，間接的な勧業政策を中心とする方法に転換していたが，このような転換も一連の官業払下げなどと軌を一にするものであった。

3-4-3　企業勃興

　すでに明治初年には洋行経験者らにより，西洋における会社に関する知識などが日本に紹介されていたが，1872年になってその名称とは裏腹に第一国立銀行が本格的な株式会社として設立され，その後1878年に株式取引所も創設されるなど，会社が多く見られるようになっていった。もとより草創期の会社であり，準備が万全でないままに立ち上げられることも少なくはなかったが，このような会社の多くは松方デフレを通じて淘汰されることとなり，逆に紡績や鉄道関係などをはじめとして残った会社は，その信頼度を高めることにもつながった。

　当時の会社は，多額の資産を有する華族，大都市商人，地域の有力商人や地主による株式投資などにより，資本を調達することができた。1881年には，岩倉具視ら華族を中心とした投資によって日本鉄道会社が創設され，1884年に上野・前橋間，91年には青森までを開通させ，成功を収めることができた。背景には政府の優遇策もあった。これを受けて山陽鉄道や関西鉄道などの幹線を構成する鉄道会社が，阪堺鉄道や伊予鉄道などの地方鉄道とともに次々に登場し，鉄道ブームとなっていく。1887年に私設鉄道条例が制定されるなど，政府の側でも規則整備を進めていった。また，1882年には渋沢栄一らが主導して大阪紡績会社が創設され，1万500錘の大規模工場での昼夜二交替制労働による連続操業などを採用して好成績を出し，これに続く形で三重紡績や鐘淵紡績をはじめとする会社が設立されていった。

　このように，鉄道業と綿紡績業を主導産業として会社創立が相次ぎ，運輸業や鉱工業，製糸・織物などの在来産業も含め，多くの業種で同じような傾向が見られた。とくに1885年以降それが顕著になって，全体として企業数が倍増していった。このような起業ブームは「企業勃興」と称され，1886年から約3年間はその第一期とされている。先述の通り，このブームには，金融制度の整備や賃労働者の創出をはじめとして，松方財政が大きく関係していた。

　そして，当時の会社設立については，一部の株式を払い込むことで会社を発足させ，残りを追加で払い込ませる形で資本を調達する方法が多く採られていた。当然に多数の企業が設立された企業勃興期には，このような払い込み資金

の需要が非常に高まり，金利も上昇したので，追加払い込みができないような企業も出てくることになった。結果として，そのような企業の株価が下落を始め，1890年には株価暴落へと至り恐慌に陥ることになる。これにより払い込み不十分の企業などが淘汰され，第一次企業勃興は終焉を迎えることになった。ただし，企業勃興自体は，その後も1896年から99年に第二期が到来し，さらに日露戦争後の1906年から09年にも再度出現していく。

3-4-4　日清・日露戦争と日本経済

　19世紀後半以降，日本は西洋に学びながら大規模工場を導入しつつ，経済成長を遂げ，その成長は戦後までの持続的で長期的なものであったとされるが，とくに第一次企業勃興期には，GDPの実質成長率の平均が4.95％と高く，1886年から99年まででも3.4％であり，急進的な成長段階と評価される。また，産業構造についても，生産額に着目すれば，農業がその比重を低下させつつあった一方で，鉱工業や運輸業などはそれが高まっていた。このような急進的な成長については，研究者によっては「産業革命」と位置付けられることもあるが，全体として持続的な成長でもあったので，その点を重視する研究者は「本格的工業化」と称することも多い（中村 2014）。

　この経済成長期の後半には，日清戦争があった。内閣制度を創始し，大日本帝国憲法を制定した日本が，朝鮮の支配をめぐって対立していた清国との間で1894年に開戦した。軍備拡張を進めていた日本は，清国に勝利を収め，下関条約により多額の賠償金とともに植民地を獲得するに至る。そして，日清「戦後経営」を展開していった。賠償金も活用しながらまず政府は軍備拡張政策を推進し，それを支えるべく重工業の育成にも力を入れて，1901年には官営の八幡製鉄所を創業した。加えて，官業投資も積極的に進め，1890年に開始された電話事業も利用者増に対応して拡大していったほか，私鉄も併せて鉄道網も広がっていった。

　また，当該期においては，世界的に銀の価値が低落していたこともあって，日清戦争の賠償金を利用することなどにより，これまで事実上銀本位制であった日本は1897年に金本位制へと移行した。結果として，金銀比価の変動に制約されず，金本位制をとる列強からの外債導入が容易になった。また，この時

期，関税自主権も部分的ながら回復していた。これまで関税を自主的に設定できないことが，輸入超過などの貿易上の問題をもたらす一因となっていたから，日本にとって大きな進歩であった。関税収入の増加は財政的にも意味を持った。最終的に 1911 年に関税自主権の完全回復に至った。

　1904 年には，日本はロシアとの戦争に踏み切った。ロシアが満州を占領し朝鮮半島へ南下政策を進めようとして脅威を増していたことがその理由であった。日本海海戦などにおいて日本が勝利し，アメリカの斡旋で講和条約を結び，戦争は終結した。戦費調達のために多額の内外債を発行していた日本にとって，この条約で賠償金が得られなかったことは外債償還などにそれが充てられないという点で，大きな問題となった。

　そのため日露「戦後経営」としての新たな財政経済政策が展開された。まず軍備拡大や植民地経営で多額の費用が必要となったため，歳出が拡大した。製鉄所の拡張も進められたほか，1906 年には鉄道国有法制定により，大手私鉄を買収し，幹線網を国有路線に統一して，運賃低廉化や一貫輸送による効率化が図られ，さらに電話事業の拡大も進められた。一方で，多額の予算がさらに必要となるなかで，内外債も累積したことから，その整理も求められた。とくに外債への元利支払いが増えたことは，艦船・兵器などの輸入増による輸入超過とともに，正貨流出をもたらし，兌換制度の前提たる正貨蓄積を大きく減少させた。結果として，せっかく達成した金本位制維持が危機に追い込まれるような厳しい事態にもなっていった。

参考文献

井上光貞他編　1987『近代Ⅰ』（日本歴史大系 4），山川出版社。

神山恒雄　2014「殖産興業政策の展開」大津透他編『近現代 1』（岩波講座日本歴史 15），岩波書店，95-129 頁。

杉山伸也　2012『日本経済史——近世～現代』岩波書店。

高村直助　1996『会社の誕生』吉川弘文館。

中村尚史　2014「日本の産業革命」大津透他編『近現代 2』（岩波講座日本歴史 16），岩波書店，147-182 頁。

三和良一　2012『概説日本経済史——近現代』第 3 版，東京大学出版会。

第一次世界大戦と日本経済

1914 年に勃発した第一次世界大戦は，ヨーロッパの列強諸国を巻き込んだ 4 年にわたる「総力戦」となり，ヨーロッパ全土に甚大な被害をもたらすとともに，それまでの国際秩序に大きな変化を与えることになった。戦争の背景には，イギリス・フランス・ロシアの三国協商とドイツ・オーストリア・イタリアの三国同盟の対立があり，日本は日英同盟や日露協約の関係から三国協商（連合国）の側につき，参戦することになった。大戦までの日本は，国家財政が危機的な状態にあり，経済も不安定な状況が続いていたが，日本から遠く離れたヨーロッパで発生した大戦は，こうした問題を一挙に解消するとともに，重化学工業化の進展など日本経済に大きな影響を及ぼした。本章では，第一次世界大戦が日本経済に与えた影響について，その概要を見ていこう。

3-5-1 輸出の増大と国際収支の好転

日本は 17 億円にものぼる多額の戦費を費やして日露戦争に勝利したが，ロシアから賠償金を獲得することができなかった。しかも，日露戦争後には外債の発行が増加し，貿易も輸入超過が続いていた。第一次世界大戦前の国際収支は危機に瀕しており，1914 年の外資輸入高は 19 億円にのぼり（安藤 1979），日本は債務国に陥っていたのである。この状況を転換させたのが大戦に伴う貿易の拡大と大幅な輸出超過であった。

第一次世界大戦はさまざまな点で日本経済の拡大をもたらしたが，まず第 1 にあげられるのが輸出の増加であろう。1914 年に 6 億円ほどであった輸出額は，1918 年には 20 億円あまりに達した（日本銀行統計局 1966）。輸出の急増は対外的な要因によって生じたものであり，その要因としては，大戦に参戦している連合国からの軍需品などの物資需要の増加，大戦のためヨーロッパ諸国からの輸入が途絶したアジアの国々への綿製品など軽工業品の輸出の増加，および大戦に伴う好景気に沸くアメリカ合衆国への生糸などの輸出の増加があげられる。また，大戦による世界的な船舶の不足により海上運賃や海上保険料が高騰し，

海運業が活況を呈したことは貿易外収支にも好影響を及ぼした。こうした結果，国際収支は黒字となり，井上馨が「大正新時代の天佑」と呼んだように，1914年に10億9000万円の債務国だった日本は，1920年には27億7000万円の債権国に転換した（中村1993）。輸出の増加と海運業の活況は大戦景気（大戦ブーム）を生み出し，海運業から大小の「船成金」が生まれたことはよく知られている。第一次世界大戦期の輸出の増加は有効需要の増加に大きな役割を果たしており，この時期の経済成長は輸出が主導する形で実現したといえる。

3-5-2　重化学工業と電力業の拡大

重化学工業

　大戦中の海運業の活況は他の産業への波及効果を生み出した。海運業が好況に見舞われたことは，高い利益を生み出す船舶に対する需要を増加させ，船舶不足による船価の上昇とあいまって，造船業においてもブームが発生した。設備投資や船舶の建造が増加し，1913年に5万トン余りだった汽船の建造トン数は，1918年には63万トンに増大した（安藤1979）。造船業の活況は，船舶に材料を供給する鉄鋼業に対する需要をもたらし，鉄鋼価格の上昇などを背景に，鉄鋼業への新規参入や既存企業の設備の拡充が行われた。第一次世界大戦までの鉄鋼業では，官営の八幡製鉄所が生産高において大きな割合を占めていたが，民間企業の拡大により八幡製鉄所のシェアは低下した。1910～14年に22万トンだった鋼材生産高は1915～19年に47万トン，1920～24年には67万トンに増加したが，民間部門の生産が増加したことにより，八幡製鉄所が占める割合は，1910～14年の85.7％から1915～19年の63.1％，1920～24年の53.5％へと減少した（安藤1979）。こうした造船業と鉄鋼業を核とした産業の発展は，工作機械や電気機械を製造する機械工業に対してもプラスの波及効果を及ぼした。

　一方，それまで行われていたヨーロッパなどからの輸入が大戦によって途絶し，国内産業の発展が促されたケースもあった（輸入代替化の進展）。鉄鋼や機械，化学製品などが輸入減少の影響を受けた工業品であり，鋼材輸入が困難になったことは，前段であげた国内鉄鋼業の拡大と生産増加の要因であった。また，ドイツから染料などの化学製品が輸入できなくなると，政府の積極的な奨励策もあり，製品の国内自給が進み，化学工業発展の道が開かれた。

電 力 業

　重化学工業とともに，大戦の影響で拡大した産業が電力業であった。大戦前から進んでいた水力発電の開発が加速され，重化学工業化や都市化に伴う需要の増加を背景に，山間部への大規模な水力発電所の建設と都市部への長距離送電が実現した。そして，電気供給量が過剰になったこともあり，電力会社同士の価格競争を通じた電力価格の下落がもたらされた。水力発電の例としては，東京に電力を供給した猪苗代水力発電所や，京阪神地域への電力供給を行った木曽川や黒部川の水力発電などがあげられよう。電気が利用しやすくなったことは，電動機の普及とあいまって，工場における産業用動力としての電気利用を促し，とりわけ，大工場だけではなく中小規模の工場においても動力化が進んだことは重要性を持っていた。1909 年に 13.0％であった製造業工場の動力の電化率は，1914 年に 30.1％，1919 年に 58.5％，1930 年には 86.7％へと上昇している（南 1976）。また，電力価格の低下は，生産の過程で多量の電力を使用する電力多消費産業の発展を可能にし，硫安やソーダを製造する電気化学工業やレーヨン工業の勃興につながった。製造業の生産額の推移を示した表3-5-1 を見ると，金属，機械，化学，電力の分野で当該期間に成長が生じていたことが見て取れよう。

表3-5-1　製造業の生産額の推移（1934〜36年価格，単位：百万円，千kW）

		食料品	繊維	化学	鉄鋼	非鉄金属	機械	その他とも計	発電力	うち水力発電
生産額	1913 年	1,343	1,080	338	66	70	307	3,968	597	322
	1919 年	1,642	1,690	523	120	395	955	6,100	1,133	711
	1930 年	2,360	2,601	1,190	618	336	1,098	9,261	4,500	2,948
成長率（%）	1913〜19 年	3.0	7.7	7.5	10.5	33.4	20.8	9.0	11.3	14.1
	1919〜30 年	3.0	4.0	7.8	16.1	1.5	3.2	4.0	13.4	13.8

出所）中村（1993）の第 14 表を一部改変。

農業国から工業国へ

　こうした重化学工業化の進展は産業の構造にも変化をもたらした。製造業生産額に占める重工業の割合を見ると，1909 年の 21.2％，1914 年の 26.7％，1920 年の 32.8％と増加しており（中村 1971），工業における重工業の比率が高

表3-5-2　実質GDPの産業別構成（1934〜36年価格，単位：百万円（%））

	農林水産業	工業	サービス業	計
1905 年	1,963　(31.6)	1,248　(20.1)	3,003　(48.3)	6,214　(100)
1910 年	2,294　(30.9)	1,948　(26.2)	3,182　(42.9)	7,424　(100)
1915 年	2,691　(30.7)	2,642　(30.2)	3,420　(39.1)	8,753　(100)
1920 年	2,984　(27.3)	3,458　(31.6)	4,495　(41.1)	10,937　(100)
1925 年	3,018　(23.2)	4,949　(38.1)	5,026　(38.7)	12,993　(100)

出所）Ohkawa & Shinohara 1979: Appendix Table A12.

まったことが確認できる。また，実質GDPの産業別構成を示した表3-5-2が示すように，第一次世界大戦までの日本は，近代的な経済成長が進んでいたとはいえ，いまだ工業より農林水産業の比率の大きい国であった。しかし，大戦を契機とした産業発展により両者の比率が逆転したのである。大戦を経ることで，日本は農業国から工業国に変貌を遂げたといえる（表3-5-2）。

3-5-3　都市化の進展と工場労働者の増大

　大戦前から進行していた都市化と大都市周辺における工業地帯の形成を加速させ，決定付けたのが，第一次世界大戦期以降の重化学工業を軸とする産業化の進展であった。大戦期には農村から都市への大幅な人口の流出が生じ，第二次，第三次産業就業者が増大した。全人口に占める都市人口の割合は，1903年の16.2%から1925年の27.6%へ上昇し，1903年に8.2%だった四大工業地帯（京浜，阪神，中京，北九州）の人口の割合も，1925年には17.7%まで増加した（新保1995）。民間企業と官営工場の重化学工業労働者は，1914年から1920年の間に14.3万人から51.5万人へ急増しており（中村1993），工業地帯で働く労働者階級が形作られたことが確認できる。労働者の賃金は大戦景気に伴う物価上昇に追い付かなかったため実質賃金は低下し，彼らの生活は苦しくなった。米価の騰貴が米騒動の背景にあったことは広く知られていよう。こうした状況のなか，1917年にロシア革命が起こり，共産主義の影響が日本にも及んだことは，労働運動の活発化をもたらし，賃上げなどを求める労働争議が増加したのである。

3-5-4 アジア地域との関わり

　第一次世界大戦は，中国などアジア地域との政治的，経済的な関わりが強まる契機にもなった。ドイツに対するイギリスの宣戦に対応して大戦に参戦した日本は，中国山東省にドイツが保有する権益を接収し，翌年には袁世凱政府に二十一ヶ条の要求を突き付けてドイツ権益の継承を求めるなど，中国における権益の維持と拡大を目指す姿勢を強めていった。当時の日本の対外投資の大半は中国に対するものであり，そのなかでも，段祺瑞政権に対する西原借款のような権益確保をねらった経済借款には，回収の見込みのないものが多かった。これに対して，民間による投資の代表的事例としては紡績企業による在華紡があげられる。紡績会社が生産する綿糸は生糸に次ぐ重要輸出品であり，中国が主要な輸出先であったが，大戦以降の賃金の上昇などを背景に国際競争力が低下したため，紡績会社は中国に進出し，現地で中国向けの綿糸の生産を開始したのである。1923 年の対外投資総額（18.1 億円）に占める中国向け投資の割合は 77％（13.9 億円）に達していた（中村 1971）。一方，大戦による輸出の増加で深まった東南アジア，南アジアの国々との貿易関係は，1930 年代の高橋財政下の円安の進行によりさらに強まることになった。

参考文献

安藤良雄編　1979『近代日本経済史要覧』第 2 版，東京大学出版会。

岸田　真　2009「第一次世界大戦から昭和恐慌期まで」浜野潔他編『日本経済史』慶應義塾大学出版会，151-200 頁。

新保　博　1995『日本経済史』創文社。

杉山伸也　2015『日本経済史』岩波書店。

高村直助　1982『近代日本綿業と中国』東京大学出版会。

中村隆英　1971『戦前期日本経済成長の分析』岩波書店。

中村隆英　1989「景気変動と経済政策」中村隆英・尾高煌之助編『二重構造』（日本経済史 6），岩波書店，275-322 頁。

中村隆英　1993『日本経済その成長と構造』第 3 版，東京大学出版会。

中村隆英・尾高煌之助　1989「概説 1914 ～ 37 年」中村・尾高編『二重構造』岩波書店，1-80 頁。

日本銀行統計局編　1966『明治以降本邦主要経済統計』日本銀行統計局。

橋本寿郎　1989「巨大産業の興隆」中村・尾高編『二重構造』岩波書店，81-131 頁。

南　亮進　1976『動力革命と技術進歩』東洋経済新報社。

Ohkawa, K. & M. Shinohara (eds.) 1979. *Patterns of Japanese Economic Development*. Yale University Press.

3-6-1　経済統制の時代

　1936年末から貿易収支が悪化し大幅な赤字に陥るなかで，日本国内では「生産力拡充」が目指されて重工業が発展していき，その原料・資材輸入増が状況をより悪化させた。また，赤字国債増発を背景に軍事予算も拡大して，インフレも加速していった。両者が「生産力拡充」に逆に悪影響を及ぼすことも考えられ，これまでの枠組みでの通常の手法による問題解決は極めて難しくなった。この間，軍部の脅威も増していた。すでに1932年の五・一五事件で犬養毅首相を暗殺し，政党内閣の流れを事実上断ち切り，1936年の二・二六事件では，高橋是清をはじめとする政府内の穏健派を複数暗殺した。さらに軍部の内閣への介入を制度的に可能にする軍部大臣現役部官制も復活した。

　広田弘毅内閣の馬場鍈一蔵相は，軍備拡張を最優先にした積極財政を展開し，赤字国債を増発し低金利促進政策を進めた。この「馬場財政」によりインフレ率は上昇し，続く林銑十郎内閣では結城豊太郎蔵相が，重工業を中心に軍備増強のために財閥と協力して「生産力拡充」を図り，インフレを抑えようとしたが，短期間で総辞職に至り成果を見るに至らなかった。1937年6月に第一次近衛文麿内閣が成立すると，「財政経済三原則」として「生産力の拡充」「国際収支の適合」「物資需給の調整」が打ち出され，経済の直接統制も本格化しようとしていた。貿易収支改善のために輸入抑制など貿易統制が必要とされ，軍需関連産業に資金や物資を優先的に割り当てることも求められるようになった。翌月の盧溝橋事件が日中戦争へと拡大して臨時軍事費特別会計が設けられるなど莫大な軍事費が必要とされるなかで，このような統制が現実化していった。

　同年9月に，輸出入量とともに，輸入原料を用いた製品の生産から消費までを統制する輸出入品等臨時措置法を制定し，軍需産業へ長期資金が集まるように統制を行う臨時資金調整法，日中戦争に際して民間の工場・鉱山などを国家の管理下におけるようにする軍需工場動員法適用法も定められた。翌月には政府の経済統制の中枢を担う企画院が設置されて，物資動員計画をはじめとする

諸計画を策定し，計画・統制の経済体制を構築していった。

　さらに1938年になると，統制強化を可能にする国家総動員法と電力国家管理法が制定される。前者は，戦時において「国防目的」のために「人的及物的資源」を国家が統制できるようにするもので，さまざまな物資が政府の統制下におかれ，国民も徴用されることが定められていた。統制範囲が国民生活全体に拡大されることも想定されうる内容で，実際に太平洋戦争へと至るなかで，この法律が発動されていく。後者は，全国の発電送電事業を日本発送電株式会社に一元的に担当させ，同社を通じて電力の国家統制を図るものであり，軍需産業への電力確保を想定していた。本格的な戦時下に備え，強力な経済統制の可能な体制が準備されていたのである。

3-6-2　太平洋戦争と日本経済

　1939年になると生産力拡充計画が実施される。すでにいくつかの事業法により，鉄鋼，石炭，船舶産業などが保護・育成の対象となっていたが，この計画で軍需事業を優先することがより明確にされ，物資動員計画も開始された。結果として，食料品や繊維製品などの消費財の生産は減少し始めた。9月に第二次世界大戦が始まり，輸入価格の上昇と国内物価の高騰が見込まれたので，翌月には価格等統制令で物価も統制し，生活必需品の不足も予想されるなか，都市部では切符制や配給制も導入され，統制が国民生活にまで及んだ。

　1939年の賃金統制令や配当制限令，翌年の会社経理統制法などで，民間企業への統制も強化され，第二次近衛内閣では「経済新体制」として，利潤追求から生産第一へ企業理念の転換，「所有と経営の分離」まで議論されたが，財界などに反対も多く，12月の「経済新体制確立要綱」では民間側の協力も得ながら統制を展開するとの内容に何とか落ち着いた。もっとも，1941年8月には重要産業団体令が制定され，鉄鋼・石炭・機械工業などが重要産業に指定されて，産業統制会が組織される。産業別の統制会は各分野の生産・配給の調整を行ったり，政府の物資動員計画等の立案に参画したりしたほか，政府が任命する会長は，加盟企業への統制力を認められ，同会を通じて政府の経済統制は強化されていった。

　日中戦争開始後，日本は中国での実質的な支配地域を拡大し，華北地域への

経済侵略も展開した。日本での重要産業を支える資源確保を目的としていたが，現実にはうまくいかず，太平洋戦争直前の日本は，機械設備や資源などを英米圏やその東南アジア植民地からの輸入に依存していた。そのため軍部は南方の資源確保を強く望み，1940年9月に北部仏印に進駐し，日独伊三国軍事同盟も結んで，イギリスやアメリカ合衆国との関係を悪化させた。翌年7月に南部仏印へ進駐すると，アメリカは日本の在外資産凍結と日本への石油輸出の全面禁止を断行した。結局12月，東条英機内閣はアメリカなどとの開戦を決定，太平洋戦争へと突入した。

　戦線の拡大で軍事費は嵩み，国民の負担も増大した。生産拡充計画が実施されるようになると，航空機・船舶・鉄鋼・石炭などの重要とされた軍需事業へ労働者，工場設備，資金・資源などがさらに集中されていく。1943年10月には軍需会社法が制定され，政府が指定した軍需会社は，生産責任者を通じて，生産，設備投資，労働，資金などについて政府の命令を受けることとなった。加えて1942年4月の金融統制団体令に基づく業態別統制会の設立や，政府の日本銀行に対する監督権強化などを通じて，金融機関へも政府の強力な統制が及ぶ。1944年1月には軍需会社指定金融機関制度が導入されて，各軍需会社にメインバンクが指定され，資金調達をスムーズにしようとした。

　異常な統制強化は，戦局の悪化を反映していた。1942年6月にミッドウェー

写真3-6-1　鈴木貫太郎
出所）国立国会図書館「近代日本人の肖像」。

海戦で敗北し，1944年7月にマリアナ諸島が陥落して，本土空襲も現実的になった。物資輸送に不可欠の船舶保有量も激減し，南方や中国からの資源に依存する国内軍需産業は深刻な打撃を受け，1945年から本格化した本土空襲で壊滅的な状況に陥り，日本の戦争経済が崩壊した。そして，8月の原子爆弾投下やソ連参戦を経て，ようやく鈴木貫太郎内閣において，ポツダム宣言を受諾し，無条件降伏するに至った。

　太平洋戦争は，多くの戦死者，甚大な物的被害，近隣諸国との外交問題など，計り知れない「負の遺産」を生んだが，戦後経済を支える要素も残し

ていた。たとえば，戦時中に急発展した重化学工業の施設やその技術者は戦後の産業発展に結び付き，戦時の軍需生産における下請け制やメインバンク制も戦後の産業・金融界に受け継がれたと指摘される。戦後国民全体に拡大する健康保険や年金制度の源流も，戦時体制に見られた。

3-6-3　占領期の日本経済

敗戦で主権を喪失した日本は，連合国軍最高司令官総司令部（GHQ）による間接統治を受けることとなった。GHQ は相当な影響力を及ぼしていくが，日本政府もそれを支える官僚も部分的に交代しつつ継続していた。以降，1952年 4 月のサンフランシスコ講和条約発効までを占領期，55 年ごろまでを含めて戦後復興期と区分される。この間，GHQ は，非軍事化と民主化を基本方針として大改革の実施を指示していく。国民主権，平和主義，基本的人権尊重を打ち出した日本国憲法が 1946 年 11 月に制定され，戦争指導者らの公職追放，内務省や特高警察の廃止，女性への参政権拡大などが実行されていった。経済に関しても 3 つの大改革が進められた。

まず，1945 年 11 月の GHQ 指令により財閥解体が実行された。財閥は，戦時下での重点的な軍需産業優先政策のなかで支配力を強め，莫大な利益を蓄えつつ，海外市場を求めて軍部の海外侵出を助長してきたなどと，GHQ に問題視された。翌年 4 月に持株会社整理委員会が設置されて，持株会社保有の株式が公開され，従業員などに売却されたほか，三井・岩崎・住友など財閥家族の排除も進められた。さらに 1947 年 4 月には独占禁止法が制定され，持株会社やカルテルなどが禁止され，12 月には過度経済力集中排除法も定められて，一部の大企業で分割も進められた。もっとも，冷戦が本格化するなかで，1947〜 48 年ごろにはアメリカの対日方針が早期の自立へと変化したことで，一部の改革は不徹底に終わった。

農地改革は，GHQ が寄生地主制度を軍国主義の一要因と考えたことから，その解体を主眼として徹底的に進められた。1945 年 12 月に GHQ 覚書が発せられ，翌年 10 月に法制化された。在村地主（北海道以外）は 1 町歩（1ha）のみ農地所有が認められ，残りは不在地主の全農地とともに政府が買収し，小作人に売り渡されることとなった。小作地は大幅に減少し地主制は解体された一

方で，農地が細分化され，かつ小規模自作農を保護・固定化する諸政策もあっ
て，日本の農業が競争力を失っていったとも評価される（杉山 2012）。

　労働改革は，戦時下で弾圧の対象でさえあった労働組合運動を奨励しようと
の GHQ の方針に沿ってなされた。1945 年 12 月に労働組合法，翌年 9 月に労
働関係調整法，1947 年 4 月に労働基準法が制定されて，労働者に団結・団体
交渉・団体行動の労働三権が保障されたほか，賃金や労働時間，労使関係につ
いても，その改善を図るべく制度が構築されていった。そして，戦中の産業報
国会が再編される形で多くの労働組合が組織された。労働改革もまた徹底的に
実行されたが，結果として，労働組合運動が政治的な色彩を帯びて激しい労使
対立につながるなど，政府がその対応に苦慮するような側面も存在していた。

3-6-4　日本経済の復興へ

　戦後の日本は，多くの物的被害と食糧・エネルギー不足による危機的な状況
のなかから，残存工業設備や技術者などを活用して復興していかなければなら
なかった。本格的に復興政策が展開されるのは 1946 年 5 月に第一次吉田茂内
閣が発足して以降であった。石橋湛山蔵相は，積極的な財政政策を実施し，翌
年 1 月から復興金融金庫を開業させ，多額の融資を展開し，とくに石炭産業に
重点的に融資がなされた。この石炭業と鉄鋼業を重要産業と位置付け復興の牽

引役にすべく資材や労働力を集中投入する傾斜生
産方式がとられた。物資需給計画も立てられて，
まだ戦時下のような計画経済的側面も残していた。
また，インフレ抑制のために，低い公定価格が設
定され，生産費の上昇などを反映した本来の価格
との差額を政府が価格差補給金として支給しても
いた。それでもインフレ自体は進んでいった。
　そして，アメリカなどの西側陣営とソ連などの
東側陣営の関係が冷え込み，冷戦が本格化して，
国際環境が大きく変化した結果，アメリカの対日
政策も変更を余儀なくされた。徹底した非軍事
化・民主化諸改革，西側陣営のなかで東側に対抗

写真3-6-2　吉田茂
出所）国立国会図書館「近代日本人の
肖像」。

144

するための一翼を担うよう日本に期待して，早期の自立を目標としたのであった。アメリカは，日本経済自立の条件としてインフレ抑制を重視し，GHQ総司令官の経済顧問としてデトロイト銀行頭取であったジョセフ・ドッジを日本に派遣した。彼は，ドッジ・ラインと呼ばれる財政金融政策を立案，1949年3月より実施させた。一般会計・特別会計など総予算の均衡，価格差補給金の早期廃止，復興金融金庫の新規貸出の停止などの方針を打ち出して，1949年度予算を超均衡予算として実施し，インフレ抑制が図られたのである。これにより，統制撤廃が進むとともに物価も安定することになり，しばしば統制・計画経済から自由経済へ切り替えが進んだと評価される。また，1ドル＝360円の為替レートも設定されることとなった。もっとも，このドッジ・ラインは，金融を急激に引き締め，デフレ状況に日本を陥れることにもなった。

　このような安定恐慌状態から日本経済を脱却させたのは，1950年6月から始まった朝鮮戦争であった。冷戦が朝鮮半島において熱戦化し，西側陣営に組み込まれていた日本は戦場から近く，軍需品を中心に特需が生じたのである。この特需ブームにより，日本経済は立ち直り，復興に向けて着実に前進していく。産業政策も積極的に打ち出され，1950年12月には輸出振興のための融資を担当する日本輸出銀行が，翌年4月には国内産業の設備投資などに対して財政資金を供給するための日本開発銀行が政府系金融機関として設立されて，電力・鉄鋼・石炭・海運の四大重点産業を発展させるべく，日本開発銀行を中心に優先的に資金供給がなされ，設備更新や技術革新を進める合理化計画も実行されていった。

　1951年9月には日本はソ連や中国などを除いた連合国とサンフランシスコ講和条約に調印し，日米安全保障条約も締結した。翌年4月にこの講和条約が発効し，主権を回復したのであった。その後も日本は，戦後復興の歩みを続け，1956年には，もはや「戦後」ではない，といわれる段階にまで至るようになる。

参考文献
五百旗頭真　2001『戦争・占領・講和』（日本の近代6），中央公論新社。
杉山伸也　2012『日本経済史——近世〜現代』岩波書店。
中村隆英　1993『日本経済——その成長と構造』第3版，東京大学出版会。
中村隆英編　1989『「計画化」と「民主化」』（日本経済史7），岩波書店。
三和良一　2012『概説日本経済史——近現代』第3版，東京大学出版会。

3-7　高度成長とその後の日本経済

3-7-1　国際社会への復帰と高度成長の前提

　サンフランシスコ講和条約発効により主権を回復した日本は，1952年に国際通貨基金（IMF）と国際復興開発銀行（世界銀行）に加盟した。両機関は，1944年にアメリカ合衆国のブレトンウッズでの会議において設立が合意され，戦後になって実際に創設された。前者は，基本的に西側諸国が結束し，国際協調に基づいた通貨体制を構築することを目指すものであり，通貨について，経済的に西側諸国の中心を占めるアメリカのドルのみを金と兌換可能な基軸通貨として，各国通貨はこの米ドルと固定為替相場で結び付くこととされた。日本円についても，1ドル＝360円で固定されていた。後者は，経済復興や開発を目的として長期的に資金を貸し出し，この時期以降，日本も世界銀行から多額の資金を借り入れることになる。このブレトンウッズ体制による国際通貨の安定や資金の供給が，日本の高度成長を支える役割を果たしたことは間違いない。

　これと並行して，戦後には国際協調に基づいて貿易の自由化を促進するためのGATT（関税および貿易に関する一般協定）も成立していた。日本は，乏しい資源を補う必要もあり，貿易拡大を図るべく，GATT加盟に向けても動き，

写真3-7-1　鳩山一郎
出所）国立国会図書館「近代日本人の肖像」。

1955年になって正式に加盟するに至った。もっとも，これによって日本の貿易自由化が一気に進んだというわけではなく，それが進展を見るのは1960年代になってからであった。その間も，国内産業保護・育成と外貨流出回避のために輸入の規制や外資が日本に進出して来るのを制限する政策を継続していたからであり，このような規制もまた高度成長につながるものであった。いずれにしても，こうして日本は西側陣営の国際経済機構に組み込まれていきながら，着実に国際社会へ復帰していったのであり，同時にこの国際経済機構が，世界の経済成長からもたら

す前提にもなっていた。

　加えて，同時期には東側陣営とも関係を改善させていった。すなわち，鳩山一郎内閣において，1956年に日ソ共同宣言が調印され，ソ連との間で国交の回復を見た。そして，これを受けて，日本は同年中に国際連合に加盟することもできたのであった。なおこの間に，国内ではいわゆる五十五年体制が形成されていた。1955年に，保守合同により自由民主党が登場し，以降長期政権を担い続ける一方で，社会党も左右両派統一により野党としてそれに対峙していくという体制ができあがったのである。このような体制下で高度成長に関係する諸政策も形成，実施されていくことになった。

3-7-2　高度成長

　国際社会に復帰した日本は，いよいよ高度成長期に入っていく。すなわち，1955年から「神武景気」（1955〜57年），「岩戸景気」（1958〜61年），「いざなぎ景気」（1965〜70年）と次々に好況ブームが到来したことに象徴されるように，経済が極めて高い成長を遂げた。後述するように，このような高度成長は第一次石油危機などの起こる1973年まで続いた。1956年から73年までの実質成長率は平均して9.2％であり，この間に名目GDPは10倍以上に増加していた。高度成長期の終わりには，西側陣営でアメリカに次ぐ第2位の「経済大国」と評されるほどになった。

　もちろん，高度成長期において一貫して高い成長を遂げていたわけではない。上述した好況ブームの間には，「鍋底不況」（1957〜58年），62年，65年における不況なども存在していたのであり，比較的長期の好況と短期的な不況を繰り返しながら，全体として高い成長を実現できた。このような周期的な景気変動の背景には，日本の国際収支の動向が関係していた。高度成長期に入っても，日本の国際収支の基盤はまだ弱かったので，好景気になれば設備機械や原料をはじめとする輸入が増えて，国際収支（経常収支）は赤字に陥り，そのつど，それを脱するために一時的に経済拡大を止めるべく，公定歩合引上げにより金融引締めが実施された。いずれの引締めも，国際収支の改善によっておおむね1年間で解除されていたが，短期的な不況をもたらしていた。このような形での金融引締めは，国際収支の黒字基調が定着した1960年代後半になって見ら

写真3-7-2　池田勇人
出所）国立国会図書館「近代日本
の肖像」。

れなくなった。

　この高度成長をもたらしたものは何であったのだ
ろうか。すでに国際的な要因については若干言及し
たが，国内的要因の方がより重要であったとされる。
まずは，所得水準の上昇などによって民間消費支出
が拡大した。とくに核家族化など世帯数が増加した
こともあって，テレビ，冷蔵庫，洗濯機などの耐久
消費財への支出が増加し，それに対応すべく，それ
らを大量生産するために産業サイドも設備投資を実
施した。

　加えて，当該期は技術革新も大きく進展した。鉄鋼業や造船業のように戦前
にすでに導入されていた技術の一新を図ったり，自動車や家庭電化製品生産の
ように戦前の欧米における技術を戦後の日本へ導入してその定着を図ったり，
石油化学工業のように欧米と同時に技術を進歩させたりと三様の展開があった
が，いずれも企業の積極的な設備投資と結び付くものであった。確かに民間設
備投資の対前年増加率は1956年や1960年などにおいて40％前後を記録して
いた。このように企業が積極的に設備投資を行ったことが高度成長の原動力と
なった。

　そして，企業の積極的な行動をもたらしたとされるのが政府の産業政策で
あった。前述の通り政府は当初，国内産業保護などのために輸入制限や外資制
限をしていたし，税制面でも設備投資などに対して課税減免措置をはじめとす
る優遇措置がとられ，設備投資資金も重点的に供給されていた。池田勇人内閣
が1960年に「国民所得倍増計画」を打ち出したことにもよく表れているように，
政府も積極的に経済成長をリードしようとした。政府の産業政策が高度成長を
もたらす一要因であったと見ることはできるが，日本経済史研究では，このよ
うな産業政策を，高く評価するものと，過大評価であるとするものとに見解が
分かれている。

3-7-3　高度成長の終焉

　高度成長期には，経済成長と関連する形でいくつかの大きな変化が日本にも

たらされていた。まずは，産業構造が大きく変化した。鉄鋼や自動車などの製造業をはじめとする第二次産業と，卸売・小売業を中心に第三次産業が大きく伸びていった。一方で農林水産業が衰退をしていく。とくに農業は機械化とともに輸入農産物の増加もあり，就業人口を大きく減少させたが，その労働力が成長産業へと回っていき，高度成長を支えることにもつながった。結果として，兼業農家も増え，農業従事者は高齢化が進むとともに女性比率も高くなった。

　それとともに，日本国内における過疎と過密の問題が生じた。農業人口の減少は，地方における人口減少を急速に進めることとなっただけでなく，都市圏を中心としていた成長産業への労働力供給に直結していたこともあって，都市への人口集中を顕著なものにしていた。1955年から15年間で，三大都市圏では1500万人も人口が増加したとされる。所得水準の上昇や大量生産などもあって，白黒テレビ・電気洗濯機・電気冷蔵庫の「三種の神器」からカラーテレビ・乗用車・クーラーの「3C」まで，多くの世帯で耐久消費財が購入されるようになるなど，日本にも大衆消費社会が見られるようになった。

　一方で，過密の進行や重化学工業の発達は，公害問題をもたらすことになった。大気汚染や水質汚濁などが都市部を中心に発生するようになり，とくに水俣病，四日市ぜんそくをはじめとする四大公害病は広く知られている。政府も1967年に公害対策基本法を制定し，1971年に環境庁を設置するなど，その対応に追われていくことになる。地方や農業をめぐる問題とともに，高度成長の影の部分としてしばしば指摘されるところである。

　さらに，高度成長期の大きな変化として忘れてならないのは，主たるエネルギー源が石炭から石油に転換したことであろう。「エネルギー革命」とも呼ばれるこのような変化は，中東での油田開発などによる石油価格の大幅な低下によるものである。これにより石炭産業は縮小を余儀なくされ，人員整理などをめぐり厳しい衝突も起こっていた反面，日本国内で石油化学工業が大きく成長していった。低廉な石油を安定して確保できていたこともまた，高度成長の大きな要因となった。

　逆にいえば，その石油をめぐる危機的状況は，高度成長を終焉させる理由にもなりえた。そして，1973年そのような状況がついに到来した。すなわち，第四次中東戦争の勃発により，石油価格が高騰する，第一次石油危機が起こっ

たのである。石油を主たるエネルギー源としていた日本では，さまざまな製品の生産コストが上昇し，商品の価格もはねあがった。激しいインフレを受けて，福田赳夫大蔵大臣は強力に財政・金融における引締めを実施し，何とかインフレの安定化を図ったが，結局，需要の減少をもたらし，コスト上昇に苦しめられていた企業の利益を減少させ，生産の減少や設備投資意欲の喪失を招いて，高度成長を終焉させた。

あわせて，日本の高度成長を支えてきた，ドルを基軸とする固定為替相場による国際通貨体制も大きく変化していった。日本の急成長や西ドイツの躍進は，アメリカの経済的な地位を揺るがせ，東側陣営との局地的な熱戦化による戦費負担なども嵩んで，アメリカは国際収支の赤字と財政赤字の拡大に悩まされるようになり，その経済力を落としていった。結果として，1971年にニクソン大統領が，国際収支悪化を食い止めるべく，金とドルの交換停止や輸入課徴金賦課などの経済政策を打ち出した。ドルを介して金とつながっていた西側諸国の通貨は，金から切り離されることになり，ドルとの固定相場維持が難しくなって，変動相場制への移行が進むことになった。この急変は「ドルショック」や「ニクソンショック」と称される。一時的に固定相場再構築の動きもあり，日本円も一ドル360円から308円となったが，結局うまくいかずに1973年になって各国とも変動相場制に移行した。これまでの固定相場制は相当に円安の傾向が強かったので，日本の輸出産業に好条件となっていたが，それを失うことになり，これ以降貿易関連企業は変動相場制のリスクを考慮せねばならなくなった。このような国際通貨体制の変化もまた高度成長を終わらせる一因となったのであった。

3-7-4　高度成長後の日本経済

高度成長が終焉したといっても，それ以降，長期間不況に陥ったというわけではない。確かに1974年にはGDP実質成長率がマイナスとなったが，翌年には回復に向かっていた。その後，1979年の第二次石油危機などもあり，成長率も影響を受けたが，それでも1980年代前半における実質成長率は3〜4%であり，高度成長とは水準が異なるものの，80年代全体を通しても「安定成長」を継続できていた。

この間の成長要因の一つには輸出の拡大があった。ドルショックから円高になっていたにもかかわらず輸出が増加したのは，輸入原料価格が低下して，輸出品価格などに反映できたからであろうが，国際競争力強化の要因としては，日本型の経営や生産システムもよく指摘されている。輸出品としては，1970年代以降機械類が多く，自動車や家庭電化製品などがその中心を占め，80年代には電子機器なども増え，全体としても機械類の輸出品に占める割合が7割前後に伸長していく。このことは，日本の産業構造が，鉄鋼や化学工業などの重厚長大型から，自動車や電子機器などの軽薄短小型へと変化していたこととも軌を一にしている。

　輸入も増加したものの，80年代からは停滞したので，輸出超過が定着し，貿易摩擦を深刻化させた。アメリカは，貿易赤字と財政赤字に苦しめられており，日本への風当たりも強くなった。1985年には，先進五ヶ国蔵相・中央銀行総裁会議において，ドル高を是正すべく各国が協調していくことが合意された。この「プラザ合意」により，日本銀行もドル売りを実施し，1ドル240円前後から数年間で128円台まで円高が進んだ。さらに1986年のキャンプデービッド会談では，中曽根康弘首相は，輸出指向型から内需拡大型へ転換することも表明し，貿易摩擦の緩和をさらに図っていくことになった。

　円高不況に対応すべく，政府は公定歩合の引き下げによる金融緩和と公共事業投資などの財政拡張策を進めていたが，内需拡大方針によってその傾向に拍車がかかった。通貨供給量が拡大するなかで，有価証券さらに不動産への投資なども過熱していき，経済の実体と乖離した資産価格の上昇をもたらして，「バブル」経済へと進み，1991年頃までその状態が続いていくのであった。

参考文献

猪木武徳　2000『経済成長の果実』（日本の近代7），中央公論新社。

杉山伸也　2012『日本経済史——近世〜現代』岩波書店。

中村隆英　1993『日本経済——その成長と構造』第3版，東京大学出版会。

三和良一　2012『概説日本経済史——近現代』第3版，東京大学出版会。

安場保吉・猪木武徳編　1989『高度成長』（日本経済史8），岩波書店。

『通貨の日本史』高木久史，中公新書，2016

　　　　古代から現代までを通して，日本における「通貨」の歴史を描き出す。日本経済史
　　　　において重要テーマとされている，江戸時代の貨幣改鋳や明治以降の金本位制導入
　　　　をめぐる問題なども含め，時代を追って分かりやすく簡潔にまとめられている。経
　　　　済史では，長期的な視点に立って検討が加えられることもあるが，「通貨」というテー
　　　　マでかなり長い歴史を見通したこの本は，そのような視点に立脚したものとしても
　　　　参考になるだろう。

『企業家たちの挑戦──日本の近代 11』宮本又郎，中公文庫，2013

　　　　「企業家」に焦点を当て多数の事例を取り上げつつ，幕末から高度成長期までの日
　　　　本の経済発展を描き出した本である。渋沢栄一や五代友厚，岩崎弥太郎，さらに戦
　　　　後にも活躍する小林一三や松下幸之助まで，現代でも人気の高い人物が多く登場し，
　　　　彼らの理念と行動が時代背景とともに叙述されていて，魅力的な内容になっている。
　　　　少し背伸びをして渋沢栄一『雨夜譚──渋沢栄一自伝』（岩波文庫，1984 年）など
　　　　を併読するのもよいだろう。

『新・倭館──鎖国時代の日本人町』田代和生，ゆまに書房，2011

　　　　江戸時代に日本と朝鮮の交流の拠点となった倭館に焦点を当て，いわゆる「鎖国」
　　　　のなかで日朝関係がいかなる実態であったかを解明した本である。一般的なイメー
　　　　ジ以上にさかんであった両国間の交易，日朝外交を支えた人々の存在，倭館におけ
　　　　る日常生活などが，いきいきと描かれている。何より倭館というテーマについて，
　　　　多くの史料を用いながら，その具体的な内実を徹底的に追究する，歴史研究者のあ
　　　　るべき一つの姿勢を学ぶことができる。

『維新の構想と展開　日本の歴史 20』鈴木淳，講談社学術文庫，2010

　　　　「日本の歴史」シリーズのうち，明治維新から明治憲法制定までを描いた巻である。
　　　　社会・経済の動向にも重点をおいて叙述され，日本経済史を学ぶものにも極めて有
　　　　益な内容となっている。五ヶ条の御誓文，廃藩置県，秩禄処分をはじめとして，当
　　　　該期の重要項目を網羅しつつ，それらに対して深く鋭く細やかな分析・評価が加え
　　　　られている点に特長がある。今まで学習してきたことが，まだまだ一面的・表面的
　　　　であったと認識させられる。

『戦後の日本経済』橋本寿朗，岩波新書，1995

　　　　戦後復興から高度経済成長，さらにバブル崩壊後までにおける，日本経済の発展，
　　　　展開がコンパクトにまとめられている。この本で語られる「いま」は，すでに歴史
　　　　のなかに入ってしまっているが，それも含めて，著者独自の視点を通して「戦後の
　　　　日本経済」を概観することのできる内容となっている。約 20 年前に書かれた本であ
　　　　るが，そのなかで指摘された問題には今日までつながっているものも少なくないこ
　　　　とに気付かされる。

IV ヨーロッパのグローバル展開
──第二次世界大戦後の国際体制まで

現在のドイツのローテンブルク旧市街（熊谷幸久家族撮影）

中世ヨーロッパの農村と都市

　かつて，ヨーロッパの中世とは，輝かしい古代ギリシアやローマ帝国が衰退した後の，文明の発展が停滞した暗黒時代と見なされていた。だが，近年では，このような時代ではなく，逆に，今日まで続くヨーロッパ社会が形作られていった時代であったとする説がさかんに論じられている。本章では，このような中世ヨーロッパの農村と都市において，当時の人々がどのように生きていたのかということを取り上げる。

4-1-1　中世ヨーロッパの農村と農業の発展

　中世ヨーロッパ社会を特徴付けるものとして「封建制度」という言葉がある。かつて，この用語は，搾取する側の領主と搾取される側の農民の関係に基づく，この時代の社会経済の枠組みを表していた。しかしながら，現在では土地を媒介とした主君と臣下の間の主従関係を指すものとして使われるのが一般的である。それにかわり「荘園制度」という用語が，当時の領主と農民の関係を表すために使われている（ギース＆ギース 2008）。中世ヨーロッパの荘園は，領主直営地と農民保有地のほかに，牧草地や森林などの共同地から構成されていた。さらに，当時の農民としては，自由土地保有農のほかに，領主の支配下におかれ移動の制限などの「不自由」が課せられた農奴が存在していた。

　ただし，中世ヨーロッパの荘園制度は，決して一様ではなく，時代や地域によって多様に変化した。たとえば，8 世紀半ばから 10 世紀にかけてのカロリング朝フランク王国の時代には，荘園に散在するかたちで居住する農民たちに対して，週 3 回程度の領主直営地での賦役労働が課せられた。その後 11 世紀以降になると，農業技術の革新や，都市の発展および商工業活動の活性化のなかで，農村にも大きな変化が見られた。それまでの賦役が減り，かわって収穫物や金銭による地代の支払いが，より一般的になっていった。また，村落の形態にも変化が見られ，区画整理によって，それまで村内に点在していた農民たちの住居や庭が 1 ヶ所にまとめられ，その周辺に耕地が広がる集村形態が広

まった（堀越 1997）。このような村落では開放耕地制がとられており、耕地は複数の大きな区画に分割され、各農民に対しては、それぞれの区画にまたがるかたちで、いくつもの帯状の耕地（地条）が配分された。

　開放耕地制の村落における典型的な農業方法としては、この時代の農業技術の革新のなかで誕生した三圃制があり、13世紀ごろまでにフランス北部、ドイツ、イングランドなどに広まった。それ以前の二圃制においては、土地を穀物栽培用の耕地と休閑地の2つに分け、毎年交互に利用していた。これに対して新農法は、図4-1-1のように、区画整理した村落内の耕地を大きく3つに分割

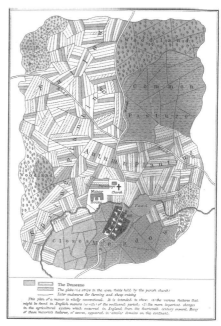

図4-1-1　中世ヨーロッパの荘園
出所）Shepherd 1956: 104.

し、そのなかの2つの区画において、秋播き（autumn planting）の小麦やライ麦と、春播き（spring planting）の大麦や燕麦をそれぞれ栽培し、残りの1区画は、土地を休め地力の回復を図るための休閑地（fallow）とした。そして、各区画で栽培する作物を毎年入れ替えた。さらに、休閑地や収穫後の耕地には家畜が放牧され、その糞による厩肥が行われた。ただし、この農法には冬場の飼料の調達に問題があり、それによって飼育可能な家畜の頭数が制限されていたため、農作物の栽培に利用する肥料としての家畜の糞を十分に確保することが難しかった。なお、この時代になると、ヨーロッパ北部の湿潤な気候の下で湿った重い土壌でも耕すことが可能な重量有輪犂が普及したが、6〜8頭の馬や牛を利用するこのような大型の犂の方向転換は困難だったため、向きを変える回数が少なくてすむ縦長の耕地が適していた（堀越・甚野 2013）。

　開放耕地制がとられ、三圃制が行われた村落において、犂耕・種蒔き・刈取りなどを含むさまざまな農作業や、刈取り後の耕地における家畜の放牧などは、

共同で行う必要があった。そのため，村内の自治的組織である村落共同体の意向や慣習が，それに属する村民に対して強い影響力を持つようになり，領主でさえもそれを完全に無視することはできなかった。さらに，牧草地や森などの共同地（図 4-1-1 における common pasture, meadow, woodland, waste）での放牧や採集に関しても，各農民が保有する耕地の広さによって，その利用範囲が定められるなど，村落の慣習に沿うかたちで利用された。

　新農法や農機具の普及による農業の生産性の上昇は人口の増大につながり，各地で森林の開墾や湖沼の干拓がさかんに行われ，新たな入植地が形成された。このような開墾による人口移動のなかで，新たな開墾地においては農民の定住を図るために，また既存の村落では人口流出による労働力不足を防ぐために，地代などの農民負担の軽減や広範な自治権の付与が行われた。このような特権が一つの村落で認められると，同等の特権が周辺の村落にも拡大していくことになり，領主による農民の身体的な支配を弱める要因の一つとなった（堀越・甚野 2013）。

4-1-2　中世の都市と商業の発展

　中世ヨーロッパの商業活動に関する過去の研究において大きな影響力を持った人物としてアンリ・ピレンヌがいる。彼の学説によれば，古代ギリシア・ローマ帝国の時代に栄えた地中海商業圏は，5 世紀の西ローマ帝国滅亡後も維持されたが，イスラム勢力の地中海地域の進出によって 8 世紀までに崩壊し，その結果，ヨーロッパでは内陸部の農村を中心とした封建社会が成立したという（ピレンヌ 1960）。だが，現在では，ピレンヌの主張ほど中世初期のヨーロッパにおいて商業活動は衰退していなかったことが明らかになっている。農村においても，人々は完全に自給自足的な生活を送っていたわけではなく，外部との取引を介して入手しなければならない物もあった（奥西他 2010）。加えて，農業技術の進歩によって農業生産性が上昇し，余剰生産物が生まれるようになると，農民たちは農産物や手工業品を取り引きするために特定の場所に集まるようになり，さらに，人口増加やそれに伴う経済活動の活性化によって，彼らのなかから商工業活動に特化する人々も出現した。このように当時のヨーロッパにおける農業と商工業，そして，それぞれの活動の中心となった農村と都市は，沿

図4-1-2　ドイツの中世都市ローテンブルク・オプ・テア・タウバー
出所）ドイツ都市地図刊行会編 2004：No. 80。

くつながりながら発展した。

　中世都市の起源はいくつかあるが，代表なものとして，古代ローマ帝国時代の都市を意味するキヴィタスがそのまま維持され，中世都市へと発展したものがあった。ローマ帝国内には，最盛期100万以上の人口を擁したローマだけでなく，その領土を拡大していくなかで，各地に建設された駐屯地などから発展した都市が数多く存在していた。その後，5世紀のローマ帝国崩壊のなかで，多くの都市が縮小・放棄されたが，イタリアなどの地中海地域においては，キリスト教会によって都市社会が維持されることになった。このような都市においては，司教の領主としての機能が強化され，その庇護を求める人々が集まるようになり，司教座都市として，その地域の中心となっていった。その他にも，領主の城やキリスト教の修道院などの隣接地において，定期的に市が開催されるようになり，そこに商人や職人などが集住し，新たに都市的な集落が形成される場合もあった。やがて，図4-1-2のローテンブルクの図が示すように，その周囲には，外部の襲撃から居住者の生命や財産を守るために，市壁や塔などの防御施設が建設された。このような定住地はブルクやブールなどと呼ばれ，安全を求めてさらに多くの人々が集まり，都市へと成長した（河原1996, 河原・堀越2015）。また，中世都市の人口規模に関しては，その多くが数千人程度であったといわれる。その一方で，14世紀前半における推計人口が8万～20万人であるパリ，10万人以上のヴェネツィアやミラノなどの大都市も，北西ヨーロッパや北イタリアを中心に存在していた（河原1996）。

　中世都市の商工業活動においては，ギルドと呼ばれる商工業従事者の団体の存在が重要であった。まず，11世紀に外国貿易などに従事する商人たちによって商人ギルドが結成されるようになり，12世紀以降になると手工業者も同じ

職種ごとに同業組合を設立するようになった（河原 1996）。これらのギルドは，商品の価格や品質を厳しく統制しただけでなく，雇用や営業時間などに関してもさまざまな規制を設けることで，加入者同士による競争や外部者の参入を抑制した。また，「都市の空気は自由にする」という有名なドイツの法諺のように，中世ヨーロッパの都市は，宣誓共同体によるコミューン運動を通して，国王や都市領主から獲得した「自由」や「自治」を享受していたことが，しばしば強調されてきた（河原 1996）。しかしながら，決して現代の日本のような平等で民主的な社会ではなかった。都市には，ギルドに加入し特権を持つ親方の下で職人や徒弟が技術を磨きながら生産を行う徒弟制度のように，確固とした身分制度が存在していた。また市政に関しても，都市居住者であれば誰もが参加できたというわけではなく，参事会などの都市政治に関わる主要な役職は，大商人や大地主などの一部の有力者によって占められていた。そのため，13世紀以降になると，それに不満を持つ手工業者は，政治的権利の拡大を求めて闘争を起こした。これをツンフト闘争という（河原 1996）。

　以上のような中世都市の発展に影響を与えた出来事が，11世紀以降における「商業の復活」と呼ばれる遠隔地貿易などの商業活動の活性化であり，ヨーロッパ南部の地中海沿岸地域や北部の北海・バルト海沿岸地域においては，それぞれ大きな経済圏が形成されて繁栄した。地中海経済圏においては，ピサ，ジェノヴァ，ヴェネツィアなどの北イタリア諸都市の商人によって，東方から香辛料や絹製品などがヨーロッパに持ち込まれた。他方，北洋経済圏においては，ドイツ商人が主導権を握り，フランドル地方で生産された毛織物のほか，鰊，穀物，毛皮などが取り引きされた。さらに，1358年に都市同盟として成立したハンザ同盟は，最盛期の15世紀になると，加盟都市数が200を超えるまでに発展した。また，これらの2つの経済圏を結ぶ交易ネットワークも形成されるようになり，とくに，シャンパーニュ地方においては，トロワやプロヴァンなどの地方内の都市をまわるかたちで大市が実質的に年中開催され，南北の経済圏からさまざまな商品が持ち込まれ取引が行われたことで，大いに栄えた（ギース＆ギース 2006，神崎 2015）。

4-1-3　中世後期の危機

　13世紀までのヨーロッパの経済は拡大期にあったが，14世紀に入ると，地球規模の気候の寒冷化による飢饉の頻発や黒死病の流行によって，ヨーロッパの人口の3分の1が失われた。長期的な観点から，人口の大減少は，農村と都市の双方において，需要の減少による物価の下落と労働力不足による賃金の上昇をもたらした。とくに，農村部において，領主は荘園内の労働力を確保するために，賦役・地代の支払いの軽減や支払い賃金の増額など，農民や農業賃金労働者にとって有利となる条件を認めざるをえなくなった。このことは，当時の貨幣経済の農村部への浸透とともに，領主の農民に対する人格的な束縛を弱体化させる要因となった。このような社会経済状況のなかで，領主側においては，賃金の高騰を抑制し，農民に対する義務を再度強化しようとする動きが見られた（堀越 1997）。だが，これは領主と農民の間の対立を深め，イングランドのワットタイラーの乱やフランスのジャックリーの乱などの農民反乱を引き起こす要因ともなった。最終的に，これらの反乱は領主側によって鎮圧されることとなったが，その一方で，西ヨーロッパにおける領主と農民の間の支配隷属関係は，いっそう解体が進むこととなった。

参考文献

奥西孝至・鳩澤歩・堀田隆司・山本千映　2010『西洋経済史』有斐閣アルマ。

河原　温　1996『中世ヨーロッパの都市世界』山川出版社。

河原温・堀越宏一　2015『中世ヨーロッパの暮らし』河出書房新社。

神崎忠昭　2015『ヨーロッパの中世』慶應義塾大学出版会。

ギース, J & F・ギース　2006『中世ヨーロッパの都市の生活』青島淑子訳，講談社。

ギース, J & F・ギース　2008『中世ヨーロッパの農村の生活』青島淑子訳，講談社。

ピレンヌ, H　1960『ヨーロッパ世界の誕生』中村宏・佐々木克己訳，創文社。

堀越宏一　1997『中世ヨーロッパの農村世界』山川出版社。

堀越宏一・甚野尚志編　2013『15のテーマで学ぶ中世ヨーロッパ史』ミネルヴァ書房。

ドイツ都市地図刊行会編　2004『中世ドイツ都市地図集成——1000～1657』遊子館。

Shepherd, W. R. 1956. *Historical Atlas*. New York: Barnes & Noble.

17 〜 18 世紀の環大西洋経済圏の形成と発展

　コロンブスのアメリカ大陸「発見」を契機に始まったヨーロッパ人による大西洋を横断する諸活動は，やがてヨーロッパに他地域を圧倒する経済力・軍事力を与えることになった。その最大の成果が，18世紀後半から始まるイギリス産業革命であり，西ヨーロッパの工業化である。そこで本章では，産業革命の歴史的前提となった大西洋経済の形成と発展について，イギリスを中心に見ていくことにする。

4-2-1　環大西洋経済圏の形成

　大航海時代を経験するまでヨーロッパの人々にとって経済活動は基本的にヨーロッパ「内」に限られ，ヨーロッパの海といえば地中海を指していた。したがって，大航海時代とは，ヨーロッパの人々にとっての経済活動をヨーロッパの「外」に導くものであり，ヨーロッパの海を大西洋に転換させるものであったことを理解しておく必要があろう（奥西他 2010）。

　15世紀末から16世紀の間，大西洋を舞台に活躍したのはスペイン帝国であった。現地の労働力を大量に投入することで現在のボリビアにあるポトシ銀山をはじめ新大陸のさまざまな鉱山を開発し，そこで得た銀をヨーロッパへ送り出していた。そのため，ヨーロッパの銀の流通量が増え，「価格革命」と呼ばれる物価騰貴を招いたといわれている。このように新大陸をヨーロッパにとって富を生み出すような枠組みに強制的に編入し，新大陸で労働力が不足しだすと，新たにアフリカ大陸をこの枠組みに編入した。そしてこの環大西洋経済圏において主導的な役割を果たすことになったのが，イギリス経済であった。

4-2-2　イギリスの商業革命

　イギリスが大西洋世界へ本格的に進出するのは，1660年の王政復古後のことである。そこからアメリカが独立する1770年代半ばまでの約100年間に，貿易構造の劇的な変化と，それに伴う社会・経済・政治の抜本的な転換を経験

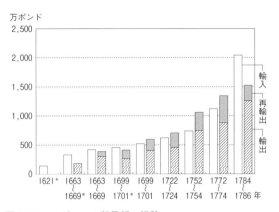

図4-2-1　イギリスの貿易額の推移

注）　*印の期間はロンドン港のみ。
出所）松井 1991：103（一部改変）。

することになった。その変化の大きさから、一般的にこの期間をイギリスにとっての「商業革命の時代」という。

　商業革命の特徴としては、①貿易量の飛躍的増大、②非ヨーロッパ世界（＝南北アメリカおよびアジア）の比重が全ヨーロッパ向けを超えるという貿易相手地域の激変、③砂糖・タバコ・コーヒー・綿織物の輸入増大、再輸出の急成長、毛織物以外の雑多な工業製品の輸出増加といった貿易商品構成の根本的変化があげられる。図 4-2-1 で確認できるように、1660 年代から 1770 年代にかけて、輸出額、輸入額、再輸出額が持続的に成長している。とりわけ、18 世紀になってからは、仲介貿易と加工貿易から成る再輸出の貿易活動に占める割合が増していることが分かる。

　もっとも、これは重商主義時代のヨーロッパ各国で見られた典型的な貿易パターンの一つであり、ヨーロッパ「外」、とりわけ植民地物産の再輸出がもたらす利潤がいかに高かったかを示している。この高利潤を生み出す貿易を独占するために、イギリスは1651 年に航海法を制定して、植民地物産の輸出入を同国の船舶に限定するという貿易政策を展開した。国家による経済活動への積極的な介入が行われたのである。そして、この貿易の成長を支え、相手地域の重心をヨーロッパ外へと移行させたのが、大西洋の三角貿易であった（川北 2016）。

4-2-3　大西洋三角貿易

　17世紀半ば以降，カリブ海やアメリカの植民地では，砂糖・タバコ・綿花などの世界市場向け商品作物が大量に生産された。これらの生産に必要な労働力を調達するために，ヨーロッパ諸国は，アフリカ人の奴隷貿易に乗り出した。図4-2-2は，環大西洋経済圏で見られたイギリスの三角貿易の例である。環大西洋経済圏においてイギリスは複数の三角貿易に支えられていたが，なかでもとくに重要であったのが，イギリス－西アフリカ－西インド諸島を結ぶ三角貿易と，イギリス－北米植民地－西インド諸島を結ぶ三角貿易である。

　前者は，西アフリカから西インド諸島への黒人奴隷の輸送（奴隷貿易），奴隷制プランテーションでの砂糖・綿花生産，そのイギリスへの輸出が緊密に結び付いていた。この三角貿易の要の位置を占め，18世紀の環大西洋経済圏において決定的に重要な役割を果たしたのが，バルバドス，ジャマイカなどカリブ海に浮かぶ西インド諸島であった。そこでは不在地主制が発展し，有力なプランター（大農場経営者）の巨富がそっくり本国イギリスに移され，現地での徹底した従属と低開発化，ならびに本国での国内需要の創出が同時に進行した。西インド諸島は，イギリスに食糧・原料を供給する垂直的な分業体制に組み込まれた。

　後者の北米植民地は，北部のニューイングランドや中部のニューヨーク，ペンシルヴェニアのような主要換金作物（＝ステープル）を持たない「無用な植

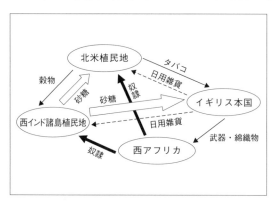

図4-2-2　イギリスの大西洋三角貿易

民地」，造船・海運業など本国産業と競合する「危険な植民地」と，南部のヴァージニア，メリーランドなどのタバコ植民地，南北カロライナやジョージアなど周辺地域の米・インディゴ生産の植民地から構成されていた。南部では，西インド諸島と同じく，黒人奴隷制による強制労働が行われていた。

こうした大西洋を舞台に展開した三角貿易を通じて，世界が一体化していくと同時に，イギリスをはじめとするヨーロッパ諸国は産業革命に結実するライフスタイルの変化を経験していくことになった（川北 1983）。

4-2-4 「生活革命」

大西洋経済の拡大を支えたのは強制労働として投入されたアフリカの奴隷であり，彼らの労働力に依存した大規模プランテーションであった。そのプランテーションではさまざまな植民地物産が生産されたが，なかでも重要なのが砂糖であった。

まずバルバドスで，次いでジャマイカで「砂糖革命」が起こると，イギリスの砂糖輸入量は飛躍的に増え，1640年ごろは取るに足らないほどであったものが，1660年代にはイギリスの輸入全体の1割近くを占めるに至った。1700年ごろまでにさらに倍増し，1770年ごろまでにさらに4倍増加した。18世紀中ごろには，イギリス人は平均するとフランス人の8～9倍の砂糖を用いる国民になっていたといわれている。

西インド諸島の植民地でアフリカ人の黒人奴隷に作らせた砂糖を，中国から輸入した茶やアラビアから輸入したコーヒーに入れて飲む。このような「砂糖入り紅茶」に象徴されるイギリス的生活習慣は，この環大西洋経済圏が形成されると同時に確立されていった。ではなぜ，紅茶に砂糖を入れるということが考えられたのであろうか。

エリザベスとシェイクスピアの時代以来，イギリス人にとって，外国物産，とくにヨーロッパ外の物産は，一種の「ステイタス・シンボル」の役割を果たしていた。このころから豊かになりはじめた商人たちは，自分の財力を誇るために，ぜいたくな生活を送ったことから，その上の社会層に当たる貴族やジェントリたちは，それ以上にぜいたくな生活をして見せなければ，体面を保つことができないと考えた。このような派手な消費生活の競争は，アントウェルペ

ンなどの国際的な市場から，アジアやアメリカ，アフリカなどの珍しい商品が
輸入され始めることで，さらに激しくなっていった。

　外国から来たもの，とくにアジアやアメリカから輸入されたものは高価で
あったために，何でも「ステイタス・シンボル」になりやすく，タバコでさえ
も上流階級のしるしとして利用されていた。こうした消費文化のなかで典型的
な「ステイタス・シンボル」となったのが，茶や砂糖である。アジアからの輸
入品である「茶」と，西インド諸島からの輸入品である「砂糖」という，2つ
の「ステイタス・シンボル」は重ねることが可能であった。また，イギリスで
は，茶を飲む習慣が王室から始まったことも，この傾向を強めたと考えられて
いる（川北 2016）。

　このように大西洋貿易が拡大するにつれて，植民地物産が大量に供給される
ようになると，貴族・ジェントルマンや豊かな商人といった上流階級に限定さ
れていた「イギリス的生活習慣」は，次第に社会の下層まで広がっていった。
すなわち，先に述べた大西洋三角貿易に基盤をおく「商業革命」は，イギリス
人の間に自分たちが「イギリス的」と感じる生活様式を成立させた。これが「生
活革命」と呼ばれるものであり，のちの産業革命へとつながるイギリス特有の
消費文化を形成したのである。

4-2-5　イギリス以外の大西洋貿易の拡大

　ところで，大西洋貿易の拡大は，イギリスだけではなかった。フランス，オ
ランダ，デンマークなどの多くの国やハンブルクなどの小都市でさえも，この
貿易に参画していた。

　たとえばフランスの場合，フランス革命以前の大西洋貿易の成長率はイギリ
スよりも高かったことが明らかになっている。図4-2-3で確認すると，フラン
スの年平均輸出額は1716〜20年の9080万リーヴルから，1787〜89年の4
億4820万リーヴルへと，約5倍の増加を見せた。一方，輸入額は，同期間に
6430万リーヴルから5億4920万リーヴルへと，約8.6倍に増加している。こ
れに対して同時期のイギリスにおける年平均輸出額（再輸出を含む）は，1701
〜05年の577万9000ポンドから，1776〜80年の1179万2000ポンドへと，
約2倍程度の増加であった。また同期間の年平均輸入額も，457万1000ポン

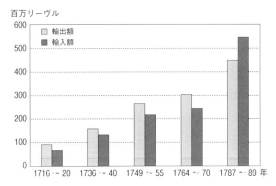

百万リーヴル

図4-2-3　18世紀フランスの年平均輸出入額の推移
出所）玉木 2012：145（一部改変）。

ドから 1040 万 1000 ポンドへと，約 2 倍程度の伸びであった（玉木 2012）。

　また，北ヨーロッパの小国であるデンマークとスウェーデンも西インド諸島に植民地をもち，大西洋貿易に積極的に取り組んでいた。デンマークは砂糖生産と奴隷貿易を，スウェーデンはアメリカ独立戦争期に中立貿易で巨額の利益を得ていた。スペインとポルトガルは南アメリカからの砂糖およびコーヒーを中心に，同じく大西洋貿易で巨額の利益を得ていたのである。さらには，オランダも東インド貿易だけでなく大西洋貿易もかなり拡大していた（玉木 2016）。

　これらのことから，砂糖，タバコ，綿花といった物産が，西インド諸島あるいはアメリカ南部の植民地で生産され，そのための労働力として西アフリカから黒人奴隷が連れてこられた。このようなシステムを形成したのがイギリスであり，そのシステムを採用したヨーロッパ諸国が産業革命に成功したといえよう。

参考文献
秋田　茂　2012『イギリス帝国の歴史』中公新書。
奥西孝至・鴋澤歩・堀田隆司・山本千映　2010『西洋経済史』有斐閣アルマ。
川北　稔　1983『工業化の歴史的前提』岩波書店。
川北　稔　2016『世界システム論講義』ちくま学芸文庫。
玉木俊明　2012『近代ヨーロッパの形成——商人と国家の近代世界システム』創元社。
玉木俊明　2015『ヨーロッパ覇権史』ちくま新書。
布留川正博　2019『奴隷船の世界史』岩波新書。
松井　透　1991『世界市場の形成』岩波書店。

4-3　グローバル商品から見た世界経済史

　本章で扱ういわゆる世界商品ともグローバル商品とも呼ばれるものは，私たちにとって身近な嗜好品である。代表的なものには，コーヒー，茶，砂糖，タバコ，カカオなどがある。この章では，最も初期にグローバル商品となった砂糖を事例にして，イギリスとその植民地を中心に，世界経済の相互連関と国際分業について検討する。

4-3-1　西へ向かう砂糖生産

　砂糖の原料であるサトウキビはもともとニューギニアかインドネシアあたりが原産地といわれ，時代とともに砂糖生産は西へ西へと伝えられた。13世紀末以降に地中海地域東部の島々に導入された砂糖生産は，14世紀末にはイベリア半島でも行われるようになった。16世紀に入ると地中海やイベリア半島における砂糖生産は衰退し，15世紀から16世紀にかけては代わりにマデイラ諸島，カナリア諸島，サントメ島など大西洋の島々がその主役となった。そして大航海時代になると，砂糖生産は遥か西方の南アメリカや西インド諸島（カリブ海諸島）をはじめとした「新世界」へ伝播することになった。「新世界」における本格的な砂糖生産は，16世紀初めにスペイン領のイスパニョーラ島で始まり，その後他の島々に伝播した。そしてイスラム圏，地中海，イベリア半島における砂糖生産の現場では一部，奴隷労働力を用いていたことが記録されている。その一方で，17世紀中ごろ以降に「新世界」で大きく発展した奴隷制砂糖プランテーションの仕組みは，それ以前のサントメ島などの大西洋の島々で確立したといわれている（池本他 1995）。

4-3-2　西インド諸島の砂糖プランテーションと大西洋奴隷貿易

　イギリスの紅茶文化は有名である。しかし，茶がヨーロッパに普及したのは17世紀のことである。イギリスで紅茶を飲む習慣が一般化するにつれて，砂糖の消費量も急増した。当初は富裕層が薬や贅沢品として消費する権力の象徴

166

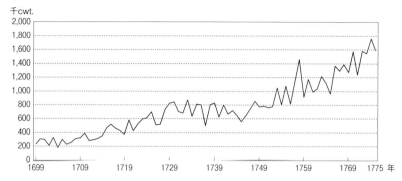

図4-3-1　イギリス国内における砂糖消費量

注）　1755年1月まではイングランドとウェールズ，それ以降はグレートブリテンの消費量。
　　　タテ軸は重量を表し，単位の「cwt.」は「ハンドレッドウェイト」と読む。1cwt.は112ポンドで約50.8kgになる。

出所）Sheridan（1974［2007］: 493-495）より作成。

であった砂糖も，紅茶の普及とともに徐々に今日のような甘味料として17世紀中ごろから中産階級に広まり，ついには労働者の間でも消費されるようになった（川北 1995: 62-82）。そのためイギリス国内の砂糖消費量は急増していった（図4-3-1）。この需要を支えたのが，西インド諸島の砂糖プランテーションである。

　イギリスによる初期の本格的な砂糖植民地となったのは1620年代バルバドスである。横浜市とほぼ同じ面積のバルバドス島は，17世紀中に砂糖プランテー

図4-3-2　18世紀イギリスの西インド諸島植民地

ションで埋め尽くされた。1655 年に英領となったジャマイカはイギリス最大の砂糖生産地として急成長し，その他にもセント・キッツ，グレナダ，セント・ヴィンセントなどの島々が砂糖プランテーションに塗り替えられた（図 4-3-2）。

　このように西インド諸島に広がった砂糖の生産過程はきわめて労働集約的であった。原料となるサトウキビを収穫した後，圧搾して煮詰めるまでが時間との戦いであり，多くの労働力を必要とした。プランテーション内にはサトウキビ畑や簡易的な工場の他に労働家畜のための牧草地帯などが備え付けられており，砂糖をより多く生産できるように配置されていた。そこでは収穫，圧搾，煮沸，蒸留という工程が 5 ヶ月間続き，昼夜関係なく働かねばならなかった。このような作業には，多くの安価な労働力が必要となった。

　労働力として最初に目をつけられたのが現地のインディオである。スペイン領では 16 世紀にエンコミエンダ制と呼ばれる原住民統治システムが定められ，インディオたちに苛酷な労働を強いた結果，その人口は激減してしまった。そこで，17 世紀のイギリス領の砂糖プランターたちはイギリスやアイルランドから労働者を雇うことにした。年季奉公人と呼ばれるこのような白人労働者は，3 〜 10 年ほど働けば，年季が明けるときに土地ないしは給金が支払われる約束で移民船に乗り込んだ。しかし大西洋横断中に命を落とす者も多く，晴れて植民地にたどりついても重労働とひどい生活環境が待ち受けていた。後にプランテーションにおける労働力の主役となる黒人奴隷よりも，このころの白人年季奉公人の方がプランターからひどい扱いを受けていたともいわれる。なぜならプランターにとって奴隷は死ぬまで所有できる重要な「財産」であったのに対し，年季奉公人は年季が明ければ手放さざるをえない契約労働者であったからである。年季奉公人の他に囚人や非国教徒など，本国で「お荷物」とされた人々も植民地のプランテーションへ送られた（アボット 2011）。

　さて，慢性的に労働力が払底していたプランテーションで新たに年季奉公人に代わったのは，西アフリカから連れてこられた黒人奴隷であった。1672 年にロンドンに王立アフリカ会社が組織され，イギリスは本格的に大西洋奴隷貿易に参入した。植民地の開発が進むにつれて年季明けに譲渡する土地が減少したのに従い，白人年季奉公人との新規契約が難しくなり始めたころでもあった。イギリスによる大西洋奴隷貿易は，いわゆる三角貿易として知られている。す

なわち，綿織物やビーズといった輸出用製品を積んで本国を出発した奴隷船は，ビアフラ湾やベニン湾などの西アフリカの沿岸部で輸出品と奴隷を交換し，西インド諸島や北アメリカで奴隷と砂糖や綿花などの植民地物産と交換して本国に戻る，という構造である。ただし厳密には，18世紀中ごろまでには同一船によって砂糖が持ち帰られる構造は少数派になったといわれている。なぜなら奴隷は為替手形で支払われ，砂糖は砂糖貿易船によって運ばれるようになったからである（Sheridan 1974［2007］）。

イギリスの奴隷貿易の規模は18世紀にはヨーロッパのライバル諸国を大きく引き離すほどに成長した。なかでもリヴァプール港は国内最大の奴隷貿易港に成長しただけでなく，18世紀末には全ヨーロッパの奴隷貿易のうち単独で7分の3の量を占めたといわれる（池本他 1995）。このヨーロッパ最大の奴隷貿易都市の後背地には綿工業を中心として産業革命の主役となったマンチェスターがある。綿製品はイギリス国内で流行しただけでなく，西アフリカでも大きな需要があったため，奴隷貿易の重要な輸出品目にもなった。しかし，もともとイギリスでは綿織物産業は発展しておらず，東インドからの輸入に頼っていた。後にイギリスは東インド産の綿織物の模倣品生産から始め，国産化・機械化に成功した。イギリスの工業化は輸入代替工業化であったといえる。同時に，綿織物は奴隷貿易の輸出品としても人気があり，輸出志向型工業化であったともいえる。

このようなイギリスの工業化について，歴史家であると同時にトリニダード・トバゴ共和国の初代首相をつとめたエリック・ウィリアムズが，興味深い主張を残している。産業革命は奴隷貿易で蓄えられた資本によって達成されたという。彼の主張はウィリアムズ・テーゼとして知られ，奴隷貿易の利潤率を試算して奴隷貿易がイギリス経済に寄与したかについて論争が起こるもとになった。結局この論争は，奴隷貿易の利潤率だけにこだわることが不毛であるとの認識を生むことになった。すなわち，奴隷貿易は奴隷の交換からの金銭的な直接利潤の他にも，砂糖，造船，保険，金融などありとあらゆる分野に経済波及効果を及ぼしたため，視野を広げた議論が必要になったのである（布留川 1991）。

産業革命との関係性はともかく，この奴隷貿易によってイギリス領西インド諸島の砂糖プランテーションでは絶え間なく労働力を投入し続けることが可能

となった。18世紀のプランテーションの現場では，奴隷が子どもを産んで自然に再生産していくよりも，新たに奴隷を輸入して継ぎ足していくという方法が好まれた。プランターにとっては，奴隷の乳児を養育するコストよりも即戦力となる奴隷を買い足す方が安上がりと考えられたためである。このように，西インド諸島の砂糖プランテーションは維持されていた。

　以上のように，西インド諸島の砂糖産業と大西洋奴隷貿易は密接に結び付いていた。イギリスは本国製品やヨーロッパ製品向けの新市場と，その原材料や食糧といった一次産品の供給源をアフリカや植民地に同時に見出すことができた。その一方で，西アフリカは働き盛りの労働人口を失い，植民地ではひたすら同じ種類のグローバル商品の生産に経済が依存するモノカルチュア経済を歩むことになった。この構造は本国の重商主義政策によっていっそう補強されることになった。

4-3-3　不在地主と砂糖経済

　西インド諸島の砂糖プランターたちは裕福になった。イギリス本国が重商主義政策の一環として航海法をはじめ糖蜜法や砂糖法などの保護貿易法を制定したため，植民地産の砂糖は市場での競争力が本来低いにもかかわらずプランターに利益をもたらしたのである。このような法案の制定は，本国に住む西インド・インタレストと呼ばれる利害関係者たちがロビー活動や政界入りを通じて働きかけた。西インド・インタレストには奴隷商人，製糖業者，海運業者，海上保険業者，金融業者，プランターたちがおり，皆が奴隷貿易や砂糖の保護関税から利益を得る立場にあった。

　砂糖プランテーションの経営で財を成したプランターたちは西インド諸島を離れてイギリス国内，とくにロンドンに住むことを好んだ。彼らは植民地の暑い気候や享楽的とされていた環境を嫌っていた。また，子弟にイギリス人らしい教育を与えるため，本国に留学させるプランターもいた。奴隷制砂糖プランテーションが存続した時代を通して，どの時期も，おそらく20％近くの裕福なプランターたちが本国へ移住し，多くが植民地には戻らなかった。プランテーションの運営はイギリス人の代理人や監督に任せ，当のプランターは仕送りを得ながら本国でジェントルマン風の生活を送った。このようなプランターは不

住地士と呼ばれ，典型的な西インド・インタレストとなった（アボット 2011）。

　しかしイギリスは重商主義から自由貿易主義へと転換しようとしていた。西インド・インタレストや重商主義者が制定した保護貿易関連法は，一般消費者にとっては障害物でしかなかった。植民地産の砂糖は保護され，価格が人為的につりあげられていたのである。北米植民地が 1776 年にアメリカ合衆国として独立すると，本国や英領西インド諸島にとっては外国になり，保護貿易の対象外となった。旧来の保護貿易派と新時代の自由貿易派で論争が続き，工業化に入ると少しずつ後者が優勢になっていった（Zehedieh 2014）。

　前述のウィリアムズ・テーゼには続きがある。アメリカ独立戦争後，本国にとっての西インド砂糖経済の重要性が低下したために奴隷貿易が廃止されたという（衰退先行説）。これに対して，まず博愛主義によって奴隷貿易が廃止され，それに従って砂糖経済が衰退したという経済史家も多い（廃止先行説）（Zahedieh 2014）。どちらにせよ，砂糖プランターの経済的繁栄は終わり，1838 年の奴隷制の完全廃止以降のプランテーションではインド人や中国人などの契約労働者が奴隷に取って代わった。1852 年には砂糖の特恵関税も廃止され，重商主義の時代は完全に終わった。

4-3-4　砂糖と近代世界システム

　さて，イギリスと西インド諸島の砂糖にまつわる歴史を今度は巨視的に考えてみよう。三角貿易や大西洋奴隷貿易において，イギリスはイギリス製品ないしはヨーロッパ製品を輸出して奴隷と交換し，さらにその奴隷が生産した砂糖を手に入れた。砂糖は本国に富をもたらし，なおかつイギリス庶民の食生活をも豊かなものにした。イギリスにとって植民地や奴隷貿易が富の流入と流出のどちらになったかについては，多くの歴史家が試算を試みたが未だに論争に決着はついていない。しかし，近距離に限られていたイギリスの貿易が長距離貿易になり，国外の資源や原材料を手に入れることが可能になったことは確かである。また，長距離貿易の発展は輸出品の製造，造船，保険，金融の分野に経済波及効果を及ぼした。

　一方で，このような事象を西インド諸島側から見るとどうであろう。奴隷労働力を投入され，土地を疲弊させ，モノカルチュア経済を突き進んだ結果，砂

糖の他にはほとんど産業を発展させることができないまま現在に至ることになった。原材料ないしは食糧といった，労働集約的かつ土地集約的な一次産品を集中的に生産・輸出し，その利潤は再投資されることがないまま不在地主の贅沢な生活費に当てられた。

　イマニュエル・ウォーラーステインは，私たちの住むこの世界を「世界＝経済」と名付け，このなかで国際分業が成り立っていると主張した（ウォーラーステイン 2006）。すなわち，各地域が中核，半周辺，周辺と呼ばれる役割を担っている。中核は経済の中心として高付加価値製品を生産する一方で，周辺は原材料や食糧などの農産物を生産して中核に輸出する。半周辺は両者の中間的な役割とされ，中核のような最新鋭技術はないものの簡単な工業化を達成しながら，周辺のような経済従属的な性格を併せ持つ。「世界＝経済」の範囲は 16 世紀以来，ヨーロッパからその他の地域を飲み込みながら広がったとされる。西インド諸島も，植民地化によってこの世界に組み入れられた。この「世界＝経済」において，明らかにイギリスは中核として経済的優位性を持ち，西インド諸島は周辺の地位にある。「世界＝経済」に組み入れられてから周辺，半周辺を経て中核になる事例はある。しかし，モノカルチュア経済が工業化を達成して中核になることは簡単ではない。イギリスの奴隷貿易が廃止されて 2 世紀が経つが，当時の帝国の経済的構図は現代にも見ることができる。

参考文献

アボット，E　2011『砂糖の歴史』樋口幸子訳，河出書房新社。
池本幸三・布留川正博・下山晃　1995『近代世界と奴隷制――大西洋システムの中で』人文書院。
ウォーラーステイン，I　2006『入門・世界システム分析』山下範久訳，藤原書店。
川北　稔　1995『砂糖の世界史』岩波書店。
布留川正博　1991「ウィリアムズ・テーゼ再考――イギリス産業革命と奴隷制」『社会科学』46,
　　1-36 頁。
Sheridan, R. B. 1974 (2007). *Sugar and Slavery: An Economic History of the British West Indies, 1623-1775*. Canoe Press.
Zahedieh, N. 2014. Overseas Trade and Empire, 1700-1870. In R. Floud, J. Humphries & P. Johnson (eds.), *The Cambridge Economic History of Modern Britain, Vol.1: 1700-1870*. pp. 391-419.

イギリス以外の欧米諸国の工業化

本章では，イギリスにおける産業革命以降の欧米各国における工業化について述べる。まず世界初の工業化が18世紀末のイギリスで起こり，続いてさまざまな発明や工場制がイギリスの外にももたらされることになった。1830年代には隣国のベルギー，そしてフランスが後に続いた。その後，1840～50年代にはドイツ，そして1860年代までには大西洋をはさんだアメリカ合衆国が工業化を果たした。この章では主な欧米諸国の工業化として，フランス，ドイツ，アメリカを取り上げ，各国の工業化の特徴を捉える。

4-4-1　フランス

後述するドイツやアメリカと異なり，ナポレオン3世による第二帝政期（1852～70年）にフランスの工業化はゆっくりと進んだ。農村工業が広く分布し，しばらく手工業や小規模な工場から機械化された大規模工場へ置き換えられることはなかった。

イギリスでは囲い込み運動によって農民が賃金労働者に変わったのに対し，土地の所有権が保護されていたフランスでは農民が土地を追われることがなかったために，労働力は農業セクターにとどまった。さらにフランス革命で王権が倒され，農奴制が廃止されると，農民は自作農となった。小自作農のなかには季節労働者として工場労働と農業を兼業する者も現れたが，工業化の規模は限定的であった。このように農村人口の都市への移動が遅々としていたことは，フランスの工業化が緩慢に進む原因となった。

また，フランス製品にとっての海外市場が減少したことも緩やかな工業化の原因の一つであろう。イギリスと同じくフランスにとっても，「新世界」すなわち西インド諸島や北アメリカの植民地との貿易は18世紀を通して重要な経済成長の柱であった。しかし，たび重なる対イギリス戦争（第二次百年戦争）によって徐々に海外領土はイギリスに奪われ，その結果としてフランス製品の市場が失われていくことになった。

19世紀に入ると，かつてのイギリスと同じく，フランスにおいても綿工業から徐々に機械化が見られるようになった。アルザスや北部の繊維産業では，イギリスで発明されたジェニー紡績機や飛び杼が18世紀末から少しずつ取り入れられ，時間がかかったが蒸気機関も普及し始めた。しかしフランスでは工業の機械化は，全土に広がったわけではなく，地域的なものであった（マグヌソン 2012）。また，中部や東部ではナポレオン戦争後にイギリスの新技術が大規模に導入されてから製鉄業の発展が促進された。ただし，産業革命で取り入れられた技術革新のなかでもとくに有名なコークス製鉄法は，なかなかフランスで普及しなかった。コークスは石炭を精製して作られ，石炭よりも高温で燃焼する効率的な燃料である。豊富な石炭資源に恵まれていたイギリスと異なり，フランスではコークスの原料となる石炭が手に入りづらく，従来の木炭による製鉄から脱却するのが遅れたのである。

　工業化には十分な資金が必要となる。そのためにフランスでは工業部門への融資を目的として投資銀行が設立されるようになった。1852年にはクレディ・モビリエ銀行が鉄道および製鉄への融資のためにペレール兄弟によって設立された。その後も60年代にかけて，商工信用銀行やクレディ・リヨネ銀行が続いた。この結果，1840年代に総距離600km以下であった鉄道は，民間と国家の両方に支えられ，50年代には国内の幹線鉄道網が完成した。そして鉄道建設は読んで字のごとく鉄の需要も喚起することになり，中・東部の製鉄業を刺激することになった（奥西他 2010）。

　しかしながら，比較的早く工業化が始まったにもかかわらず，フランスの工業化は後述するドイツやアメリカと異なり，中央集権的な大量生産制がさほど発展しなかった。このことは，フランス工業の二重構造に起因している。現在でもフランスの製造業の一部にハイエンドブランドの高級品，奢侈品の製造が見られるが，1860年の英仏通商条約（コブデン＝シュヴァリエ条約）以降，保護主義から自由主義に転じた時代から高級品製造への特化が始まっていた。イギリスと競合しない分野に進んだのである。農村工業における軽工業だけでなく機械などの新興工業でも中小企業が残存し，他方で新しく生まれた都市工業と共存することになった。

4-4-2　ドイツ

　工業化前のドイツは現在のように政治的に統一されたドイツ連邦ではなく，35の領邦国家と4つの自由都市から成っていた。これらは独立した主権を持ち，互いに異なる独自の経済政策をとっていた。そのために連邦内には内国関税が存在し，物資が境界線を越えるごとに課税された。これは明らかに円滑な物流を妨げ，経済を停滞させていた。19世紀初めのドイツではこのことが工業化の障害になっていたのである。

　そのようななか，経済学者であるフリードリッヒ・リストがドイツ経済の問題点を指摘し，ドイツ関税同盟（Deutscher zollverein）を提唱した。プロイセン王国を中心として徐々に範囲を広げながら1833年に成立したこの同盟は，加盟する諸邦内の関税を撤廃し，域内の物流を円滑化した。そして，それまで域外との貿易に対しては各諸邦が個別に設定していた関税率を加盟国内で統一した。これにより，バラバラであったドイツ経済が統合していくことになり，工業化に向かう基礎となった（マグヌソン2012）。

　ドイツの工業化は政府主導で「上から」もたらされたというイメージが強く，イギリスのような自由主義とは好対照に論じられることが多い。フリードリッヒ・リストは，価格競争力があり大量生産が可能であったイギリス製品が国内市場を席巻すると，競合する自国産業が育たないとの危機感を持ち，保護政策が必要だと説いた。揺籃期のドイツ工業にとって輸入関税は成長促進剤のようなものであった。また，安定した工業投資のためには金融機関による資金供給が必要不可欠であったため，リストは投資銀行設立の重要性にも言及した。1872年までにダルムシュタット銀行，コメルツ銀行，ドレスナー銀行，ドイツ銀行など大銀行が設立された。これらの銀行は第一次世界大戦まで，拡大する工業分野に資金を供給し，産業育成を後押しした（アレン2012）。

　リストが提唱し工業化を後押ししたものには，鉄道網の整備も含まれる。関税同盟によって国内関税障壁が取り払われてから直ちに流通が活性化したわけではなく，鉄道が整備されたことによって関税同盟がより活かされることになる。まずドイツ初の蒸気機関鉄道路線として1835年にニュルンベルク＝フュルト間が開通した。たった6kmの距離であったが，その後1840年代以降，ド

イツは急速に鉄道を建設していった。民間による鉄道運営ではあったが，公的な資金の貸付や補助金を通して，鉄道に関しても「上から」の刺激によって発展する機会が増えていった。この鉄道建設ブームは，2つの意味でドイツの工業化を促進することになったといえる。まず，遠隔地輸送が可能になったことで市場の統合が進められた。西部の石炭が北部や中部に販路を見出すようになり，関税同盟の意義を高めた。鉄道建設がもたらしたもう一つの効果は，重工業に対する需要の増加である。たとえば，ドイツの工業技術が未熟であった1840年代初頭の鉄製レールはその90％をイギリスからの輸入に頼っていたが，徐々に輸入代替が進み，1860年代前半には使用されるレールの85％が国内産に置き換わった（奥西他 2010）。1910年から1913年の間でのイギリスの銑鉄生産量は1000万トンであったのに対して，同時期のドイツの生産量は1500万トンに上った（アレン 2012）。

　ドイツの工業化の主役となるラインラントのルール地方は，19世紀初頭の時点では他のヨーロッパの地域と比べてプロト工業化が未発達な農村地帯に過ぎなかった。しかし世紀半ばに豊富な石炭が発見され，また鉄に容易にアクセスできたことが，後にこの地方をドイツ重工業の中心地に変えた（マグヌソン 2012）。このように，綿工業からゆっくり工業化が始まったイギリスやフランスなどの先進国と異なり，ドイツは工業化の初期から製鉄や機械をはじめとした重工業が重点的に発展し，その主導産業になった。

　1870年代以降の工業発展の特徴は，電気，化学，自動車といった新しい分野の出現である。ベンツは世界初の実用的自動車を制作し，ダイムラーやマイバッハが後を追った。1930年代以降ドイツの科学が全体主義によって行く手を阻まれるまで，自然科学分野におけるドイツのノーベル賞受賞者数には目を見張るものがある（図4-4-1）。このような新しい産業の発展は，軽工業を中心とした第　次

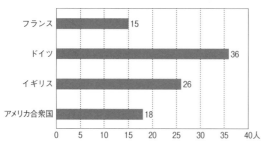

図4-4-1　各国のノーベル賞受賞者
（自然科学分野，1901～1945年）
（出所）文部科学省『平成19年度版　科学技術白書』付属統計表より作成。

176

産業革命と対比して第二次産業革命と呼ばれる。ドイツの場合，この分野における目覚ましい発展は政府主導の選択的保護によって支えられていた。

4-4-3　アメリカ合衆国

ヨーロッパ外で最初に工業化が起こった地域は，アメリカ合衆国である。後に 20 世紀の超大国となったアメリカではどのように工業化が進んでいったのだろうか。

1776 年にイギリスからの独立を宣言したアメリカは，南北戦争までのアンテベラム期に人口が 8 倍，一人あたりの所得も 2 倍に増加した（アレン 2012）。アメリカの出生率や生活水準はヨーロッパに比べて高かったので死亡率も低く抑えられた。さらには人口増加のわりに豊富な土地があり，土地の制約があったヨーロッパと対照的に所得増加率は人口増加率よりも高く維持されていた（マグヌソン 2012）。たとえば 1810 年から 1860 年までに工業品生産額はほぼ 10 倍の増加を見せたのに対し，同時期の人口増加は 4.5 倍であった。

イギリスの植民地時代からアメリカの経済は 3 つのタイプに分けることができた。すなわち，奴隷制プランテーション経済の南部，食糧生産の西部，そして工業が成長し始めた北東部である（マグヌソン 2012）。かつてアメリカにとって本国であったイギリスの領土では 1834 年に奴隷制が廃止されたが，アメリカ南部では依然として奴隷制プランテーションが継続していた。タバコ，米，インディゴ（藍）といった作物の生産は勢いを失ったが，綿花プランテーションは南部全域に広がった。1816 年には国内（とくに北東部）の製造業を保護することを目的として，繊維製品には 25％の関税を設けた。アメリカの保護主義はより強められた（アレン 2012）。

保護関税によって綿工業は成長したが，アメリカの工業化を促進させた理由は，むしろ労働力不足と高賃金に悩まされていたことから労働節約的な技術革新に前向きであった点に見ることができる。1830 年代までにアメリカにおける実質賃金は上昇し続け，イギリスと比べて 2 倍になった。H・J・ハバカクは，潤沢な土地が実質賃金を押し上げ，その高い労働コストこそがアメリカの工業において積極的に新技術の機械を取り入れて高い科学技術を急速に発展させる重要なインセンティブとなったと主張した（マグヌソン 2012，アレン 2012）。

南北戦争はアメリカの工業発展のターニングポイントであり，北部工業と南部奴隷制農業の利害対立を表していた。摩擦が大きくなるにつれて南部の利害を代表する政治家が連邦議会から撤退すると，北部側の政治家は工業発展の促進に有利な政策を実行できるようになった。この内戦によって産業資本主義が勝利し，工業化が加速していった。

　鉄道建設がフランスやドイツの工業化の促進剤であったことはすでに述べたが，アメリカにおいても同等以上の重要性を発揮した。1828年からボルティモア＆オハイオ鉄道の建設が始まり，これに続いて全国的な鉄道建設ブームが起こった結果，1840年の時点で，アメリカは軌道距離においてイギリスをすでに追い越していた。

　広大な土地を有するアメリカの場合，拡大していた運河の建設も同様に重要な役割を果たしたといえるだろう。もともと東北部の取引では，南部に対しての流通は海上輸送，西部に対しては河川交通の迂回ルートに限られていたが，1830年代以降には運河建設が本格化した。まず，1825年にエリー運河，1833年にはペンシルヴァニア運河が完成し，東北部と西部の間の交通量は拡大した。19世紀を通して鉄道や運河の巨大な交通ネットワークの建設が続いた。これが，流通網の整備だけでなく資材需要による工業発展も促進したのである。

　さて，19世紀末からはアメリカもドイツと同じく，工業化の後発国としてキャッチアップの速度が速まった。重化学工業が主導産業となり，鉄鋼，化学，機械，電気などの新産業分野で目覚ましい成長を見せた。20世紀初頭までにはスタンダード・オイル，USスチール，フォード，ゼネラル・モータースなど，従来見られなかったビッグ・ビジネスと呼ばれる巨大株式会社企業が登場した。以上のように，アメリカは，労働節約的に機械化が促進されたこと，南北戦争以降に保護主義が強められたこと，そしてより大規模に新しい産業分野が成長したことが重なり，20世紀には世界最大の工業国となったのである。

参考文献

アレン，R・C　2012『なぜ豊かな国と貧しい国が生まれたのか』グローバル経済史研究会訳，NTT出版。

奥西孝至・鴋澤歩・堀田隆司・山本千映　2010『西洋経済史』有斐閣アルマ。

マグヌソン，L　2012『産業革命と政府——国家の見えざる手』玉木俊明訳，池泉書館。

4-5 　福祉国家の成立

　現代の国家は，しばしば「福祉国家（Welfare-State）」であるといわれる。こ
の福祉国家という言葉は，1941 年に当時のヨーク大主教ウィリアム・テンプ
ルが著した書物で初めて用いられ，ナチスドイツの「権力国家（Power-State）」
に相対立する国家理念として提示されたものであったといわれている（一圓
1982）。では，福祉国家はどのようにして成立したのであろうか。これに答え
るのは容易なことではない。なぜなら，福祉国家は各国でまったく同じように
形成されていったわけではなく，その国が辿ってきた歴史やその国を支える理
念によって異なるからである。そこでこの章では，比較的，研究蓄積が豊富な
「最初の工業国家」イギリスを取り上げて，福祉国家成立の歴史を見ていくこ
とにする。

4-5-1 　救貧法の時代

　イギリスにおける最初の貧民対策法は，黒死病による浮浪者の増大に対して，
1394 年に制定された労働者規制法にまでさかのぼることができる。その内容
は，労働能力のある者に施与を与えることを禁ずるとともに，農業労働者とし
て土地に定着させようとするものであった。それゆえ，救貧立法というよりも
貧民抑圧立法としての側面が強かったと考えられており，国家が組織的な形で
貧民の救済に乗り出すのは，テューダー朝（1485 ～ 1603 年）のヘンリー 8 世
時代（1509 ～ 47 年）まで待たねばならなかった。

　ヘンリー 8 世による最初の救貧法は 1531 年に制定された。この法律は，物
乞いや浮浪を禁止し，労働能力がなく物乞いをしている者に対しては許可証を
与え，労働可能な者については，出生地等に送還するというものであった。こ
の法律の制定により，貧民の救済に国家が前面に出てくることになった。その
後も救貧法は 1536 年法，1552 年法，1572 年法，1576 年法と幾度も制定が繰
り返されたが，なかでも 1572 年法は，全国的に救貧税を課す画期的立法であっ
た。これは救貧の財源を従来の教会での喜捨や寄進でまかなうことが困難に

なったためであるが，それでも救貧法下における貧民の救済は，教区単位で行われていたことに注意する必要があろう。そして1601年には，救貧法の実質的完成とされるエリザベス救貧法が制定された。

このエリザベス救貧法の最大の特徴は，貧民を，

①扶養能力のない貧民の児童

②労働能力のある貧民

③高齢者，盲人，肢体障碍者などの無能力貧民

に分類し，①については徒弟に出し，②については就業強制，③については生活扶助の救済策を取り入れたことである。

たしかに，エリザベス救貧法は教区の税金で高齢者や障害者を救済する規定を設けており，今日の公的扶助や社会福祉さらには社会保障の原型と見ることができる。しかしながら，労働できる貧困者には強制労働を命じ，養育者のいない子どもは徒弟に出されていたのであり，実際には，労働不能者の救済は，単なる救貧法の副産物に過ぎなかったと指摘されている。したがって，この法律自体の主な目的は労働能力のある浮浪者の取り締まりにあったといえよう。

エリザベス救貧法の原則である労働能力のある者に対する懲罰的抑圧を否定し，救貧法を人道主義化する契機となったのは，政治家T・ギルバートによって立法化された1782年法（ギルバート法）の制定である。同法はワークハウスを設置し，「高齢者，病人，虚弱者，孤児」などの労働能力のない貧民を救済する場とした。そして，労働能力のある貧民に対しては，①賃金が安いために生活が困窮している場合は救貧税より賃金補助を与える，②職がなく失業状態の場合は救済委員が仕事を斡旋する，という「院外救済」を認めるものであった。このギルバート法の賃金補助制度は，続くスピーナムランド制度にも取り入れられていくことになった（加勢田1996）。

4-5-2　スピーナムランド制度

スピーナムランド制度は，1795年5月6日にバークシャー州の治安判事と牧師，地主ら有力者がスピーナムランド地区のスピンにて貧民の援助に関する会合を開き，翌年，立法化されたものである。その内容は，パン価格と労働者の家族数に応じて最低の生活費の水準を算定し，就業者でも生活費がこの水準

に満たない場合にはその差額を，また失業している場合には全額を，救貧税より手当として労働者とその家族に支給するという画期的な賃金補助制度であった。この制度のおかげで，ナポレオン戦争後の穀物価格の下落に代表される長期にわたる農業不況と工業地帯における戦後不況のために失業状態と貧困に突き落とされた多くの労働者が救済された。

しかしながら，スピーナムランド制度は，人道主義的動機によるものの，社会的矛盾・弊害も孕んでいたために，救貧法の見直しという逆の結果を招くことになった。たとえば，労働者を雇用しない農業経営者は労働者を雇用する農業経営者のために救貧税を支払わねばならない一方で，受給側の雇主にとっては補助金となり，彼らに低賃金の雇用を可能にした。また，労働者は稼ぎが少なければ教区から援助を受けることができたために，仕事を怠けるようになっていた。こうした結果，貧困にあえぐ労働者は同制度によって救われたものの，他方で救貧費の拡大を招くこととなり，税負担者側から救貧法に対する激しい批判が出てくることになった。

救貧税の重圧に不満を高めていた地主や産業資本家の声を代弁したのが，『人口論』（1798年）の著者として有名なトマス・ロバート・マルサス（Thomas Robert Malthus）であった。彼は，幾何級数的に増える人口の増加に食糧の生産が追いつかないことが貧困の原因であると考えていたので，院外給付によって幅広く貧困を救済しようとしても，結局それは人口増加すなわち貧困者の増加をもたらすだけだと主張した。マルサスの理論は社会的にも大きな影響を与え，それに力を得た産業資本家たちを中心に救貧法改正へと突き進んでいくことになった（樫原 1973）。

4-5-3　新救貧法の時代

救貧法改正の動きは，救貧法批判と当時の自由放任主義の思想を背景に，1832年に王立救貧法委員会の設置となって結実した。委員会が組織されて2年後の1834年2月，救貧法委員会が議会に提出した『救貧法調査委員会報告書』を基礎に検討が進められ，同年8月，異例の速さで改正救貧法が成立した。これは，従来のエリザベス救貧法を旧救貧法とするのに対して，一般に新救貧法と呼ばれており，『報告書』で提示された基本原則を踏襲したものであった。その基本原則とは，第1に，労働能力のある者に対する救済の拒否である。救

済の対象とされるのは，労働能力のない者，もしくは，その労働の対価として
生計の手段を得ることのできない者に限るとすることで，膨大な救貧費を抑え
て救貧税の負担を軽減しようとした。

　第2に「劣等処遇の原則」である。すなわち，救済を受ける者の状態は，い
かなる場合であっても最下層の独立の労働者より快適なものであってはならな
いとされた。救貧法の救済が苦痛を伴い，より厳格な条件に基づいて与えられ
るならば，真に困窮している者以外は救済を受けようとしないことになるはず
である。そこから導き出された原則であった。

　第3に「院内救済の原則」である。すなわち，それまでの院外給付を禁じ，ワー
クハウスに入ることによってしか援助を受けることができないことにした。こ
れは「劣等処遇の原則」をより効果的にするためのものでもあった。

　また新救貧法は，それまでばらばらであった救貧行政を全国的に統一し，全
国均一処遇の原則を導入した。こうして改正救貧法等を中心に新たな救貧行政
が実現したものの，新救貧法の下では貧困はあくまでも個人の責任であり，援
助を受けるには非常に過酷な条件に耐えねばならなかった。このことは，国に
よる関与は最小限とする自由放任と夜警国家の理念に基づくものであり，それ
ゆえ貧困が個人の努力だけでは対処しようのない社会の構造的な問題として認
識された。そして国家が積極的に関与するようになるには，20世紀まで待た
ねばならなかった。

4-5-4　「貧困問題」の発見

　ベンサム思想（「最大多数の最大幸福」を目指す合理主義）の信奉者であった E・
チャドウィックの努力により，主に都市労働者の住環境改善を目的とした公衆
衛生法が1848年に制定された。当時の都市労働者の住宅は粗末なバラック住
宅で，上下水道が完備されておらず，汚物が家の内外に堆積し，至るところで
悪臭を放っていた。そのため彼らの居住区は例外なくスラム化し，伝染病の温
床となっていた。さらに，マンチェスター，リヴァプール，バーミンガム，リー
ズ，グラスゴーなどの工業都市では工場から排出された煤煙と亜硫酸ガスによ
る大気汚染が進み，街全体が煤けていた。冬季には強い西風と暖かいメキシコ
湾流の影響を受けて霧（フィッグ）が発生し，工場や家庭から排出された煤煙（ス

図4-5-1　ロンドンの水浴シーン
解説）テムズ川神が話しかけているのは，全身が真っ黒に汚れた煙突掃除の少年。その
　　　子どもさえ鼻をつまみ，入ることを嫌がるほど，テムズ川の汚染がひどいことを
　　　表している。
出所）松村 1994：141。

モーク）と合わさってスモッグが発生していた。

　またフリードリヒ・エンゲルス（Friedrich Engels）の『イギリスにおける労
働者階級の状態』（1845 年）によれば，新興工業都市であったマンチェスター
に住む労働者子弟の 57％が 5 歳にならないうちに死亡したという。

　このように救貧行政が改められたとしても，救済すべき貧困自体がなくなる
わけではなく，救貧行政費も新救貧法実施後一時は低下したものの，その後は
また増加することになった。とりわけ 1870 年代から始まる不況期には失業者も
増加し，ようやく貧困問題は大きな社会問題と考えられるようになった。

　貧困問題の深刻さを明らかにするためには，具体的にその実態と程度および
規模が示されねばならない。そうした指標を構築した先駆的な研究が 2 人の人
物によってなされた。ひとりは 1889 年から 1903 年にかけてロンドンの貧困調
査を行ったチャールズ・ブース（Charles Booth）である。彼は住民を，A）臨
時労働者，浮浪者，準犯罪人，B）自由労務者，C）不定期収入者，D）少額
定期収入者，E：定期標準収入者，F）高級労働者，G）下級中産層，H）上級

表4-5-1　1899年のヨークにおける人口とその構成（人）

貧困者	
第一次的貧困	7,230
第二次的貧困	13,072
合計	20,302
貧困線以上の生活を営む労働者階級	26,452
公共施設収容者	2,932
召使	4,296
召使をおく階級	21,830
総　　　計	75,812

出所）ラウントリイ（1959：403）より作成。

中産層の8つの階級に分類した。貧困は週給18シリングから21シリングの収入で生活を営むものとし，それ以下を極貧とした。したがって，週の収入が21シリングと22シリングの間に線引きがなされ，その線以下の階級は「貧困」であるとされたのである。そして，この貧困層を具体的に示す線が「貧困線」と呼ばれるものである。ちなみに，ブースの調査では貧困線以上の生活を営めたのはEからHの層であり，貧困線以下の生活者はロンドンの人口の約30％にも達していた。

　いま一人の人物は，ブースの研究に刺激を受けて1899年にヨークの貧困調査を行ったシーボーム・ラウントリイ（B. Seebohm Rowntree）である。彼は貧困家庭を第一次的貧困と第二次的貧困に分け，前者を総収入が単なる肉体的能率を保持するために必要な最小限にも満たない家庭で，後者を総収入で単なる肉体的能率なら保持することが可能な家庭とした。この結果，ヨークの総人口の約28％が貧民に分類された（ラウントリイ 1959）。

　こうした社会調査が進められるなかで明らかとなったのは，救貧法だけに頼る救貧行政では貧困問題を解決することは不可能ということである。その結果，救貧法の改正と並んで，20世紀初頭には社会保険など一連の社会立法が成立していくことになった。

4-5-5　ナショナル・ミニマムの実現

　19世紀末ごろから救貧行政では十分な対応ができなくなったイギリスでは，

税金を使って，また行政システムを使って，多くの人を援助する改革が進められた。とりわけ，1905年に保守党にかわり自由党が政権をとったことで，イギリスはその後の福祉国家の発展の基礎が築かれていくことになった。たとえば，1906年の学校給食法，1907年の学校保健法，1908年の老齢年金法の制定である。その後も医療保険と失業保険からなる国民保健法が1911年に制定された。こうした一連の法案制定の社会背景には，政治家はもとより知識人の間でナショナル・ミニマムの考えが，賛否両論あるものの，共有されていたことが指摘されよう。

　今日，ナショナル・ミニマムは，最低限度の所得保障という意味で用いられることもあるが，この言葉を最初に用いたシドニー・ウェッブ（Sidney Webb）とベアトリス・ウェッブ（Beatrice Webb）の夫妻は別の意味を与えていた（一圓 1982）。彼らは，貧困を引き起こす原因を企業の営利活動に求め，国は賃金などの労働条件について最低基準を定め，企業に守らせるべきであると考えた。また，生活のあらゆる分野で専門的な社会制度を整えれば，貧困に陥る人がなくなるとした。ウェッブ夫妻のナショナル・ミニマム概念は，その後の社会政策に大きな影響を与えることとなり，時代とともにその内容は少しずつ変化していくことになるが，社会的弱者を守るというその思想は継承され続け，第二次世界大戦中にイギリス社会保障の体系を提示したウィリアム・ベヴァリッジ（William Henry Beveridge）によって福祉国家イギリスの完成を見るに至った（ベヴァリッジ 2014）。

参考文献
一圓光彌　1982『イギリス社会保障論』光生館。
エンゲルス，F　1990『イギリスにおける労働者階級の状態』上下，一條和生・杉山忠平訳，岩波文庫。
大沢真理　1986『イギリス社会政策史――救貧法と福祉国家』東京大学出版会。
樫原　朗　1973『イギリス社会保障の史的研究Ⅰ』法律文化社。
加勢田博編　1996『概説西洋経済史』昭和堂。
金澤周作　2021『チャリティの帝国――もうひとつのイギリス近現代史』岩波新書。
ベヴァリッジ，W　2014『ベヴァリッジ報告』一圓光彌監訳，法律文化社。
松村昌家編　1994『「パンチ」素描集』岩波文庫。
ラウントリイ，B・S　1959『貧乏研究』長沼弘毅訳，ダイヤモンド社。

第二次世界大戦後の国際体制

第二次世界大戦によって，直接戦場となったヨーロッパ諸国は，膨大な人的犠牲と経済的損失を出しただけでなく，戦前からの民族運動の高まりによる植民地体制の崩壊も重なったことから，ドイツのような敗戦国のみならず，イギリスやフランスなどの戦勝国も国力を疲弊させ，国際的な地位を低下させた。その一方で，同大戦は，国際社会・経済におけるアメリカ合衆国の台頭を決定付けた。戦間期の時点ですでにその兆候が見られたが，本土が戦場にならなかった同国は，連合国側の国々に対して大規模な軍事物資や借款などの経済援助を行い，戦争終結直後には世界の総生産の約半分を占めるまでになった。その結果，戦後の世界経済の再建は，19世紀のイギリスにかわって覇権国となったアメリカを中心に，自由な金融取引と貿易に基づいて進められることになった。本章では，このようなアメリカを中心とした戦後の世界秩序（パクス・アメリカーナ）の確立，1970年代のドル危機とオイル・ショックによる同国の覇権国としての地位の動揺，さらに，同時期の地域統合への動きとして，ヨーロッパの統合に焦点を当てる。

4-6-1　ブレトンウッズ体制と戦後復興

第二次世界大戦中の1944年7月，アメリカ合衆国ニューハンプシャー州ブレトンウッズにおいて，連合国側44ヶ国の代表者が集まり国際通貨会議が開催された。この会議で締結された協定（ブレトンウッズ協定）に基づいて設立されたのが，国際通貨基金（IMF）と国際復興開発銀行（IBRD）（通称「世界銀行」）である。その背景には，戦前の世界恐慌のなかで行われた平価切下げ競争やブロック経済政策が，各国間の相互不信や対立を助長し，大戦につながったとの反省があった。これら2つの国際金融機関のうち，IMFは為替の安定・自由化ならびに貿易資金の供給を目的として設立された。戦後の自由な貿易の拡大による世界経済の発展のためには，戦前の国際金本位制にかわる安定した国際通貨制度が不可欠であったことから，IMFを軸とした新たな国際通貨体

制では，アメリカのドルを基軸通貨として，金1オンス＝35ドルの固定価格で金・ドルの兌換が保証されることになった。また，ドルと各国通貨の交換比率も一定に固定され（IMF平価），各国の通貨当局は平価の変動幅が±1％を超えないようにすることが義務付けられた。他方，IBRDは戦禍を被ったヨーロッパ諸国の復興のために必要な資金を融資することを目的に設立されたもので，それが達成された後は，主に開発途上国の経済発展を財政的に支援する機関となった（石見1999b，猪木2009）。

　また，戦後の世界貿易の自由化の流れにおいて，関税および貿易に関する一般協定（GATT）と呼ばれる国際協定が非常に重要な役割を果たした。もともと，1948年に採択されたハバナ憲章には，貿易の自由化を進める国際機関として国際貿易機構（ITO）の設立が含まれていたが，アメリカを含む多くの国々が批准しなかったことから頓挫した（石見1999b）。そのため，前年に採択されていたGATTの枠組みのなかで，数量制限の廃止と関税の引き下げ，締約国に対する最恵国待遇と内国民待遇（自国製品と他国製品を同等に扱うこと）の付与，多国間での全体交渉という3つの原則に沿うかたちで，自由貿易化が進められることになった。

　戦後のヨーロッパ各国においては，戦禍によって生産力が低下し輸出が停滞する一方で，復興に必要な物資をアメリカなどから大量に輸入せざるをえなかったため，ドル不足が深刻化し，1947年には経済危機が発生した。しかし，この危機に対し，発足したばかりのIMFでは有効な対策を打ち出すことができなかった。外交的には，資本主義陣営と共産主義陣営の対立である冷戦が始まるなかで，アメリカにとっては，同国の主導でヨーロッパの復興を実現することにより，共産圏を封じ込めることが急務であった。この目的のために策定されたのが「欧州復興計画（マーシャル・プラン）」であり，1948年から51年にかけて，アメリカからは総額110億ドル以上の援助が，西ヨーロッパ16ヶ国に対して行われた。この援助を実施するにあたり，アメリカは1947年に経済協力局（ECA）を設置した。また，受入側であるヨーロッパも援助の配分を調整する機関として欧州経済協力委員会（CEEC）を設立し，翌年には欧州経済協力機構（OEEC）へと改組した。なおOEECはその目的を達成すると，1961年に経済協力開発機構（OECD）となった。アメリカからの援助は，イギ

リスやフランスなどの戦勝国のみならず，経済復興によって輸出を拡大しドル不足問題を解決するためにドイツ西部やイタリアも対象となり，ヨーロッパの復興が進むことになった。他方，ソ連の影響下にあった東ヨーロッパ諸国は，マーシャル・プランの受け入れを拒否し，1949年にソ連とともに経済相互援助会議（COMECON）を結成した（猪木 2009，朝倉・内田 2003）。

4-6-2　ドル危機とオイル・ショック

1950年代以降において，欧米や日本では安定的な経済成長の持続に伴い，耐久消費財の急速な普及によってアメリカ的な生活様式が広く浸透した。また，戦後これらの国々では，ケインズ政策の導入によって，政府が国民の経済活動に対して積極的に介入するようになり，とくに，西ヨーロッパでは，社会主義的な要素を取り入れた混合経済政策がとられ，「大きな政府」が福祉国家化や主要産業の国有化などを推し進めた。

そして，戦後復興を果たして工業力を強化した西ヨーロッパ諸国や日本は，表4-6-1のようにアメリカをはじめとする海外への輸出を拡大させたが，逆に，アメリカからの輸出は伸び悩むことになった。また，アメリカでは，冷戦構造のなかで対外援助や軍事費が増大しただけでなく，多国籍企業などの民間によ

表4-6-1　アメリカの地域別貿易収支（百万ドル）

		1964年	1971年			1964年	1971年
対日本	輸出	2,009	4,055	対ラテンアメリカ	輸出	3,832	5,667
	輸入	1,768	7,261		輸入	3,524	4,882
	貿易収支	241	▲ 3,206		貿易収支	308	785
対カナダ	輸出	4,915	10,366	対オーストラリア	輸出	2,063	2,863
	輸入	4,239	12,762		輸入	1,357	2,132
	貿易収支	676	▲ 2,396		貿易収支	706	731
対ヨーロッパ	輸出	9,436	14,574	全体	輸出	25,690	43,555
	輸入	5,307	12,846		輸入	18,684	45,602
	貿易収支	4,129	1,728		貿易収支	7,006	▲ 2,047
対アジア	輸出	3,793	5,795				
	輸入	1,852	4,522				
	貿易収支	1,941	1,273				

注）　対アジアのなかには日本と共産主義国を含まない。
出所）　経済企画庁「昭和47年　年次世界経済報告」。

る海外投資がさかんに行われた。これらの要因によって，同国の国際収支が悪化することになった。前述のように大戦終結直後の世界経済の大きな問題が「ドル不足」だったのに対して，この時期になると「ドル過剰」の状況が生まれ，それまで戦後の世界経済の成長を支えてきたブレトンウッズ体制の構造上の矛盾が表面化した。つまり，戦後の世界経済では，圧倒的な金準備を持つアメリカが金・ドルの兌換を保証したことでドルに信用が与えられ，基軸通貨として国際決済に用いられていた。そして，この体制の下で，世界経済がさらに拡大し続けるには，アメリカが国際収支を赤字にすることでドルを供給し続けることが不可欠であった。しかしながら，海外におけるドル残高が拡大し，金・ドルの兌換によってアメリカ国外に金の流出が続くと，ドルの金交換性に疑問が出始め，ドルに対する信用が低下し，金がいっそう流出するという悪循環が発生した（国際流動性のジレンマ）。このようなドル危機のなかで，金準備が急激に低下したアメリカは，1971年8月にリチャード・ニクソン大統領によってドル防衛のために金・ドルの兌換を停止することが発表された（ニクソン・ショック）。その後も，各国はスミソニアン協定を結び，ドルの切り下げによって固定相場制の維持を図ることを試みたが，すぐに失敗に終わり，1973年に変動相場制へと移行した（石見 1999a）。これによって，戦後のブレトンウッズ体制は崩壊することになった。

また，戦後の世界経済の成長を支えた要因の一つに安価な原油があった。しかし，1973年に勃発した第四次中東戦争の際に，アラブ産油国は石油を政治的カードとして利用し，欧米の親イスラエル諸国に対する原油の輸出禁止や輸出量の削減を実施した。それに加えて，石油輸出国機構（OPEC）が原油価格を大幅に引き上げたことから，オイル・ショックが発生（第一次石油危機）し，同様の石油価格の高騰は1979年のイラン革命の際にも再度発生した（第二次石油危機）。エネルギー資源や工業原材料となる石油の価格高騰は，先進国においてスタグフレーションを引き起こし，ニクソン・ショックとともに，戦後の「パクス・アメリカーナ」の下での世界経済の安定的な成長の終わりを象徴する出来事となった。さらに，スタグフレーションに効果的な対応をとることができないケインズ政策に対する疑問が出たことで，「小さな政府」への回帰が起こり，アメリカやイギリスなどでは規制緩和や民営化によって国内経済の

活性化を図ろうとする新自由主義が台頭することになった（猪木 2009）。

4-6-3　ヨーロッパにおける地域統合への動き

　1970 年代以降，アメリカの覇権国としての地位が揺らいだことで，国際経済は多極化の時代を迎えることになった。そのなかで，アメリカ，日本や近年の中国に代表される東アジアなどとともに，ヨーロッパは地域統合を推し進め一つの極を形成することになった。このような戦後のヨーロッパにおける統合の動きは，各国が共同で経済復興を行うために設立した OEEC などにも見てとることができる。だが，現在の欧州連合（EU）へと続く直接の流れは，1952 年に発足した欧州石炭鉄鋼共同体（ECSC）から始まったといえる。その設立目的は，フランスとドイツの間に存在する石炭と鉄（鉄鋼）が，両国の長年にわたる対立の要因の一つとなっていたことから，これらの戦略物資を ECSC 参加国であるフランス・西ドイツ・イタリア・ベネルクス三国による共同管理の下で，公平に利用することにより，将来の戦争につながるような懸念材料を排除することであった（朝倉・内田 2003，近藤 2013）。

　1957 年に締結されたローマ条約に基づいて，翌年には欧州経済共同体（EEC）と欧州原子力共同体（EURATOM）が設立された。とくに，EEC の設立は，域内における輸出入に関する関税と数量規制の撤廃，ならびに第三国からの輸入に対する共通関税の設定を目指す関税同盟の誕生を意味した。また，域内における人・サービス・資本の自由な移動や，通商・農業・運輸の分野における政策の共通化なども，その目的として掲げていた。そして 1967 年には，それまでに設立された 3 つの共同体の理事会と委員会が統一され，欧州諸共同体（EC）となった。その一方で，EEC に参加しなかったイギリスや北欧諸国などの 7 ヶ国は，1960 年に欧州自由貿易連合（EFTA）を結成し，共通対外関税を持たない自由貿易地域を形成した。しかしながら，イギリスは EFTA 結成直後から EC への加盟交渉を開始し，最終的には 1973 年にアイルランドやデンマークとともに加入が認められ，EC は拡大することになった。その後も EC の拡大は続き，1981 年のギリシア，1986 年のポルトガルとスペインの加盟によって，加盟国数は 12 ヶ国となった（朝倉・内田 2003）。

　また，1960 年代末から 70 年代初めにかけてのドル危機のなかで，新たに通

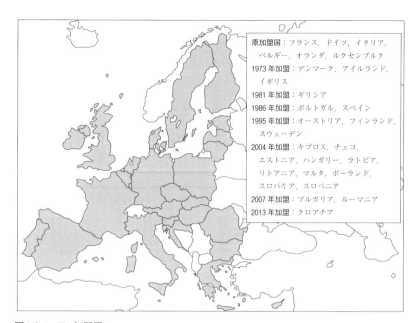

図4-6-1　EU加盟国

出所）外務省「欧州連合」http://www.mofa.go.jp/mofaj/area/eu/（最終閲覧2017年1月26日）。

貨統合に向けての動きが見られた。経済通貨統合（EMU）構想とその実現の頓挫や，EC加盟国を中心とする「スネーク」制度の導入とイギリス・フランス・イタリアの離脱などの紆余曲折を経て，1979年には欧州通貨制度（EMS）が発足した。[*1]イギリスを除く当時のEC加盟国8ヶ国によって発足した同制度では，バスケット通貨である欧州通貨単位（ECU）が創出されるとともに，参加国の通貨相互間の為替変動幅を4.5%（対中心レート±2.25%，ただしイタリアの場合は±6%）に抑える為替相場メカニズム（ERM）が導入され，後のユーロ導入への道筋を付けることになった（朝倉・内田 2003，田中 2013）。

　さらに1980年代半ばになると，EC委員会によって作成された「域内市場統合白書」のなかで，各国間に残存する非関税障壁などを含む各種の障害を取り除き，1992年までに域内市場統合の完成を目指すことが提唱され，その実現のために1986年に「単一欧州議定書」が調印され翌年発効した。そして，1992年にはマーストリヒト条約が調印され，EUが発足したことで，ヨーロッパは，それまでの経済統合から共通外交・安全保障政策と司法・内務協力とい

う政治統合へと向かうことになった。また，1999 年には単一通貨であるユーロの導入によって，およそ 30 年かかった通貨統合も完了した（朝倉・内田 2003）。その後，1991 年のソ連の崩壊によって冷戦構造が崩れたことで，21 世紀に入り旧共産圏である東ヨーロッパ諸国の EU への加盟が促進されることになった。しかしながら，2010 年の欧州債務危機においては，その対応をめぐって加盟国間における不協和音が見られた。さらに，2016 年 6 月の EU 離脱を問う国民投票において離脱派が勝利したイギリスは，EU と数年にわたる離脱交渉をおこない，離脱協定が成立したことで，2020 年 1 月 31 日をもって EU から離脱した[*2]。このように近年ではヨーロッパの地域統合は大きな転機を迎えている。

注
* 1 「スネーク」制度は，スミソニアン体制において設定された対ドル 4.5％の為替変動幅のなかで，制度参加国の通貨相互間の変動幅を 2.25％に抑えるものであり，「トンネルのなかの蛇（スネーク）」と呼ばれた。その後，スミソニアン体制が崩壊し各国が変動相場制を採用したことで，変動幅を 2.25％とするだけの共同フロート（「トンネルを出た蛇」）へと移行した。
* 2 離脱協定によって，離脱後も EU 法がイギリスに適用される移行期間が設けられていたが，それも 2020 年 12 月 31 日に終了したことで，イギリスは EU から完全に離脱した。

参考文献
朝倉弘教・内田日出海　2003『改訂ヨーロッパ経済——過去からの照射』勁草書房。
石見　徹　1999a『国際経済体制の再建から多極化へ』山川出版社。
石見　徹　1999b『世界経済史——覇権国と経済体制』東洋経済新報社。
猪木武徳　2009『戦後世界経済史』中公新書。
遠藤乾編　2008『ヨーロッパ統合史』名古屋大学出版会。
ケンウッド，A・G & A・L・ロッキード　1979『国際経済の成長 1820 ～ 1960』岡村邦輔他訳，文眞堂。
近藤孝弘　2013「ローベル・シューマンの独仏共同——ヨーロッパの和解と統合を先導」羽場久美子編　『EU（欧州連合）を知るための 63 章』明石書店，76-79 頁。
田中素香　2013「通貨協力と EU 通貨統合——挫折・再挑戦・統一の 30 年」羽場久美子編『EU（欧州連合）を知るための 63 章』明石書店，292-296 頁。

『砂糖の世界史』川北稔，岩波書店，1996

著者曰く，歴史学は「いまある世界がなぜこのようになっているのか」を研究する学問である。本書は代表的な世界商品である砂糖の生産や消費が拡大することを通じて，私たちの生活，文化，そして経済をどのように形作ってきたのかを丁寧に解説している。実はジュニア新書として中高生を対象にやさしい文体で書かれた入門書であるが，大学生や大人でも十分に読み応えのある内容になっている。

『ヨーロッパ覇権史』玉木俊明，ちくま新書，2015

本書はオランダ，ポルトガル，イギリスなど近代ヨーロッパ諸国が勢力を拡大し，世界を一変させた過程を追った一冊である。イギリスが世界で最初の工業国家になったことから，環大西洋経済圏の形成と発展の歴史はイギリスに焦点を当てて考察される傾向にあったが，実際にはイギリス以外の国も大西洋を舞台に独自の経済活動を展開していた。そうしたイギリス以外の国による大西洋貿易の歴史を明らかにしてくれている入門書である。

『中世ヨーロッパの農村の生活』J・ギース＆F・ギース，青島淑子訳，講談社，2008

本書は，中世ヨーロッパの農村に生きた人々の生活の様子を，現存する当時の文字資料や考古学的成果に基づきながら再現している。最初の章で，ヨーロッパにおける開放耕地制農村の成立過程が分かりやすく説明されており，そのあとに，イギリス南部のエルトンという村の事例を中心に，領主の荘園経営，農民の地位と生活の様子，農作業のほかにも，結婚，信仰，犯罪と裁判など，さまざまな角度から当時その村に住んでいた人々の生活が興味深く描かれている。

『「パンチ」素描集』松村昌家編，岩波文庫，1994

1841年に創刊され，1992年まで刊行され続けた風刺漫画週刊誌『パンチ』。『パンチ』は単なる漫画専門の週刊誌ではなく，イギリスの政治や社会の諸現象を鋭く的確に描き出しており，産業革命後の多難な時代とともに歩んだ雑誌である。それゆえ，『パンチ』を通してイギリスを見ることは，研究者の描く時代像と違った視点を与えてくれる。本書はそうした視点へと導いてくれる一冊となっている。

『戦後世界経済史』猪木武徳，中公新書，2009

本書においては，第二次世界大戦後の世界経済の動きが，経時的・地域別に分かりやすくコンパクトにまとめられている。新書サイズではあるが，対象とする地域は広く，欧州，アメリカ合衆国，旧共産圏，東アジア，ラテンアメリカ，アフリカが含まれる。また，社会主義経済，混合経済，石油危機，新自由主義，ヨーロッパ統合など，戦後の世界経済を語るうえでのキーワードもだいたい網羅されており，このテーマを学びたい人にとって最良の入門書である。

V 海域と地域の連関とアジア経済
──東アジアの奇跡まで

マラータ同盟の宰相府があったインドのプネー市街
（熊谷幸久撮影）

モンスーン・アジアの発展と稲作文化

　マディソン（A. Maddison）が提示したGDPの数字を見てみると，イギリス産業革命の最中である1820年段階で中国が32.9％，インドが16.0％を占めており（表5-1-1を参照），アジアが当時の世界経済の中心であったことが見て取れる。近年のグローバル・ヒストリー研究では，このマディソンの数字を前提として議論するようになっており，アジア経済史研究者の間でも定説化した理解といえる。

　しかしながら，一人あたりGDPで見てみると，中国やインドの数字は同時期のイギリスや他のヨーロッパ諸国と比較して高水準というわけではない。人口は圧倒的にアジアの方が多いわけであるから，全体としてヨーロッパの方が小規模になるのは当然であり，当時の経済状況を把握する意味で一人あたりGDPの方が妥当という立場に立てば，ヨーロッパの方がアジアより世界経済

表5-1-1　実質GDPの世界総計に占める国別・地域別シェアの歴史的推移（％）

	1600年	1700年	1820年	1870年	1913年	1950年	1973年	1998年
フランス	4.7	5.7	5.5	6.5	5.3	4.1	4.3	3.4
ドイツ	3.8	3.6	3.8	6.5	8.8	5.0	5.9	4.3
イタリア	4.4	3.9	3.2	3.8	3.5	3.1	3.6	3.0
イギリス	1.8	2.9	5.2	9.1	8.3	6.5	4.2	3.3
その他西ヨーロッパ	5.2	6.4	5.9	7.7	7.6	7.6	7.7	6.6
東ヨーロッパ	2.7	2.9	3.3	4.1	4.5	3.5	3.4	2.0
旧ソ連	3.5	4.4	5.4	7.6	8.6	9.6	9.4	3.4
アメリカ合衆国	0.2	0.1	1.8	8.9	19.1	27.3	22.0	21.9
その他南北アメリカ	1.2	1.8	2.2	3.9	7.1	11.2	12.1	11.8
日本	2.9	4.1	3.0	2.3	2.6	3.0	7.7	7.7
中国	29.2	22.3	32.9	17.2	8.9	4.5	4.6	11.5
インド	22.6	24.4	16.0	12.2	7.6	4.2	3.1	5.0
その他アジア	11.1	10.9	7.3	6.6	5.4	6.8	8.7	13.0
アフリカ	6.7	6.6	4.5	3.6	2.7	3.6	3.3	3.1
世界総計	100.0	100.0	100.0	100.0	100.0	100.0	100.0	100.0

（出所）Maddison（2001, 263）より作成。

を牽引していたと考えることができる。このような指摘に対して，アジア経済史研究者の立場から，1800年段階でどのようにして中国やインドは膨大な人口を扶養していたのか，換言すれば，巨大な人口を扶養するための農業や商工業の発展の意義を高く評価するべきという意見が出されている。実際，中国の人口は古代王朝の盛衰に伴って増減を繰り返し，宋代に9,000万人に達した後，清朝統治下の18世紀に急激な増加を見せ，19世紀中葉には4億人に達したといわれている（岡本2013：199）。

　こうした人口の急増が世界経済に与えた影響は大きく，同時期のイギリス産業革命と比較しても画期的な出来事であったことは間違いない。アジア経済史の研究は，18世紀以降の膨大な人口を扶養できるようになった中国やインドをはじめとするアジアの農業技術や制度の発達といった要素も経済発展の一つとして捉え，これまでの西洋諸国から捉えた世界経済史の枠組みを修正していくことを追求している分野といえる。

5-1-1　市場と制度

　16世紀以降，主としてウェスト＝ファリア体制が成立して後，ヨーロッパでは国家という制度が確立されていった。その後，議会制度や所有権をはじめとする制度が整備されたことにより，それまで主に商人たちが自ら負担していたさまざまなコストを負担しなくても市場に参加して取引できるようになった。ノースとトマスは，所有権をはじめとする制度の発達こそが経済発展には不可欠であり，この制度の発達が最も進んだイギリスで産業革命が起きたのだと指摘した（North & Thomas 1973）。アジアではイギリスの様な所有権をはじめとする制度の発達はなく，その点から経済発展が遅れていたと評価されてきた。しかしながら，18世紀以降に急激な人口増加を経験し，それらの人々の必要最低限の食糧を生産した農業の技術革新は現に存在したのであり，これらはイギリスをはじめとする制度の存在なしに達成されたものである。この事実を，所有権をはじめとする制度の有無だけで考えることは難しい。ではアジアでは国家の代わりを何が担ったのであろうか。市場で活躍するプレーヤーに大きなコストを背負わせることなく活発に行動してもらうための制度は存在したのか。

　この点についてグライフは，11世紀の地中海におけるマグレブ商人の事例

を踏まえて，商人たちが，互いに協調して監視し合うことで所有権や裁判など
の法制度が整備されていなくても約束を遵守することを明らかにした（Greif
1993）。岡崎哲二も株仲間の事例を用いて商人たちが結託することにより互い
の利益を守り，団結してアウトサイダーを排除した事例を明らかにした（岡崎
1999）。こうした互いを監視し合うと同時に，長期にわたって継続的に取引を
続けることで信頼関係を補強させ，さらに毎年の贈答品の交換や結婚などによ
る親戚関係の構築などにより，裏切り行為が互いに利益にならない状況にする
ことで，市場における取引に伴うコストを下げることに成功した。アジアでは，
こうした共同体的な「まとまり」こそが国家に代わる役割を担ったのであり，
市場において商人たちが多大なコストを負担しなくても活動できた背景にあっ
たといえる。

5-1-2　オーシマの指摘

　アジアの多くの地域はモンスーンの影響を受けており，それらの地域では主
として稲作が行われてきた。モンスーンは雨季と乾季が存在しており，田植え
や稲刈りの時期もそれに合わせて規定されている。この点からアジアの農業は
環境によって決定されているということができる。この点を踏まえ，欧米の農
業と対比するなかでアジアの農業が環境にどのように規定されているのか，
オーシマ（H. T. Oshima）は『モンスーンアジアの経済発展』でその一端を明
らかにしている。

　オーシマは，モンスーン地域で行われてきた稲作農業は，数世紀にわたって
アジアにおける社会の変容に最も大きな影響を与えており，稲作農業の一連の
プロセスに社会の仕組みも強く規定されていると指摘する。具体的に見れば，
稲作農業において労働力が必要になる時期は田植えと稲刈りの時期であり，こ
の農繁期の時期には大量の労働力を要する。それに対して農閑期の時期にはそ
れほど多くの労働力を要せず，一年を通して見た場合，時期によって労働需要
に大きな差がある。もちろん欧米の小麦をはじめとする農業においても季節性
の労働需要の差は存在するが，稲作農業における農閑期と農繁期の差よりは小
さいといえる。そのため稲作農業において所得を稼げる時期は限定されており，
それが，年間を通して見た場合，アジアの稲作に携わる農民の所得が大変低く

なる主たる要因であった。加えてアジアにおいて稲作農業を展開できた地域は大きな河川の周辺などに限られていた。このように，小規模な土地に大量の農業労働者が存在し，そして農繁期と農閑期の労働需要に劇的な差が存在することが，アジアの人々の生活水準を向上させることを困難にしていた，とオーシマは指摘する。その結果，欧米諸国が産業革命を経て経済発展を遂げたにもかかわらず，所得がきわめて低いアジアの人々は，そうした世界経済の趨勢に参画することが困難であったと強調している。

　こうしたオーシマの環境決定論の一方で，とくにスエズ運河開通以降の19世紀後半に，アジアが第一次産品輸出型経済を確立していくなかで世界市場において一定の役割を担うようになり，またアジア域内相互の貿易が活発化するなかで稲作農家の所得も向上したことが，明らかにされている。実際，1913年段階で日本の一人あたり GDP と仏領インドシナや英領マラヤにおける一人あたり GDP を比較したとき，後者の方が高い数字になっており，この時期にある程度の可処分所得を得ていたことは確かである（袁・深尾 2002：325）。19世紀後半の欧米列強による植民地経営が本格化した時期で対比することに若干の無理があるが，環境要因ですべてが規定されないことはいえる。オーシマも，アジア社会を環境決定論の視点で描いているが，すべてが環境で規定されているとまでは指摘していない。

5-1-3　労働集約的技術の萌芽

　上述のように，稲作農業では一年を通じて農繁期と農閑期で労働需要に著しい差が存在する。そのため農閑期の間は別の仕事を探す必要があった。織物をはじめとする手工業や林業などの副業を営むことにより，農閑期の余剰労働力を可能な限り活かす形が採られていた。一年を通じて稲作に要する日数は限られており，季節も決まっていたことから，副業に費やす時間も労働力もおおむね事前に把握することができていた。そのためアジアの農村では幅広く副業が営まれていた。

　モンスーンのパターンに強く規定される稲作農業では，田植えや稲刈りといった作業の可能な日数が限られており，必要な時期に大量の労働力を確保しなくてはいけないという厳しい作業行程を組むことが避けられなかった。その

ため繁忙期のピーク時には必要となる成人男性の人数が足りなくなる状況が生じていた。その結果，女性や子どもを成人男性と同程度の労働力として活かすことが必要となり，彼らの労働力を効率的に利用することではじめて最適な収量を確保することが可能となった。このような労働集約的な技術は18世紀からアジア各地で見受けられ，長年繰り返されたことにより，社会のなかで，その技術を支える道徳的あるいは倫理的な規範が醸成されていくようになった。そうした精神的な裏付けを得たことにより，構成員を効率的かつ集約的に使って世帯の収入を最大化する技術が発達した。それとともに世帯の構成員を増やすことで労働力の増加を図り，世帯全体の収入をさらに高めるインセンティヴが機能した。18世紀の中国で見られた人口増加もこうした要因が一端にあった。

　さらに農業に関する知識が広範囲に普及するようになり，鍬などの道具類も発達したことにより，モンスーン地域の稲作農業は飛躍的に発展した。道具類の発達によって土地一単位あたりの収量が増加するとともに，知識の普及により，裏作として綿花などの換金作物を栽培する多毛作を行えるようになったことで，稲作農家の世帯全体の収入は増加した。また世帯の構成員を効率的に配置することによって，稲作を年2回行う二期作も可能となった。こうした集約的な技術の発達は，より多くの人を養うことを可能とし，その結果として更なる人口の増加を促すこととなった。

　換言すれば，モンスーンという環境の下，アジアは労働集約的な生産様式を選択せざるをえず，それに伴って農繁期には大変大きな労働需要が生じるにもかかわらず，農閑期は対照的に大変大きな余剰労働力を生じさせる状況になった。また人口が増加すると，限られた稀少な土地に多くの労働者というアンバランスが生じ，その結果として一人あたりの耕地面積も小さくなることから，収穫逓減が進行した。そのため，こうした世帯内に滞留した余剰労働力を効率的に配分することで世帯全体の効用を最大化する技術が求められた。杉原薫はこの時期の変化を速水融の勤勉革命論の枠組みを援用する形で明らかにしている（杉原 2004, 2020：第1章）。

　杉原は速水が提示した勤勉革命の概念に関しては，江戸期の日本に限らず土地が稀少であった他の東アジア諸国にも適用できると指摘する。とくに宋代の江南デルタで見られた農業の発達に関する斯波義信の研究を参照しつつ（斯波

1989), 東アジアにも適用される勤勉革命の経路が存在したことを明らかにしている。斯波によると，すでに16世紀に江南デルタでは稲作を中心とした大変高度な労働集約的技術が発達しており，そこで得られた知識が農書の形で編まれ，日本をはじめとするアジア各地に伝えられた。また明代のころに整備された一条鞭法などの税制改革により銀による租税の金納化が進んだことで農業の商業化が急速に進んだが，稲作を中心として生活する小農世帯を基礎とする社会という性格は数世紀にわたり維持された。こうした世帯が，自らが抱えている労働力を可能な限り効率的に配分して，世帯としての効用を最大化するように努める労働集約的技術が，アジアでは醸成されたといえる。こうした労働集約的技術の発達は，のちに家父長制をはじめとする家族制度や長子単独相続に見られる相続の方法などにも多大な影響をもたらすことになった。いいかえれば，労働集約的技術の発達がアジア社会を新たな形に変容させる最も大きな力になったのであり，こうした背景こそが第二次世界大戦後のアジアの工業化の性格を規定するうえで大きな役割を果たしたと考えられる（杉原 2020）。

参考文献

袁堂軍・深尾京司　2002「1930年代における日本・朝鮮・台湾間の購買力平価——実質消費水準の国際比較」『経済研究』53（4）：322-336。

大島真理夫編　2009『土地稀少化と勤勉革命の比較史——経済史上の近世』ミネルヴァ書房。

岡崎哲二　1999『江戸の市場経済——歴史制度分析からみた株仲間』講談社。

岡本隆司　2013「明清——伝統経済の形成と変遷（15～19世紀）」岡本隆司編『中国経済史』名古屋大学出版会，177-236頁。

斯波義信　1989『宋代江南経済史の研究』東京大学東洋文化研究所。

杉原薫　2004「東アジアにおける勤勉革命経路の成立」『大阪大学経済学』54（3）：336-361。

杉原薫　2020『世界史のなかの東アジアの奇跡』名古屋大学出版会。

Greif, A. 1993. Contract Enforceability and Economic Institutions in Early Trade: Maghribi Traders' Coalition. *American Economic Review* 83 (3)：525-548.

Maddion, A. 2001. *The World Economy: A Millennial Perspective*. OECD.（マディソン，A 2004『世界経済2000年史』金森久雄監訳，柏書房）

North, D. C. & R. P. Thomas 1973. *The Rise of Western World: A New Economic History*. Cambridge: Cambridge University Press.（ノース，D・C & R・P・トマス　1980『西欧世界の勃興——新しい経済史の試み』速水融他訳，ミネルヴァ書房）

Oshima, H. T. 1987. *Economic Growth in Monsoon Asia: A Comparative Survey*. Tokyo: University of Tokyo Press.（オーシマ，H・T　1989『モンスーンアジアの経済発展』渡辺利夫・小浜裕久監訳，勁草書房）

インド洋交易圏と朝貢貿易システム

5-2-1　ムガル帝国とインド洋交易圏

　周知のように，ムガル帝国はバーブル（Babur）によって成立し，第3代の
アクバル（Akbar）の時代に急激に領土を拡大した。その後シャー・ジャハー
ン（Shah Jahan）の時代に全盛を迎え，アウラングゼーブ（Aurangzeb）の時代
に領土は最大になった。しかし後にマラータ同盟などが出現したことにより，そ
の勢力は弱まった。大雑把なムガル帝国の推移を捉えた上で，さらに経済的な
観点から転機を見出そうと試みた場合，アクバルの時代の制度的革新が重要で
あろう。土地からの徴税制度の確立や貨幣制度，遠隔地に安全かつ効率的に送
金する手段など，この時期に大きな発展を遂げた。その結果，軍隊の遠征も以
前より簡単に行えるようになり，先に述べた領土拡大も可能になったといえる。
　インドの経済状況を見たとき，ムガル期以前にある程度インドでは商品経済
が発展していたことはよく知られている。ムガル帝国期になると，中央集権的
な帝国の下で商業保護的な経済政策やさまざまな貴族による商人の保護により，
インド経済は大いに発展を遂げた。ムガル朝では，アクバルの時代に帝国の大
部分の地域で貢租の金納化が進んでおり，また当時のヨーロッパよりも良質な
貨幣が鋳造されていたことが知られている（Habib 1982: 360-371）。そのなかで
も特に銀貨を介した貢租の支払いは幅広く浸透していた。さらに官僚や武官の
都市集住もあり，都市とその商工業の発展が促された。各王朝では幹線道路の
整備，サラーイと呼ばれる宿泊所の整備が進められ，商工業のさらなる発展の
ために商業保護政策もとられていた。そのため通行税や市場税などの税によっ
て商業活動が低調になることを避けるために減税政策が行われることもあった。
これらの点から当時の商品経済はムガル朝の貢租政策に大きく影響を受けるも
のであったといえる。

遠隔地貿易

　インド北西部のスーラトは，イギリスが本格的にインドを植民地化する以前

は対ヨーロッパ貿易の拠点であった。スーラトにはバニア商人が数多く拠点を築き，商業活動を行っていたが，舶商の大半はムスリムであり，そのなかにはペルシャ人やアラビア人もいた。スーラトには他にパールシー教徒やアルメニア人，ユダヤ人やヨーロッパ商館の商館員もいた。そしてスーラトをはじめ商工業の発達した都市には莫大な富と影響力を有する現地の大商人がいた。彼らは莫大な富を得るだけでなく，政治にも深く関与しており，時として皇帝の決定を覆す力を持つこともあった。こうした大商人のなかで著名な一族をここでは一つあげておく。

　ラージャスタンのマルワール地方を拠点として 17 世紀から北インドやデカン高原各地に進出したマルワーリー商人の活躍はよく知られている。その中でも 18 世紀初頭にベンガル大守の御用商人となったジャガートシェーツ一族は特に知られている（Roy 2012: 57）。彼らの活動は綿布の買付や金融業が主であり，その資産規模は極めて大きなものであったという。しかし，この時代の政治状況の不安定性や遠隔地貿易に伴うリスクの大きさから，長年にわたり家を繁栄させた事例は極めて少なく，多くは短い期間で衰退を余儀なくされていた。

　商工業が発達していたことにより，財貨を輸送する仕事に特化する人々も出現した。バンジャーラと呼ばれた運送業者は，多いときに数万頭の去勢した牛を引き連れて財貨を運搬していた（Habib 1990）。また幹線道路沿いにはそれら運搬用の動物を繋いでおく宿泊施設が建ち並び，財貨を運ぶための牛車や人を運ぶ駕籠や馬も簡単に利用できる環境が整えられていた。またガンジス川の水運も整備されており，当時のインド経済において主要な幹線道路沿いであれば，旅行は比較的安全なものであった。同様に財貨の移動もそれほどリスクを伴うものではなかった。

綿工業の発達・都市化

　インド国内の商品経済を概観したとき，同時期のヨーロッパと比較しても遜色ない水準で発展していた。インド亜大陸全域を結ぶ幹線道路や河川交通，沿岸航路の発達は，地域間交易を大幅に拡大することに貢献した。さまざまな商品がインド亜大陸を縦横に移動しており，インドの商品経済はこの時期，大変活発化していた。

それに伴い都市化も急激に進んだといわれる。17世紀のヨーロッパ人の記録に基づいて推計した結果，アグラやデリーの人口はおおむね50万人に達しており（Hambly 1982），同時期のヨーロッパで20万を超える都市が3つしかなかったことや日本経済の中心地であった当時の大坂が40万に満たない人口であったことから考えてみても，都市化が高い水準で進んでいたことは明らかである。これらの大都市が港湾部や内陸部の商業センターとして機能し，インドの商工業の発展に大きな役割を果たした。

インドの綿布（特にキャラコ）は当時から世界各地に輸出されており，質量ともに世界最高水準であった。織布生産が活発な地域はインド各地に存在し，多くの農民が従事していた。こうして得られた貨幣で貢租を納入していたため，織布がインド各地で活発化したことはインド全域に貨幣経済を浸透させる大きな要因となった。貨幣経済の浸透により，低いカーストの人を含め多くの人が貨幣で物産を得るようになり，そのため在地領主（ザミンダール）によって市場（いちば）が整備され，定期市が開催されるようになった。農民も余剰作物などを売りに来て手工業製品を購入するなどの経済活動を行うようになった。

こうした商工業の発展の背景には農業や手工業の発展があった。また商工業が活発化することによって資金の流れを把握するための帳簿や手形の利用も進展した。それらに必要となる製紙技術もこの時期に発展した。また主要な産業であった綿工業には，13世紀ごろにイスラム世界から伝わったとされる糸車が各地で利用され始め，高級綿布に利用される綿糸の生産量を飛躍的に高めた。

貨幣・信用制度[*1]

インドでも農民や小さな商人は高利貸しに資金融通を依存することが多かった。こうした高利な金貸業を営む人のなかには貴族も多く含まれ，彼らは他に海運業者にも多額の資金を貸し付けていた。彼らの営んだ業種としては他に貨幣の鑑定業や両替商，フンディと呼ばれる送金手形の振り出しや保険や預金業もあり，多くの利益を上げていた。貴族以外に両替商として成功した人の多くはバニア商人であったといわれているが，正確な数はわからない。彼らは海上貿易で船荷あるいは船自体を抵当とするアワクと呼ばれる冒険貸借を行っており，それでリスクをとることで膨大な利益を稼いでいた。

当時は現代と比較して大変大きな情報の非対称性が存在しており，また季節風などの自然環境の変化でリスクが生じることも数多く見受けられた。そのため仲買人の存在が重要であり，多くの商人間の仲介役を果たした。仲介料はおおむね1％程度であったが，イギリス東インド会社の仲介を行う場合，本来の業務の他に特別な知識を必要とすることまで幅広く対応していた仲買人もおり，彼らは他の商人より多くの富を蓄積していた。

　商人はこのように物産の移動が活発化してくると，需要のある商品（とくに綿布）に関しては生産から関与するようになった。インドでも，綿布の場合はおおむね商人が市場で直接織工から製品を購入していたが，綿布のように特に需要のある商品に関しては，この時期に前貸金制度が広範に見受けられるようになっていた。江戸期の日本の場合も前貸しによって問屋が生産者を縛る事例が多く見受けられたが，インドの場合はそれほど強く縛り付けることはできなかったようである。

インド洋交易圏

　インド洋における商品経済の拡大は，サファヴィー朝の発展やオスマン朝の隆盛を背景とする海上貿易の発展によって促進された。またポルトガルやオランダなどのヨーロッパ諸国がインド洋に進出してきたことも大きく影響している。

　15世紀にポルトガルがインド洋に進出してきたとき，西インド洋ではインドの船とアラビアやペルシャの船が競合していた。それに対して東インド洋ではムスリムの船が支配的となっており，グジャラートとマラッカを結ぶ海上ルートでは圧倒的に優位であった。これらの地域では香辛料が生産されていたが，ここで香辛料を得るためにはインドの綿布を東南アジアに運ぶ必要があった。

　こうした現地商人が圧倒的に優位な状況のなか，ヨーロッパ勢が割り込むことは困難であった。短期間であれば武力で奪取できても，すぐに市場を奪い返されるのが実態であった。そのためポルトガルは彼らの活動を容認し，彼らに許可証を与えて関税を支払わせることで利益を上げようとした。後にオランダやイギリスが進出してきても，現地商人の文化面や言語面での優位性を覆すことは難しく，結果として17世紀にインドの現地商人たちが営む海運業は全盛期を迎えることになった。

このなかでインドには大量の貴金属が流入したといわれている。その多くは南アメリカ大陸で産出された銀であり、ヨーロッパを経由して流入したといわれる。その結果、17世紀の間に物価が大変高騰したことはほぼ間違いない。また綿布もヨーロッパに輸出されるようになり、インド洋交易圏は多種多様な財貨と商人によって大きく発展した。このようにインド洋交易圏の特徴としては、相対的に自立した市場であったといえる。

18世紀に入ると、ムガル帝国やサファヴィー朝の衰退により、インド洋交易自体も衰退傾向を示すようになった。インド国内の政情不安により陸上交易もまた衰退傾向を示すようになった。詳細については未だ十分に分析されておらず、今後の課題として残されている。

以上から、世界史の一時期、インド洋は世界貿易の中心であったといえる。多種多様な財貨が取引され、ヨーロッパからアジアまで多くの商人が参画していた。K・N・チョードリは、この時期のインド洋交易圏の特徴をデマンド・プルを基礎とした構造であったと論じ、いくつかの財を加工して付加価値をつけて売ることで利益を上げる、いわゆる工業化型の交易の形は、インド洋交易では見出されなかったと指摘している。このように生産組織の根本的な変化を伴わない遠隔地貿易が発展した理由として、チョードリは文明間の違いから生じる価値観の違いが交易によっても解消されなかったためと論じている（Chaudhuri 1985）。確かにインド洋交易に参画した商人は宗教も文化も多様であり、どれか一つか二つの価値観ですべてを覆うことはできなかった。こうした多様性こそが結果としてインド洋交易圏の発展を支えた要因でもあったと考えられる。

インド洋交易圏のような海域世界を論じた研究としては家島彦一の研究も大きな意義がある。家島は、インド洋を舞台とした海域ネットワークの成立、展開、変容をイスラム商人や彼らが駆使したダウ船の観点から描き出しており、一つの歴史空間を描く際に宗教や政治などといった「共通性」でまとまりを持って描き出すことの問題点を強調している。インド洋の海域世界を考えるとき、ネットワーク、空間、時間の3つの要素を用いて描くべきであり、その場合は広域の地域を結ぶ複数のネットワークが組み合わさって関連体としての空間が形成されるのであるから、この空間が長い時間軸のなかでどのような機能を示すのかを相互に比較あるいは関係性を考えてみることでインド洋世界の特徴を

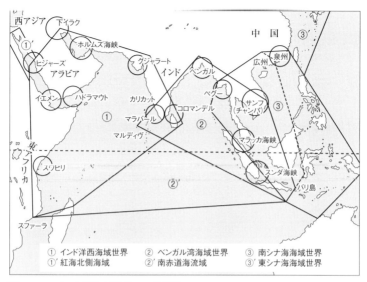

図5-2-1　インド洋海域世界の三層構造

出所）家島 1993：40。

見出すことができると指摘している。

　家島の考えるネットワークは概ね三層で形成されており，基底部は様々な地理的・生態的な特徴などで規定される層，中間は人間の移動などで規定される層，そして最上層は文明体系で規定される層である。こうした複数のネットワークが組み合わさって面的な空間が形成されていくわけだが，ネットワークも長期の時間軸の中では多様な変化を遂げてきた。インド洋の海域世界の場合，紀元前 300 年から紀元後の 700 年の間，インド洋西海域世界，ベンガル湾海域世界，南シナ海海域世界が三層構造を構成していたが，8 世紀前半にはそれらが次第に統合され，ヨーロッパが本格的に進出してくる 17 世紀の頃には中国から東アフリカまで結ぶ交易圏としての機能も有するものとなった。こうした世界観を家島は各地の一次資料を発掘しながら描き出している（家島 1993）[*2]。

5-2-2　朝貢貿易システムと東アジア国際秩序[*3]

中華帝国と官僚制度

1572 年に宰相の地位に就いた張居正は，中央集権的な取り組みで明朝の勢

力を回復させようとした。そのなかでも財政の再建に熱心に取り組み，そのために1578年から3年をかけて全国検地を実施した。そして税制の統一を図るため，一条鞭法の全国的な実施が決められた。その結果，さまざまな賦役や租税制度が一本化され，銀納化されて，土地に課税される改革が一段と推進された（谷口1998）。その結果，歳入は増加したが，中華帝国はいずれも基本的に「小さな政府」であり，商工業に介入することは少なかった。

華夷変態と地域市場圏

　中華帝国は，近代的な主権国家の概念と比較したとき，地域における広域秩序の特質を「中華」と「夷狄」との上下関係を基軸とする一元的かつ等差的な構造で理解されていることが多い。別言すれば，文化の中心である「中華」は文化の低い「夷狄」に対して，たとえ現状で直接的な支配が及んでいなくても，潜在的な上下関係が存在していると考えている。周辺地域が定期的に中国の王朝に対して使節を送って貢物を献ずる儀礼は，こうした国際秩序観を育むうえで重要な要素であった。周辺地域も中華帝国の威光を背景に自らの正当性を確保する目的があった。このような対外関係こそが中華帝国の基本的な外交であり続けたため，中国には清末まで外務省と呼べるような機関が設置されず，礼部という儀礼関係の機関が国内問題の延長線上のものとして朝貢関係を管理していた。

　中華帝国の歴史を紐解くとき，とくに明朝と清朝の歴史を考えるとき，その対外関係に対する姿勢に大きな違いがあることがわかる。朝貢関係を結んで権力的に広域秩序を維持し，貿易自体も自らの管理の下におこうとした明朝に対して，清朝は朝貢や冊封関係を構築するために周辺に積極的に働きかけることもなく，治安上の問題がない限りは民間の貿易を阻害することがなかった。そのため東アジアの地域間交易は急速に発展した。

　こうした東アジアの国際秩序の変容のなか，「華」が中華帝国あるいは漢民族だけの専有物ではなくなり，「華」の自意識が東アジアの複数の地域で生じるようになった。こうした動きの契機として満州族によって成立した清朝の存在が大きかったことは確かであり，東アジア全体で華夷観の多元化が進むことになった。こうした動きを「華夷変態」と呼び，中国の文明的優位の自明性が

崩壊し，周辺諸国に自らを「華」とする自尊意識が醸成された。こうした地域では，自らを「中心」として考える論理を成長させていく動きが活発化した（岸本・宮嶋 1998：第5章）。

　東アジアの国際秩序の原理は中華帝国を中心とした朝貢体制であったことは周知の通りであり，そのなかでも特に貿易関係はその最も重要な内実であった。そのかたちはさまざまであったが，清朝にとっては経済的意義より象徴的意義の方が大きかった。清朝は民間交易に対して積極的な関与をしなかったことから，東アジア全域での商業活動はきわめて活発化しており，加えて地域が自らを「華」として捉える考えが普及したことにより，地域間交易も朝貢ではないかたちでの発展が徐々に広まっていった。

注
＊1　ここでは主に Richards（1987）の議論に依拠している。
＊2　家島の研究については水島（2010：76-78）に簡潔にまとめられている。
＊3　本節では濱下（1997）に，主に依拠している。

参考文献
岸本美緒・宮嶋博史　1998『明清と李朝の時代』中央公論社。
谷口規矩雄　1998『明代徭役制度史研究』同朋舎。
濱下武志　1997『朝貢システムと近代アジア』岩波書店。
水島司　2010『グローバル・ヒストリー入門』山川出版社。
家島彦一　1993『海が創る文明——インド洋海域世界の歴史』朝日新聞社。
Chaudhuri, K. N. 1985. *Trade and Civilisation in the Indian Ocean from the Rise of Islam to 1750*. Cambridge: Cambridge University Press.
Habib, I. 1982. Money System and Prices. In T. Raychaudhuri & I. Habib (eds.), *The Cambridge Economic History of India, vol.1 c.1200-1750*. Cambridge: Cambridge University Press, pp. 360-381.
Habib, I. 1990. Merchant Communities in Pre-Colonial India. In J. Tracy (ed.), *The Rise of Merchant Empires: Long-Distance Trade in the Early Modern World, 1350-1750*. Cambridge: Cambridge University Press, pp. 371-399.
Hambly, G. R. G. 1982. Towns and Cities: Mughal India. In T. Raychaudhuri & I. Habib (eds.), *The Cambridge Economic History of India, vol.1 c.1200-1750*. Cambridge: Cambridge University Press, pp. 434-451.
Richards, J. F. (ed.) 1987. *The Imperial Monetary System of Mughal India*. Oxford: Oxford University Press.
Roy, T. 2012. *The Economic History of India, 1857-1947*, third edition. Oxford: Oxford University Press.

5-3 南アジア・東南アジアの植民地化の始まり

5-3-1 インドの植民地化

18 世紀前半にはムガル帝国の衰退は顕著になっていた。ムガル帝国内部にはさまざまな継承国家や独立した小国が出現し，ムガル帝国の中央集権的な体制は瓦解した。この時期のマラータ王国やマイソール王国の勢力の拡大は，そうした事例の代表的なものといえる。

また 1756 年のプラッシーの戦いにおいては，ベンガルの太守の地位をめぐる内紛にイギリスが介入し，自らの支援する派閥の勝利に大きな貢献を果たした。その結果，新しい太守からイギリス東インド会社は大きな利権を獲得し，イギリスはインド支配の大きな足がかりを得ることに成功した。その後，イギリス東インド会社のベンガルにおける勢力はさらに拡大を遂げ，1765 年には徴税権を獲得するところに至った。18 世紀前半にはマラータ王国を中心とするマラータ同盟が 3 度にわたってイギリス東インド会社と戦争し，イギリスのインド支配の拡大に抵抗した事例が見られるが，着実にインドにおけるイギリスのプレゼンスは拡大していった。

19 世紀前半となると，イギリス東インド会社の領域的支配は強まり，単なる貿易会社としての経済的利害の追求では許されない役割を担うようになっていた。領土を拡大させるためには軍事力の増強が不可欠であり，その経費として徴税制度を効率化させていくことは急務であった。いわゆる「財政＝軍事国家」の仕組みを援用した形で徴収した税をさらなる領土拡大に費やすシステムをイギリス東インド会社は確立させていった（Bayly 1994）。

その後，イギリス東インド会社は領域的支配を強めるため，軍事力の増強を図ると同時に，現地の人々のなかから自らに協力的な人材を育てることにも力を注ぐようになり，インド支配のためのさまざまな制度設計に取り組んだ。そのためにインドでは財政がこの時期に急膨張した。こうした財政負担を増加させる政策は，イギリス本国において進んでいた「安価な政府」とは対照的であり，金子勝はこのようなインドとイギリスの財政的特徴は密接にリンクしたも

のであったと指摘している（金子 1980）。

　イギリス東インド会社の領域的支配の拡大に伴い，徴税制度を効率化することは彼らにとって避けられないことであり，そのためさまざまな制度を実施した。具体的にはインドにおいて数世紀にわたって醸成されてきた重層的な土地に対する権利関係を排除し，ヨーロッパで発達した所有権の概念を基礎とした土地制度を導入しようとした。ベンガルにおけるザミンダーリ制や南インドにおけるライヤットワーリ制といった地域による特徴は見られるものの，イギリス人が行う科学的な根拠に基づく税額の査定や権利関係の設定などがインドの現地社会にうまく適合することは少なく，結局のところはイギリスの目論見は大きく外れる結果となった。インドの土地制度を自らの法秩序に基づく形で再編成することは，インドが第二次世界大戦終結直後にイギリスから独立するころまで達成することはできなかった。

　また 19 世紀初頭にイギリス東インド会社の領域的な支配が拡大するなか，貿易会社としての独占的な地位は急速に低下しつつあった。また元来は貿易会社であったイギリス東インド会社自体にも領域的支配の拡大は負担が大きく，会社自体の体力の損耗を促していたことは否定できない（Chaudhuri 1978）。すでに 18 世紀のころからイギリス東インド会社による貿易独占に対して反発する意見は存在しており，19 世紀初頭にはイギリスの産業資本をはじめとするさまざまな分野の人々にも浸透していた。その結果，イギリス東インド会社の 20 年の特許状更新が迫った 1813 年に貿易独占に関する議論が沸き起こることになった。この点についてウェブスターは，ジェントルマン資本主義論を援用する形でイギリス東インド会社の独占廃止を議論しており，イギリス本国とインド現地の貿易に携わった商人たちや金融サービス利害を代表する人々が手を組むことで成し遂げたものと指摘した（Webster 1990）。19 世紀前半になるころには自由貿易論者の圧力の下でイギリス東インド会社の独占は縮小せざるをえない流れになっていたといえる（Kumagai 2013）。

　1813 年にイギリス東インド会社は茶貿易をはじめとする中国との貿易独占は維持するものの，それ以外のインド貿易を開放することで特許状更新が認められた。これにより多くの商人がインド貿易に参画するようになった。しかしながら，当時のインドには貿易金融を専門に行う為替銀行が存在しなかったこ

とから，貿易に伴う為替業務はロンドンと現地両方に拠点を持つイギリス東インド会社に委ねざるをえなかった。これは自らの取引情報をライバルに公開することにもなり，依然としてイギリス東インド会社の優位性は続いていた。こうした不利益を解消する意味でインドに為替銀行の設立が求められた（川村2002，2005）。インドにおける為替銀行の設立は19世紀中葉に本格的に進んだ。

　1813年の特許状により中国貿易にイギリスの貿易商が関与することは許されていなかった。しかしながら，イギリス以外の貿易商（とくにアメリカ合衆国）は特許状の制約を受けることはないので，19世紀前半のインドと中国の間の貿易に参画するようになっていた。そのためイギリスの貿易商にも中国貿易を開放することが求められるようになり，新たに特許状を更新する1833年の際に中国貿易を含めたすべての貿易が開放され，イギリス東インド会社の貿易独占は終焉を迎えた。

　その後，イギリス東インド会社の貿易における優位性はさらに喪失され，次に特許状が更新された1853年にはイギリス東インド会社の商業活動は停止されることとなり，統治機関としての機能に特化することが定められた。その4年後には大反乱が起こり，イギリスがインド総督府を介して直接統治することを決定したことから，イギリス東インド会社は解散した。

　このようにインドでは，ムガル帝国からイギリスの直接支配へと短期間で支配構造が変化した。しかしながら，数世紀にわたり形成されてきたインド社会が短い間に大きく変容することは難しかったと考えるのが妥当である。この点についてベイリーは北インドの事例を取り上げ，ムガル帝国からイギリスへと支配構造が変化していくなかでも，商人たちの経済活動には連続性が見出されると指摘した（Bayly 1983）。同様に神田さやかも，ベンガルを事例に，塩取引の分析を通じて商人の経済活動の自立性と連続性を描いている（神田 2017）。いいかえれば，長期にわたって形成されてきた地域の経済活動の枠組みが，短期間で新たな支配者に合わせて再編されることは，困難であったということができる。

　ソウルは，自ら提示した多角的貿易決済網において，イギリスはインド以外の世界の大半の地域との関係で貿易赤字であったが，インドから膨大な貿易黒字と経常黒字を得ることで相殺していたと指摘した。またインドはイギリス以

外の大半の地域から貿易黒字を獲得していたことから，インドは多角的貿易決済網の「鍵」として位置付けられた（Saul 1960）。ソウルが描いた多角的貿易決済網の図は，主に 19 世紀末から 20 世紀初頭の時期を対象としているが，このような関係性ができてきたのは 19 世紀中葉のころからであり，この時期にインドの対英貿易が赤字になった。インドは他地域との間で獲得した貿易黒字をイギリスに送金することで対英貿易赤字を相殺せざるをえなくなったのである。こうしたインドからイギリスへの送金がアジアにおける最初期の英系国際銀行の業務であった（川村 1999）。

　1857 年の大反乱により，イギリスはインド総督府を設置して直接支配を実施し，3 度にわたる英緬戦争を経て，1886 年にはビルマ全土をインド総督府の管轄下に入れた。また 1826 年に成立した海峡植民地を中心にマレー半島を植民地省の管轄下に置き，シャムに関しては，領域的支配を行わないまでも，多くのアドバイザーを派遣して統治機構の深部にまで入り込み，事実上の非公式帝国の一部に組み込んでいた（Brown 1992）。このようにイギリスは南アジアから東南アジアにかけて異なる方法で自らの影響力を強めることに努めていた。こうしたイギリスのアジア戦略が帝国全休の発展のために本当にポジティヴに機能していたのかについては今後の議論を待つ必要がある。しかし結果として，この時期イギリスが主導していた自由貿易の価値観が南アジアと東南アジアで広く浸透し，自由貿易港であるシンガポールや香港を拠点に中国系商人やインド系商人がアジア各地にネットワークを張り巡らせて活発な商業活動を行うようになったことから見て，ネガティヴに考えることは少なくともできない。イギリスはまた当時世界最強の海軍を展開することでアジアにおける自らの権益は必ず確保するという帝国主義的な側面も維持し続けており，自由貿易を推進する立場とイギリスの利害を守り抜くという相反する姿勢を常に維持していた。ウェブスターは，この時期のイギリスの姿勢をジェントルマン資本主義の立場から明らかにしているが，同時に現地で活動していた商人たちの利害と彼らの活動が及ぼした影響も南アジアや東南アジアにおけるイギリスのプレゼンスを高めるために大きく貢献していたと強調している（Webster 1998）。

5-3-2　東南アジアの植民地化

　東南アジアには紀元前から中継貿易港が相互に結び付くネットワークに基づいた経済圏が存在しており，中国とインドという2つの大きな経済圏の間にある地勢的優位性を活かして発展を遂げてきた。7世紀にはシュリーヴィジャヤ王国がマラッカ海峡の交易ルートを広く支配しており，多くの港市国家を従える形で海上貿易帝国として成立していた。このシュリーヴィジャヤ王国は，1025年のラージェンド1世（チョーラ朝）との戦いの後に衰退傾向を示したことから，王国が消滅したのちは各地の港市国家を中心に地域経済圏が確立していった。それら港市国家間の交易も引き続き活発に行われており，広い意味でシュリーヴィジャヤ王国のころと同じ交易圏が存在していたといえるが，一つの政治権力により統治される形はこれ以降存在していない。

　この時期に交易されていた物産はおおむね奢侈品であり，人々の生活に不可欠な物産は少なかった。しかし，造船技術や輸送技術の発達や各地におけるさまざまな物産の生産力の向上により，13世紀のころには交易される物産の種類も人々の生活に近い商品が大きな部分を占めるようになった。そして，そのような交易の担い手は中国系商人やインド系商人に限定されたものではなく，アラブ系やマレー系の商人なども比較的大きな役割を担っていた。室町後期から江戸最初期に行われていた朱印船貿易も，東南アジアと日本の物産を取引している点では，こうした交易圏の一翼を担っていたといえる。

　16世紀以降になると，ポルトガルをはじめとするヨーロッパ系商人の進出が本格化してきた。日本との関係でいえば，鉄砲やキリスト教の伝来もこのような世界史的な流れの一環で起きたといえる。進出してきた当初，ポルトガルとポルトガルに遅れて参画してきたオランダは，現地の人々が主導していたアジア物産の取引に自らも直接参画することを求め，軍事力を背景として半ば強引な形で乗り出してきた。オランダの場合はバタビアに拠点を置いたオランダ東インド会社を介して東南アジアから東アジアにかけての広範囲の地域で物産の取引に参画しており，一例をあげれば，江戸初期の長崎から銅や陶磁器を東南アジア各地，遠くはヨーロッパまで輸出して利益を得ていた（Shimada 2006）。しかし，言語や長年培われてきたさまざまな商慣習の壁は大変高く，ヨーロッ

パ系商人が東南アジアに成立していた交易圏に深く参入することは困難であった。オランダ東インド会社を事例として捉えた場合でも，その収益の大半がアジア域内での取引からであり，保有する船舶の大半がアジア域内で動いており，雇用する労働者の大部分がアジアの人々であった。換言すれば，実質的には中国系商人をはじめとする多くのアジア系商人によって営まれていた民間貿易こそが東南アジアにおける交易の中心であり，ヨーロッパ系商人は彼らのサポートを得ることでしか取引に参加することはできなかったのである（Reid 2004）。

　19世紀初頭になると，オランダに加えてイギリスやフランスも東南アジアに本格的に進出してきた。とくに産業革命の最中のイギリスは，イギリス東インド会社の領域的支配と商圏を拡大させることを意図して，積極的に東南アジア各地に拠点を構築していった。シンガポールやペナンを中心として1826年に成立した海峡植民地は，そうしたイギリスの政策を最も体現したものといえる。とくにシンガポールは，ラッフルズによって当初からその地勢的な重要性が着目されており，そのころに勃発したジョホール王国の内紛に乗じてイギリスの植民地にされた。そして1819年2月に自由貿易港としてシンガポールは建設され，その後の東南アジア交易の最も重要な港湾都市の一つとして発展した。

　19世紀前半の東南アジアの交易に関しては，未だジャンク船をはじめとする小規模の帆船が船舶の中心であり，取引の大半も現地商人の手に委ねられていた。シンガポールもイギリスから輸入される綿製品の集配地であると同時に建設された直後から近隣地域の物産を集配する港湾都市としての機能を得ていたことが近年の研究で明らかにされている（小林 2012）。ここでも活躍していた商人は中国系商人をはじめとするアジア商人が中心であり，シンガポールも未だアジア域内取引の集配地としての機能の方が，ヨーロッパ向けのアジア物産の輸出やヨーロッパから綿織物などを輸入する港湾都市としての機能より重要であった。それも19世紀中葉になるころには，ヨーロッパにおける消費生活の向上に伴う砂糖やコーヒーなどの消費財の需要の高まりに促される形で変容していくこととなった。

　18世紀から19世紀初頭にかけて，イギリスが東南アジアで確固たる地位を構築していくなか，対抗関係にあったオランダとは勢力圏を奪い合う形で幾度となく武力衝突があった。とくにマラッカ海峡を含めた近隣地域をどちらが勢

力圏に組み込むかが大変重要であった。そうした対立を経て，1824年にイギリスとオランダは協定を締結し，それぞれの勢力圏を確定させることで一定の収束を見た。これによりイギリスはインドからシンガポールを経由して華南（のちに香港）に向かうルートを確保することに成功した。これ以降イギリスは，シンガポールを境として東側では中国系商人，西側ではインド系商人と，それぞれ協調関係を持ちつつ，東南アジアにおける商業上のプレゼンスを高めていくこととなった。このように遠隔地貿易，地域間交易，地域内取引といった三重構造に東南アジアの交易圏は構成されたといえるが，これらは互いに切り離されて存在したわけではなく，またいずれかが発展することで残りが衰退するという関係性でもなかった。むしろ相互に密接に連関しており，ヨーロッパとの遠隔地交易が拡大することで地域間交易も地域内交易も自らの性格を「再編」させ，さらに大きなビジネスの機会を得るように発展したのである（杉原1996, 2001）。

　19世紀中葉になるとヨーロッパで消費生活の質が向上し，それに伴って砂糖やコーヒーといった奢侈品の需要が高まったことは，先に述べた通りである。こうした第一次産品の需要の高まりに乗じて，オランダは主にジャワ島において新たな増産政策を実施した。いわゆる「強制栽培制度」である。

　強制栽培制度の特徴を端的にまとめれば，オランダがヨーロッパで需要の高い砂糖などの第一次産品を現地の農民に強制的に栽培させ，現地の総督府が自ら決定した価格で買い上げる制度である。また労働力も現地の支配層に半ば強制的に供出させており，現地社会に著しい負担を強いるものであり，植民地に大変重い負担を強いたといえる。こうして獲得した富を用いてオランダは戦争などで膨張していた自らの債務を減らすことに成功し，残りの富でジャワ島に鉄道を敷設するなどのインフラ整備も行うことができた。このようなインフラの整備が後の遠隔地交易や地域間交易の発展に貢献したことから，すべてを植民地収奪の悪弊として一括りにすることはできず，またこの時期のジャワ島における人口増加やヨーロッパからの綿製品の輸入量増大から見て，強制栽培制度が現地経済に与えた影響についてはさらに検討すべき課題が残されている。

　こうしたオランダが実施した強制栽培制度は，19世紀後半にはほぼ終焉を迎えていた。その後，オランダが植民地としていたジャワ島やスマトラ島といっ

た蘭領東インドは，イギリスが主導する自由貿易体制の枠組みの下で世界経済に参画するようになり，第一次産品輸出型経済に特化することで国際分業体制の一翼を担うようになった（杉原 2001）。またシャムや仏領インドシナもイギリスが主導する自由貿易体制の下でイギリスやオランダとも相互に結び付きを持ち続けており，19世紀中葉の東南アジアは急速に一つの「まとまり」のある地域経済圏として「再編」されていった（Sugihara 2015）。そのなかで金融の面でも現地経済と英系国際銀行の関係性は急速に強まった（Kawamura 2015）。

参考文献

金子勝　1980「『安価な政府』と植民地財政——英印財政関係を中心にして」『商学論集』48（3）：97-163。

川村朋貴　1999「19世紀半ばにおけるイギリス植民地銀行群とアジア間貿易——「ジェントルマン資本主義」論への一考察」『立命館文學』558：774-799。

川村朋貴　2002「東インド会社とイースタンバンク——Bank of Asiaの設立計画とその失敗（1840年～1842年）」『西洋史学』207：185-207。

川村朋貴　2005「東インド会社解散以前のイースタンバンク問題——1847～1857年」『社会経済史学』71（2）：151-173。

神田さやこ　2017『塩とインド——市場・商人・東インド会社』名古屋大学出版会。

小林篤史　2012「19世紀前半における東南アジア域内交易の成長——シンガポール・仲介商人の役割」『社会経済史学会』78（3）：421-443。

杉原薫　1996『アジア間貿易の形成と構造』ミネルヴァ書房。

杉原薫　2001「国際分業体制と東南アジア植民地経済」加納啓良編『植民地経済の繁栄と凋落』（岩波講座　東南アジア史6），岩波書店，249-272頁。

Bayly, C. A. 1983. *Rulers, Townsmen and Bazaars: North Indian Society in the Age of British Expansion, 1770-1870*. Cambridge: Cambridge University Press.

Bayly, C. A. 1994. British Fiscal-military State and Indigenous Resistance: India, 1750-1820. In L. Stone (ed.), *An Imperial State at War: Britain from 1689 to 1815*. London: Routledge, pp. 322-354.

Brown, I. 1992. *The Creation of the Modern Ministry of Finance in Siam, 1885-1910*. London: Routledge.

Chaudhuri, K. N. 1978. *The Trading World of Asia and the English East India Company, 1660-1760*. Cambridge: Cambridge University Press.

Kawamura, T. 2015. British Exchange Banks in the International Trade of Asia from 1850 to 1890. In U. Bosma & A. Webster (eds.), *Commodities, Ports and Asian Maritime Trade since 1750*. Basingstoke: Palgrave, pp. 179-197.

Kumagai, Y. 2013. *Breaking into the Monopoly: Provincial Merchants and Manufacturers' Campaigns for Access to the Asian Market, 1790-1833.* Brill.

Reid, A. 2004. Chinese Trade and Southeast Asian Economic Expansion in the Later Eighteenth and Early Nineteenth Centuries: An Overview. In N. Cooke & L. Tana (eds.), *Water Frontier: Commerce and the Chinese in the Lower Mekong Region, 1750-1880.* Singapore: Singapore University Press, pp. 21-34.

Saul, S. B. 1960. *Studies in British overseas trade 1870-1914.* Liverpool: Liverpool University Press. (ソウル, S・B　1980『イギリス海外貿易の研究――1870-1914』久保田英夫訳, 文眞堂)

Shimada, R. 2006. *The Intra-Asian Trade in Japanese Copper by the Dutch East India Company during the Eighteenth Century.* Brill.

Sugihara, K. 2015. Asia in the Growth of World Trade: Re-interpretation of the 'Long Nineteenth Century'. In U. Bosma & A. Webster (eds.), *Commodities, Ports and Asian Maritime Trade since 1750.* Basingstoke: Palgrave. pp. 17-58.

Webster, A. 1990. The Political Economy of Trade Liberalisation: The East India Company Charter Act of 1813. *Economic History Review* 43 (3) : 404-419.

Webster, A. 1998. *Gentlemen Capitalists: British Imperialism in South East Asia, 1770-1890.* London: Tauris Academic Studies.

5-4　アジア間貿易の発展[*1]

5-4-1　概観

　19世紀末から20世紀初頭のアジアは，イギリスをはじめとする欧米列強によって植民地化あるいはその勢力下に置かれ，急速に世界経済に統合されていった。植民地化されていなかった日本や中国も，不平等条約によって事実上欧米列強のルールに基づく自由貿易体制に強制的に組み込まれており，アジアは全体として「強制された自由貿易」の枠組みに編入された。

　18世紀後半から始まったとされるイギリス産業革命が，とくにランカシャーの紡績業が主導する形で発展したことは，よく知られている。その際，原材料となる綿花はアメリカ南部から輸入しており，完成した商品もアメリカ南部を含めた世界各地に輸出されていた。このように原材料を輸入して加工した工業製品を，原材料供給地を含めたさまざまな地域に輸出するような貿易構造について，杉原薫は「工業化型貿易」と呼び，それまでのデマンド・プルを基礎とした貿易構造から新たな形に発展したと指摘している。アジアにおいても欧米列強の工業化が進展するなかで第一次産品供給基地としての役割が求められるようになり，とくにスエズ運河が開通してアジアとヨーロッパの輸送距離が急速に短くなったことと運輸・通信革命に伴う取引コストの低下により，その重要性は急速に高まり，統合された世界市場のなかで欧米諸国に第一次産品を供給する形で工業化型貿易の一翼を担うことになった。

　こうしてアジアは主に欧米諸国に第一次産品を輸出して工業製品を輸入する形で世界市場における国際分業体制に編入されたが，これと同時にアジアでは地域間交易も飛躍的な発展を遂げた。明治期の日本の場合，欧米諸国に関しては第一次産品である生糸輸出が大半を占める第一次産品輸出国であったが，東アジアや東南アジアに関しては綿製品や雑貨類を輸出する工業国としての側面を持つようになっていた。また英領ビルマやシャムの場合は，東南アジアや南アジアへの米の輸出額が増加しており（宮田 2001，斎藤 2001，高田 2001），アジア域内での貿易額は拡大基調にあった。これらの地域は，欧米諸国から見た

場合はいずれも第一次産品輸出国であったが，第一次産品輸出に主導される形で相互の貿易額も拡大させることに成功していた。このような事例は，中南米やアフリカといったアジアと同様に欧米諸国に植民地化された地域では見受けられず，アジア独自の形ということができる。実際，1883年から1913年のアジア域内の貿易額の成長率は年平均5.5％であり，同時期のアジアの対欧米諸国への貿易額の成長率よりはるかに高いものであった（杉原1996：14）。

　このようにアジア域内の貿易（以下，アジア間貿易）は飛躍的な成長を遂げるとともに地域としての「まとまり」を強めていった。図5-4-1にもあるように，1880年代にはそれほど強く統合されていなかったものが，1913年までには一つの構造的連関性を有した「まとまり」を持つ地域交易圏として成立していた。こうしたアジア間貿易が成立した背景としては，アジアに存在した欧米諸国ではコントロールできない伝統的な商業ネットワークがあげられる。換言すれば，生産組織，流通組織，消費構造など，アジア域内で数世紀にわたって醸成されてきた伝統的なインフラによってアジア域内は急速に「まとまり」を持つことが可能となり，そうしたインフラの存在がアジア間貿易を発展させる最も重要な要因であったと考えることができる。こうしたアジア間貿易というアジア独自の地域交易圏の発達は，まさにアジアの欧米諸国に対する相対的自立性を示すものとしてあげることができる。

　こうしたアジア間貿易の発展の背景には，欧米における工業化の進展と消費社会の成熟があった。工業化の過程で必要となる原材料などの需要拡大や消費社会の向上に伴う嗜好品の需要増大の結果，アジアは熱帯産品や天然資源の生産に特化する形で世界規模の国際分業体制の一翼に「再編」されていった。アジアは世界市場のなかで第一次産品輸出型経済に特化することで国際分業体制の一翼を担い，同時にアジア域内では相互の構造的連関性を強めることで「まとまり」を形成していったのである。

　しかし，アジア域内の構造的連関性が強まった背景に，欧米諸国がまったく関与していなかったということも，また誤った理解といえる。近世のころからアジアの海にはジャンク船をはじめとする多くの船舶が往来していたが，19世紀後半から20世紀初頭のアジアにおける輸送手段として大きな役割を担うようになったものに鉄道があげられる。また蒸気船も主要な港の間で就航して

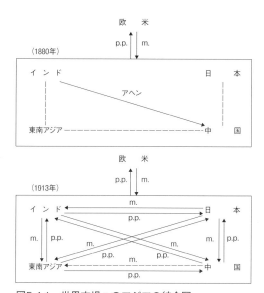

図5-4-1　世界市場へのアジアの統合図
注）　m. は工業品を，p.p. は第一次産品を指す。
出所）杉原 1996：36。

おり，こうした欧米諸国により運営されていた輸送手段の存在がアジア間貿易において大きな役割を果たしたことは間違いない。そうした輸送手段を機能させるための倉庫業をはじめとする港湾設備の整備や，貿易金融を円滑化させるための金融機関や保険会社の進出，それらに加えて情報を迅速に伝えるための電信の整備なしには，アジア間貿易が発達することはできなかった。こうした輸送や通信のインフラ整備を欧米諸国が現地経済のために実施したとは考え難い。つまり欧米諸国は植民地支配あるいは自らの経済的利害のために行った行為が，結果としてアジア域内の経済活動を飛躍的に高める国際公共財を提供したと見る方が妥当である。アジア間貿易は欧米諸国の存在なしに成長することはできなかった。

　このように欧米諸国への第一次産品輸出型経済に特化することで世界市場のなかで飛躍的な成長を遂げ，同時に欧米諸国が整備した運輸通信のインフラを欧米商人だけでなく中国系商人やインド系商人といった現地商人も一定の条件をクリアすることによって利用できたことによって，アジア間貿易の高い成長

率も達成することができた。こうして構造的連関性を持って「まとまり」を形成したアジアは，アジア間貿易を成長させていく過程でさらに域内でも分業体制を構築していくようになった。東南アジアでは欧米向けの第一次産品輸出が拡大するなかで労働力が不足するようになり，その不足分を補う形で中国南部やインド南部から人々の移民が進んだ。当時のアジアの人々には自らの故郷以外の地域の情報について十分に得る機会は少なく，そのため彼らと同郷あるいは血縁のあるリクルーターが介在することで，そうした心理的障壁を解消させていった。また仮に現地で死んだ場合，故郷へ自らの遺体を送り届けてくれるネットワークの存在も，心理的障壁を下げることに貢献した（帆刈 1994）。そうして移住した人々は，故郷より高い賃金を得て，その多くは家族に送金したものの，それでも手元に残ったお金で自らの生活必需品あるいは嗜好品を購入した。そうした彼らの需要に対応する形で，シャムや英領ビルマ，仏領インドシナでの米生産が伸び，アヘンをはじめとする嗜好品の消費も促された。

　またインドや日本では，とくに東アジア市場に向けての綿糸輸出がこの時期に拡大した。両地域ともに紡績業を端緒として工業化を開始しており，日本の場合は当初は中国から，世紀転換期からはインドから綿花を輸入することで，工業化型貿易をアジア域内で成立させていた。日本の場合はまた綿糸や綿布以外にも雑貨類の輸出を拡大させており，これらは日本が官民あげて現地のニーズを調査し，そうして得た情報を全国各地の在来産業の担い手に届け，どのような組み合わせが成功するか，政府や自治体が率先して組み合わせなどをアレンジすることで，彼らの経済活動に貢献した結果の一つでもあった。このようにインドや日本の場合，欧米諸国には他のアジア諸国と同様に第一次産品輸出国の側面が強いものの，アジア域内では原料を輸入して綿糸をはじめとする工業製品を輸出するという工業国の側面を有していた。それゆえ東南アジアや南アジアの一部は，アジア域内でも日本やインドに対する第一次産品輸出の役割を与えられることとなり，二重の意味で国際分業体制の下での第一次産品輸出型経済に特化することが求められた。

　こうした欧米諸国に対する第一次産品輸出型経済に特化すると同時に，アジア域内では構造的連関性を強めて「まとまり」を形成させることで，世界でも特筆すべき高い成長率をアジア間貿易は達成することができた。このような連

関性のことを杉原は「最終需要連関効果」と呼び，アジア間貿易はその果実の大半をアジア内部に落とすことに成功していた。

5-4-2　綿業基軸体制と農工間結合の解体

図5-4-2を見ると，1883年の段階でアジア間貿易の構造は大変単純であり，インドと中国の間の貿易が大きな部分を占めていた。インドから中国へのアヘ

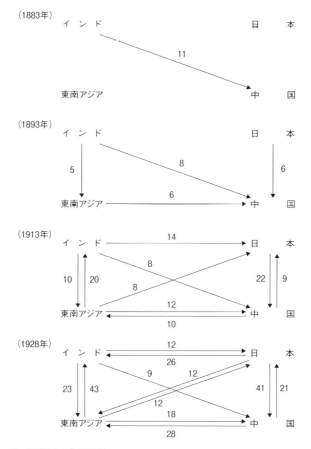

図5-4-2　アジア間貿易の主要環節

注)　単位は100万ポンド。
　　500万ポンド以上の環節のみをかかげた。数字はFOBベース。1898年と1913年の東南アジアの対中国輸出には香港経由日本向け輸出がかなり含まれているので，日本の輸入統計を参考にして調整した。
出所)　杉原 2001：248（一部改変）。

ン輸出が大部分を占めており，次いで綿糸が1割程度を占めていた。アヘン戦争の後，いったんはイギリスが中国におけるアヘン取引に参画したが，中国大陸で活動していたミッショナリーなどの反対運動により撤退を余儀なくされ，そのあとにアジア系商人が進出してきた。そしてアヘン取引を介してアジア域内のさまざまな商人たちが互いのネットワークを交錯させ，一つの「まとまり」を形成する端緒となった。

　その後アヘン取引は，外国から輸入する形から中国大陸内部で生産する形へと変化した。そして地域ごとにさまざまなアヘンが生産されるようになり，アヘンの国内取引は活発化していった。その結果，中国にアヘンの統合された国内市場が形成されていった。このことは，それまで国内市場としての一体性がなかった中国に初めて統合された国内市場を成立させた意味で，大きな意味があった。そしてそのように統合された国内市場が世界市場とリンクしたことにより，中国もまた国際分業体制の一翼を担うことになったのである。

　こうしたアヘンの角遂がアジア経済史において重要な意味があることは間違いない。しかしアジア域内の工業化の観点で考えるとき，綿糸や綿布と比較してアヘンの持っていた意味は大きくなかったといえる。

　20世紀初頭のアジア間貿易を概観したとき，とくにインドと日本の関係する環節において，綿花生産，近代紡績業，手織り綿布に関する貿易が大きな部分を占めていた。インドの場合，中国に対しては綿糸輸出，東南アジアに対してはジュート製品と綿布を輸出していた。日本の場合も，インドと同様に中国に対しては主として綿糸を輸出していた。世紀転換期に日本の紡績業が使う綿花が中国からインドへとシフトした結果，1913年ごろには日本で使う綿花のほぼ90％がインド産となっており，インドから日本への綿花輸出もアジア間貿易のなかで重要な環節へと発展していた（図5-4-2参照）。こうした綿業に関係する貿易がアジア間貿易の中核を占めていた状況を，杉原は「綿業基軸体制」と呼び，アジア間貿易論を考えるうえで重要な概念として提起した。以下，アジア域内における綿業の発展について検討する。

　インドにおける綿花の生産は，アメリカ南北戦争の際，イギリスにおける綿花飢饉により飛躍的に増大した。耕作面積の拡大のため，この時期に森林の伐採が進んだこともよく知られている。しかし，南北戦争が終結して再び綿花の

輸出が始まると，インド綿花の需要は急減し，新たな輸出先を模索する必要が生じた。そうしたインド綿花の新たな輸出先となったのが日本であった。日本の工業化はインドの綿花農民に生産機会の拡大をもたらし，それに対応した農民は自らの自給的な農業を放棄して綿花生産に特化することを選択していった。

このように綿花生産に特化する農民が出現することは，同時に彼らの日々の食料を生産する農民が存在していたことを示しており，このことから当時の土地一単位あたりの米生産が，自給自足の農民が自ら食べる以上の規模まで伸びていたことを明らかにしている。米生産に特化する農民が存在してはじめて綿花生産に特化する農民が出現できるのであり，こうしたインドの地域内での分業化が日本への綿花輸出拡大を可能にしたといえる。

地域において綿花を生産する農民と米を生産する農民に分業する形が成立したことは，それまで両方とも生産して自分の家のなかで加工・消費していた今までの形を大きく一変させる結果となった。こうしたインドにおける「農工の家内的結合」の崩壊に日本の工業化は大変大きな影響を与えた。

次いで綿糸は日本とインドともに従来は農村の副業として営まれていたが，19世紀後半にボンベイと阪神地方で近代紡績業が勃興したことにより，アジア域内で消費される綿糸の供給構造は大きく変化した。とくに中国市場への綿糸供給は大きな変化を遂げた。それまで中国では綿花生産，手紡，手織り綿布，世帯内あるいは地域内消費，というローカルに完結する構造を有していた。そこにインドと日本は近代紡績綿糸を輸出し，手紡で生産されていた綿糸の工程を代替させ，従来のローカルな生産工程の連鎖を断ち切ることに成功した。その結果，商品作物として生産された綿花と近代紡績工場で生産される綿糸という連鎖と，近代紡績綿糸を使って織り上げる手織り綿布とその地域内消費という連鎖に二分されて発展することとなった。

こうして中国国内から手紡で生産する綿糸の市場は失われたが，その代わりに手紡で働いていた労働者が手織り綿布の方に移動したことにより，中国における手織り綿布は発展を遂げた。それまで輸入綿布に押されていたが，インドから輸入された近代紡績綿糸を使って手織り綿布を生産する構造へと変化したことで，急速に輸入綿布を駆逐していくようになった。インドに遅れて中国市場に参入した日本の紡績業も，こうした中国の手織り綿布生産の拡大によって

綿糸輸出を拡大することができた。このように中国の農村部の手織り生産はインドと日本から近代紡績綿糸を取り込むことで飛躍的な成長を遂げることに成功した。インドのような農工間の結合を劇的に切り離すような状況は生じなかったが，少なくとも綿糸輸入を介して中国もアジア間貿易の重要なプレーヤーとして位置付けられていたといえる。

　最後に消費に関しては，地域内の商品に対する嗜好を把握することが重要であった。日本の場合，『通商彙纂』をはじめ官民あげての情報収集が行われており，現地の需要や好みまで広範囲にわたって調査が行われていた（角山 1986）。こうしたアジア現地のニーズの調査に対して欧米諸国が積極的に関与することは少なく，この点で日本やインドは優位性があった。そして現地のニーズを把握して生産される商品は綿布に限らず，他の雑貨類にも同様に生かされた。こうして生産されたアジア型近代商品は，その後のアジア間貿易において主要な物産として取り扱われるようになり，彼らのニーズに合わせたマッチや石鹸といった雑貨類は，彼らの日々の生活を飛躍的に向上させることにも貢献した。

注
＊1　本章は杉原（1996）の議論に大きく依拠している。そのため杉原（1996）に関しては，特別な理由がない限りは言及しない。杉原の問題提起以降，アジア経済史研究者を中心に現在もアジア間貿易論のさまざまな研究や議論が行われている。そのなかには杉原の議論に批判的なものもあるが，それらを含めてもアジア間貿易の議論を進めていくうえで杉原（1996）が基礎となっていることは間違いない。

参考文献
斎藤照子　2001「ビルマにおける米輸出経済の展開」加納啓良編『植民地経済の繁栄と凋落』（岩波講座　東南アジア史6），岩波書店，145-167 頁。
杉原薫　1996『アジア感貿易の形成と構造』ミネルヴァ書房。
杉原薫　2001「アジア間貿易と日本の工業化」川勝平太・濱下武志編『新版アジア交易圏と日本工業化——1500 ～ 1900』藤原書店，243-258 頁。
高田洋子　2001「インドシナ」加納啓良編『植民地経済の繁栄と凋落』（岩波講座　東南アジア史6），岩波書店，195-218 頁。
角山榮　1984『日本領事報告の研究』同文舘。
帆刈浩之　1994「清末上海四明公所の『運棺ネットワーク』の形成——近代中国社会における同郷結合について」『社会経済史学』59（6）：725-756。
宮田敏之　2001「戦前期タイ米経済の発展」加納啓良編『植民地経済の繁栄と凋落』（岩波講座　東南アジア史6），岩波書店，169-194 頁。

5-5　両大戦間期インドにおける工業化

5-5-1　第一次世界大戦とインド

　第一次世界大戦はインドの工業化において最も大きな転機となった出来事といえる。両大戦間期にインドにおけるイギリスの工業製品のシェアは急減し，それに代わる形で国内において生産された製品が代替する状況が生じた。こうした輸入代替化の動きは両大戦間期のインドにおける工業化の特徴を示すものとなった。

　19世紀中葉よりボンベイを中心に勃興していた紡績業をはじめとする綿工業は，インドの工業化を牽引するリーディングセクターとしてインドの近代工業の中心的役割を担った。19世紀末になるとボンベイで生産された綿糸は中国に輸出されるようになり，中国国内の手紡で生産される綿糸を駆逐するようになっていたことは，すでに第4章で述べた通りである。同時にマドラスで生産された綿布が東南アジアで大きなシェアを獲得したこともあり，インドはアジアにおいて工業国としての地位を得ていった。

　しかしながら，イギリスとの関係で捉えた場合，インドは未だに綿製品を含めた多くの工業製品を輸入する立場にあった（Roy 2011: 90）。表5-5-1は19世紀中葉から第二次世界大戦前夜までの時期におけるインドの貿易相手国の全体に占める割合を示している。これを見る限り，インドの輸入額に占めるイギリ

表5-5-1　1850〜1940年におけるインドの外国貿易総額に占める各国の割合（%）

		1850 〜 1851 年	1910 〜 1911 年	1940 〜 1941 年
輸出	イギリス	44.6	24.9	34.7
	中国	35.0	9.2	5.3
	日本	neg.	6.4	4.8
	アメリカ合衆国	neg.	6.4	13.9
輸入	イギリス	72.1	62.2	22.9
	中国	8.6	1.8	1.8
	日本	neg.	2.5	13.7
	アメリカ合衆国	neg.	2.6	17.2

出所）Roy 2012: 91.

表5-5-2　1850〜1940年におけるインドの商品別外国貿易総額に占める商品の割合（％）

		1850 〜 1851 年	1910 〜 1911 年	1940 〜 1941 年
輸出	農産物	26.2	55.0	29.5
	半加工品	42.8	12.5	neg.
	製品	4.8	19.3	28.1
輸入	綿製品	40.5	33.5	15.3
	機械類	neg.	3.7	11.1
	製品	16.8	13.8	13.3

出所）Roy 2012: 91.

スのシェアは第一次世界大戦前夜から第二次世界大戦前夜の間に急激に低下したことが見て取れる。これに対応してインド国内で生産された工業製品の需要が高まり，短期間でシェアを奪取することに成功した。

　もちろんイギリスから輸入されるすべての商品に関して同じことがいえるというものではない。織機や鉄道関係の機材などの資本財に関してはイギリスからの輸入に依存せざるをえなかった。ここで指摘したシェアを奪取できた商品は主に繊維製品であり，そのなかでも綿製品であった。表5-5-2からも明らかなように，インドの輸入全体に占める綿布の比率が，第一次世界大戦前夜から第二次世界大戦前夜の間に約半分に落ち込んでいるのとは対照的に，機械類に関しては倍以上に高くなっていた。綿製品を輸入量で見ると，1906年から1908年の年平均輸入量が21億ヤードだが，1916年から1918年の年平均は14億ヤードへと急減している。それに対応して国内生産量は6億ヤードから13億ヤードへと増加した（脇村 2006：158）。しかし，先にも述べたように，インドの輸入代替は綿製品をはじめとする軽工業で生産される製品に限られており，機械類に関してはイギリスから調達せざるをえなかったことから，こうした生産量の拡大には既存の機械の稼働率を高めることで対応するしかなかった。こうして稼働率を高めて生産量を拡大させたことにより，蓄積された資本を活用する形で両大戦間期のインドの工業化は進展していくことができた（脇村 2006：158-159）。

5-5-2　第一次世界大戦後のインド総督府の工業化政策

　両大戦間期のインドにおける総督府の経済政策は，通貨政策と関税政策で規

定されていた（脇村 2006：160）。このインド総督府の財政政策において最も重要な点は本国費の安定的な確保であり，1893年のインド通貨改革の折にも総督府の財政を安定させ必要額の本国費を確保することの重要性が強調されていた。この点では通貨政策とも密接に関係している。こうした財政政策の転換点として第一次世界大戦は大きな影響を与えている。

　第一次世界大戦の勃発はインド総督府に重い負担を強いることになった。それにもかかわらず，地税や塩税からの収入は減少傾向にあったことから，総督府は新たな課税対象を模索する必要性に迫られた（Roy 2011: 256）。そこで重要性を増したのが所得税と関税であった。表5-5-3からも明らかなように，両大戦間期のインドの歳入項目で最も大きな割合を関税が占めており，所得税も10％と高い比率を占めるようになっていた。1917年には綿製品を含めた関税率が7.5％に引き上げられており，こうした関税政策も歳入の増加をもたらした（Tomlinson 2013: 111）。同時に関税率の引き上げはインドにおける綿製品をはじめとする輸入代替化の動きには追い風となった。その後も断続的に関税の引き上げは行われ，1931年10月には31.25％に達した（Tomlinson 2013: 112）。こうした関税政策の裏には当時急速に力を強めつつあったボンベイやアーメダバードの綿業資本家の要求があり，彼らを独立運動の支援者にしないためにもインド総督府は彼らの要求にある程度歩み寄らなくてはならなかった（脇村2006：160）。

表5-5-3　インド総督府の歳出・歳入の割合（%）

		1858 ～ 1859 年 （収益）	1920 ～ 1930 年 （年平均）
収益	関税	8	26
	土地収益	50	20
	塩・アヘン	24	neg.
	物品税	4	17
	所得税	0.3	10
		1900 ～ 1901 年 （支出）	1920 ～ 1930 年 （年平均）
支出	防衛	22	34
	行政	24	11
	債務支払	4	9
	公共事業	17	7
	教育	2	6
	衛生	2	3

出所）Roy 2012: 256.

他方，通貨政策に関しては，両大戦間期のルピーはポンドに対して割高な為替レートを設定することを余儀なくされていた。イギリスの国際金本位制の下での立場を維持するためとする研究も多く（Balachandran 1996），それらは否定されるものではない。実際，この通貨政策によってイギリスからの投資や資本財の輸出は有利に働き，インドの綿業資本家には不利に働いていた。こうした現地の綿業資本家の不満を増幅させる結果となっても，為替レートを高めに設定し続けた要因は，イギリスがインドから継続的かつ安定的に本国費を確保することが最重要課題であったためといえる。

5-5-3　世界恐慌期のインド経済

1929年の世界恐慌の影響はインド経済にも深刻な形で現出した。とくに農作物価格の下落は著しく（Rothermund 1993: 97），そのために農村部の人々の生活は急激に疲弊していった。同時に恐慌に伴う国際的な資金流動性の停滞はインド国内においては信用が急激に収縮する形で現れ，都市部の銀行や大手の金貸業者が貸出を抑制するようになると，それが連鎖的に地方の金融機関や金貸業者に波及して，最終的には多くの農村部で信用危機ともいえる状況を出現させた。農作物価格の下落とともに信用不安が重なったことにより，農村部はこの時期に大変困難な状況に陥った。新たな資金調達が困難になった人々が退蔵していた貴金属（主に金）を市場で現金化することで急場を凌ごうとしたので，大量の金が市場に供給され，その大部分がロンドンへと運ばれた。結果として，こうしてインドから供給された金が，国際金融市場で失われつつあった基軸通貨としてのポンドの地位を維持するために大きく貢献することになった（萩原 1933）。

世界恐慌期のインドはイギリスが金本位制から離脱した後も相対的に高い為替レートでポンドとリンクしていた（Tomlinson 1979）。これは，先に述べたように，本国費を安定的に確保するため譲れない政策であった。しかしながら，ルピーを相対的に高く評価することは，同時にインドからの輸出を不利にすることになることから，綿業資本家をはじめ多くの人々の不満を高めた。しかし，農民が生活逼迫のなかで売った金の多くをインドからロンドンへ現送したため，インドは貿易収支で黒字を維持することができた。

1932 年のオタワ会議でイギリスとインドは特恵関税を導入してスターリング・ブロックを形成することになったが，インドの綿業資本家の立場からは満足のいくものではなかった。通貨政策に関してはそれほど譲歩しなかったインド総督府も，関税政策では綿業資本家の主張をかなりの部分で採用していた。実際，この時期に多くの商品で関税が引き上げられている（Tomlinson 2013: 112）。

　また金本位制から離脱してポンドに対する為替レートを大幅に切り下げた日本は，関税障壁を飛び越えてインドに綿製品の積極的な輸出攻勢をかけてきたことから，インド総督府は日本政府との間で「第一次日印会商」を開催して日本製の綿製品の流入を抑制しようと試みた。その後もインドとの間では日本への綿花輸出を拡大することについて検討され，第二次世界大戦が勃発する前夜まで交渉が行われていた（籠谷 2000：第 6 章）。しかし，日本から大量の綿製品が流入したことにより，インド総督府にはそれに応じた関税収入があったことも見逃せない。木谷名都子は関税収入の観点から，日本からの綿製品の流入は，少なくともインド総督府からの観点で見た場合，それを抑止する必要はなかったと指摘する（木谷 2006）。両大戦間期のインドと日本の関係については，工業化の過程における競合関係があったのと同時に，金融，財政，外交などの別の観点で捉えた場合，それとは異なる関係性が見出される。

　最終的に世界恐慌の後のインド経済は，農村部に関しては農作物価格の下落と信用収縮の影響で疲弊していった。しかし都市部に関しては，高関税政策を実施したことにより，綿業や製糖業をはじめとして幾つかの産業で輸入代替化がさらに進んだ（脇村 2006：183）。綿業の場合，ボンベイやアーメダバードの近代工場での紡績業や織布業の発展とともに，小規模ながらも地方都市や農村部でも近代的な紡績業や織布業が浸透しており，それに触発される形で手織り織布の生産も拡大していったことが，ロイをはじめとする近年の研究で多く明らかにされている（とくに Roy 1999 を参照）。

　このように 1930 年代のインドは，農村部と都市部で対照的な状況になっていた。農村部は疲弊していたのに対し，都市部では工場で働き，賃金を得ることで生計を立てる労働者が増大し，彼らが中間層を形成することで消費の拡大を牽引した。しかし，この時期のインドには，通貨政策をはじめとするインド総督府の政策に対する不満が，農村部や都市部に関係なく醸成されており，そ

うした鬱積した不満が独立運動を支える一因になったことは否定できない。

　両大戦間期から独立にかけてインドの工業化を牽引した綿業は，1950年代の国家主導型の工業化政策の下で大規模化が阻害された。そのため輸出型の労働集約型産業である繊維産業の発展が遅れ，貧困層を賃金労働者として吸収できず，貧困層の削減に失敗したとする見解がある。それに対し，柳澤悠は，もともと綿業を支えた労働者の出自は，農業労働者層といった農村社会の貧困層からではなく，主として村落社会のドミナントな階層やカーストから出ていたことから，仮に独立後に輸出向けの大規模な綿業の発達があったとしても，貧困層の削減には貢献しなかったであろうと強調している（柳澤 2014：60）。このようにインドの工業化の過程において，インド社会（とくに農村部）全体の構造を大きく変化させるものではなく，労働者間の階層化を進めた点も否定できない。しかしながら，1990年代以降のインドの目覚ましい経済発展を見る限り，両大戦間期から独立前後の工業化に関する経験が影響を与えていないとはいえない。

参考文献

籠谷直人　2000『アジア国際通商秩序と近代日本』名古屋大学出版会。

木谷名都子　2006「インド棉花輸出問題から観た英印民間会商と第一次日印会商――1930年代前半の対英特恵関税問題再考」『社会経済史学』71（6）：657-679。

萩原貞雄　1933『印度の金流出に就て』横浜正金銀行頭取席調査課。

柳澤悠　2014『現代インド経済――発展の深淵・軌跡・展望』名古屋大学出版会。

脇村孝平　2006a「イギリス支配の新たな段階」内藤雅雄・中村平治編『南アジアの歴史――複合的社会の歴史と文化』有斐閣，151-168頁。

脇村孝平　2006b「1935年法体制下のインド」内藤雅雄・中村平治編『南アジアの歴史――複合的社会の歴史と文化』有斐閣，169-197頁。

Balachandran, G. 1996. *John Bullion's Empire: Britain's Gold Problem and India between the Wars*. London: Curzon.

Rothermund, D. 1993. *An Economic History of India: From Pre-colonial Times to 1991*, Second Edition. London: Routledge.

Roy, T. 1996. *Traditional Industry in the Economy of Colonial India*. Cambridge: Cambridge University Press.

Roy, T. 2013. *The Economic History of India, 1857-1947*, Third Edition. Oxford: Oxford University Press.

Tomlinson, B. R. 1979. Britain and Indian Currency Crisis, 1930-2. *Economic History Review* 32（1）：88-99.

Tomlinson, B. R. 2013. *The Economy of Modern India: From 1860 to the Twenty-First Century*, Second Edition. Cambridge: Cambridge University Press.

5-6　アジア太平洋経済圏の成立

5-6-1　数字に見る「東アジアの奇跡」

　マディソンの数値を用いて第二次世界大戦後の世界 GDP の地域別の割合を見てみると，第二次世界大戦直後はアメリカ合衆国や西ヨーロッパの比重が圧倒的に高かったが，1980 年以降，急速に東アジアの割合が高まっていることが見て取れる。1998 年段階で東アジアの GDP は 8,885,086 百万ドル（ここでは米ドルは略してドルと記載）で，世界全体の約 26％を占めており，次いでアメリカが 7,394,598 百万ドルで約 22％であった。20 世紀末のころにはアメリカと東アジアで世界全体の GDP のほぼ半分を占めており，世界経済の中心がアジア太平洋であることは数字の上からも明らかになっている。

　同様にマディソンの数値を用いて一人あたり所得の推移を見てみると，アメリカや西ヨーロッパも 1950 年からの約半世紀でおよそ 3 倍から 6 倍程度に拡大しているものの，それ以上に東アジア諸国の GDP の伸びが高いことが見て取れる。一例をあげれば，日本は 1950 年と比較して 1998 年までに約 10.6 倍に拡大しており，韓国は 15.8 倍，台湾は 16.0 倍に拡大している。これらは，GDP の世界分布が，東アジアにおける人口の多さによって生じた現象だけで語れるものではなく，一人あたりで見ても東アジアの人々の経済状況が飛躍的に良くなったことを示している。これこそ「東アジアの奇跡」と呼ばれた経済成長を具体的に示す証左であり，それを可能にした背景にこそ戦後のアジア太平洋経済圏の興隆があったといえる（杉原 2003a：4-6，杉原 2020：第 9 章）。

5-6-2　冷戦構造と東アジアの発展

　戦後パクス・アメリカーナを謳歌していた時代，平時においてもアメリカの軍事支出は膨大な額に及んでいた。その規模は連邦政府支出の約 30％，GNP比でも 10％程度の比率に達しており，そうした巨額の軍備に対する投資がもたらした経済効果が，戦後のアメリカ経済の発展に果たした貢献は計り知れない。こうした継続的な巨額の軍事支出の結果，強大な「軍産複合体」が形成さ

れ，それらに主導される形でベトナム戦争も長期化し，アメリカ経済に深刻な
ダメージを与えた（杉原 2003a：21）。また軍事技術の場合，コストを度外視し
た完璧に近い形での完成度が求められていたことから，当時の優秀な技術者は
こぞって軍事産業に雇用されていった（鈴木 1995：第 2 章，杉原 2003a：21）。
もちろん軍事産業が優秀な技術者を独占したわけではなかったが，民需と比較
して相当数の優秀な技術者が雇用されていたことは確かである。

　こうした戦後のアメリカの経済構造を日本や NIES 諸国がそのまま模倣する
ことは当時の技術水準や資金力から見ても困難であり，日本と後の NIES 諸国
は，アメリカとの間で「棲み分け」ることで戦後の世界経済のなかで自らの地
位を固めようとしたのである。

　また冷戦の主役であったアメリカとソ連の場合，国内に豊富な天然資源が存
在しており，この点でも日本や NIES 諸国とは異なっていた。アメリカの場合，
自国の豊富な天然資源を活かしつつ，同時に巨額な軍事費や当時の世界最高水
準の高度な技術力も発揮して軍事ならびにそれに関連する産業に産業の軸足を
移していった。

　それに対して日本や NIES 諸国の場合，アメリカと比較してエネルギーを中
心とする天然資源は皆無に等しく，資源小国として世界経済における地位を築
く必要があり，豊富な労働力を活かすことで経済成長を遂げる方法しか選択の
余地はなかった（森嶋 1982）。こうして労働集約型産業のなかでも繊維産業と
雑貨類，そして白物家電に代表される民需に対応した機械産業に大量の労働力
を投入することで，日本は高度経済成長を達成し，のちに NIES 諸国も日本の
後を追って急成長を遂げた。アメリカとの間で「棲み分け」ることで自らの優
位性を生かした産業構造を確立したことが，戦後の東アジアの発展を可能にし
た要因といえる。

　こうした労働集約型工業化の流れは戦前の東アジアにおいては既に見出され
ていた。とくに日本の場合，明治期以降の紡績業の発展に見られるように，安
価で質の高い労働者を大量に労働集約型工業に投入することで急速な発展を遂
げることに成功しており，日本が植民地化した台湾や朝鮮半島，上海周辺で勃
興した在華紡や民族紡でも同様の傾向が見出される[*1]。こうした経験が戦後の日
本や NIES 諸国の発展に大きく寄与したことは間違いなく，それに加えて戦後

の場合はアメリカから新たな技術が導入されたこともあり，さらなる産業構造の高度化を達成することができた。

　また1960年代からはタンカーや，鉄鉱石や石炭を専門に運ぶ大型輸送船が太平洋に就航するようになり，その結果，中東諸国，中南米諸国，オーストラリアからも大量の資源を東アジアに輸送することが可能となった。資源小国であった日本やNIES諸国の場合，こうした輸送技術の発展は大変大きな意味を持った。換言すれば，日本やNIES諸国が持っていた相対的に質の高い労働力と中東諸国やオーストラリアから輸出される豊富な天然資源が太平洋を介して結びついたことにより，自らの労働集約型の産業構造をさらに高度化させ，世界市場における地位を急速に高めていく機会を得ることができた。

　タンカーや鉄鉱石や石炭などの輸送専門船，のちには大量の自動車を輸送する専門の船舶が導入されたことにより，輸送コストを著しく低減させることに成功し，さらにコンテナ輸送技術が進歩したことにより，船舶から鉄道やトラックに積み換えることが容易になったことも大きな意味を持った。コンテナに関する国際基準を設けることで，港湾での積み下ろしや国内輸送に使う鉄道やトラックの機材も国や地域別に準備する必要がなくなり，こうした国際ルールの整備も日本やNIES諸国にとっては好都合であった。その結果，21世紀になるころにはアジア太平洋はコンテナ輸送の大部分を担うようになり，東アジアがコンテナ輸送の中心的な集配拠点になった（杉原 2003a：46-48）。

　また日本やNIES諸国の場合，天然資源を輸送してきた船舶が着岸する港湾の整備を積極的に推進し，その周辺に関連するさまざまな工場を誘致することにより，重化学工業を中心とした工業地帯を整備していった。そこで働く人々は工業地帯周辺に住むことになることから，新たな工業都市を成立させることにもつながった。その結果，人々の生活に深刻な危害を加えるような公害も起きたが，日本の場合は高度経済成長を達成することを可能にした。そして，この経験を踏まえてNIES諸国やASEAN諸国も追随していくことで，「東アジアの奇跡」は具体化していった。

　1968年に日本のGNPは世界第2位となり，経済大国の仲間入りを果たすこととなるが，この時期は同時にアジアではベトナム戦争の激化や反共の独裁国家が成立しており，国際政治のうえでは混沌とした時代でもあった。アメリカ

は当時の「ドミノ理論」の恐怖から独裁国家を半ば容認し，少々の民主主義の後退も避けられないと考えていた。実際，民主主義に否定的な国家に対しても，反共的な立場にある限りは積極的な資金支援を行い，軍事的にもバックアップすることを厭わなかった。

　こうした政治的混沌を背景として，アメリカは自らが考える自由貿易と投資のルールを遵守し，国有化や所有権の廃止を行わない限りにおいて，国家が介入する開発プログラムを容認して独裁国家による経済政策を積極的に支援していた。独裁国家も自らの正当性と国家を一つにする目的のため，アメリカの支援を活かして国民生活の向上に努めた。その際，民族や宗教といったことで国家の一体性が損なわれないように，「生活の豊かさ」という共通の目標を掲げ，国民を一つの方向に向けることに努めた。このように独裁政権が積極的な経済政策で国家と国民の統合を図った政策を開発独裁と表現するが，こうした開発独裁国家が採用した経済政策は，必然的に一部のエリート層に権力の集中が起こることとなり，民主的な経済運営から乖離してしまう傾向が常に存在する。しかしアメリカは，反共政策の観点から，こうした問題点に目をつぶり，彼らが自由主義陣営で国民に豊かな生活を享受させることに力点を置いた支援を行った。

　このようにアジアの開発独裁国家では，経済成長を国民全体が共有する唯一のイデオロギーとし，生活を向上させるために必要な政策や制度は民主主義を毀損することがあっても，ある程度は容認されるものとされた（末廣 1998）。そして経済政策が成功して国民生活が向上すれば，その独裁政権の正当性は高められるという相乗効果も存在した。そのため経済成長で得られた果実を独裁政権は国民の生活の向上や福利厚生に積極的に充て，水道や鉄道などのインフラの整備も積極的に行うことで自らの正当性を維持することに努めた（杉原 2003a：30）。結果として，こうした自由主義陣営で積極的な経済政策を行ったアジアの独裁国家もアジア太平洋経済圏の興隆において大変大きな役割を担っていた。しかし 1980 年代以降，世界的な民主化の浸透や政治的自由の要求の強まりを背景として既存の開発体制は批判されるようになり，東アジアのなかでも達成できた国とできなかった国に分かれた（岩崎 1998：142）。

　「東アジアの奇跡」の先頭を走っていた日本は，1970 年前後にはアメリカと

の間で貿易摩擦が深刻化し，とくに繊維関係に関してはアメリカとの間で激しい交渉が行われた。1971年にはアメリカへの繊維製品の輸出自主規制を行うことを余儀なくされ，その後，20世紀後半に日本はいくつかの主要な輸出商品でアメリカの強硬な貿易政策の前に妥協を迫られることになった。繊維に関しては，日本から直接アメリカへ輸出することが困難になったため，香港や台湾で加工することでアメリカに輸出する貿易ルートが整備されていった。当時の日本では労働者の賃金が高くなっていたこともあり，台湾や香港の安価な賃金が魅力的であった点も大きかった。

　こうした繊維業界の新たな生き残り戦略をアレンジしたのが主として日本の商社であった。彼らの描いた東アジア域内の分業体制の形が，その後のNIES諸国やASEAN諸国の経済発展の礎になっている。その際，台湾や香港で商品に付加価値を加えるため，日本からの技術移転は避けられず，この過程で移転した技術をさらに発展させたことでNIES諸国の製造業の発展が促された。こうしてアジア域内では日本からNIES諸国，そしてASEAN諸国，中国へと産業構造の雁行的な高度化が進んだ（杉原2003b）。とくにタイの製造業に見られるように，部品を輸入して完成品に組み立てて輸出する構造を維持しつつも，徐々に自らも部品製造を行い，産業の高度化を図っていく動きが近年見出されている。同時に製造業の拠点を自らの近隣国に移す動きがあり，タイが主導する近隣地域を包摂した新たな製造業のネットワークが構築されつつある。こうした製造業に関するアジア域内における国際分業体制の成立は，戦後のアジア域内での貿易の拡大に貢献するとともに，アジア太平洋経済圏の興隆にも大きな貢献を果たした。

　21世紀の現在もアジア域内での分業体制は高度化し続けており，中国を中心とした新たな形が急速に整備されつつある（末廣2014：第3章）。また，台湾におけるパソコン企業の事例やタイの「ハーブ革命」のように，各国が自らの持つポテンシャルを踏まえてアジア域内での立ち位置を探し続けており（末廣2014：第4章），それらが相互に密接に連関することで新たな産業構造の高度化と多様化が起きている。それらは単純に，発展途上国の産業や企業の経済的成功が先進国へのキャッチアップを実現しているのではなく，むしろ先進国とは異なる道を歩くことによって国民経済レベルでの経済的成功を獲得してい

るといえよう。それは中国をはじめとする事例からも明らかである（丸川 2014）。その結果として，東アジアの世界経済におけるエンジンの役割はさらに強まっていると同時に，アジア太平洋経済圏は今もなお世界経済の中心であり続けている（杉原 2020：第 13 章）。

注
* 1　堀和雄は両大戦間期以降の東アジアの経済発展についての杉原の議論を厳しく批判している（堀 2001, 2016）。杉原は両大戦間期の東アジア経済を捉える際，開かれた帝国としてのイギリスの経済的な影響力，そのなかでも金融サービス利害の強さを強調するあまり，実際の経済動向を正確に把握できていないと，堀は指摘している（堀 2016：11）。しかしながら，杉原自身は堀の研究を肯定的に評価しており，そのうえで杉原は堀の指摘を踏まえても両大戦間期のアジア全体における工業化の進展や円ブロックの拡大などの 1930 年代論を考察する概念としてアジア間貿易論は有効性を持つと強調している（とくに杉原 2001：84-85 の注 31 と 42 を参照）。

参考文献
岩崎育夫　1998「開発体制の起源・展開・変容」東京大学社会科学研究所編『開発主義』（20 世紀システム 4），東京大学出版会，115-146 頁。
末廣昭　1998「開発途上国の開発主義」東京大学社会科学研究所編『開発主義』（20 世紀システム 4），東京大学出版会，13-46 頁。
末廣昭　2014『新興アジア経済論』岩波書店。
杉原薫　2001「東アジアにおける工業化型通貨秩序の成立」秋田茂・籠谷直人編『1930 年代のアジア国際秩序』渓水社，41-87 頁。
杉原薫　2003a『アジア太平洋経済圏の興隆』大阪大学出版会。
杉原薫　2003b「グローバリゼーションの中の東アジア」宮本又郎他編『日本型資本主義――どうなるどうする戦略と組織と人材』有斐閣，41-81 頁。
杉原薫　2020『世界史のなかの東アジアの奇跡』名古屋大学出版会。
鈴木直次　1995『アメリカ産業社会の盛衰』岩波書店。
堀和夫　2001「日本帝国の膨張と植民地工業化」秋田茂・籠谷直人編『1930 年代のアジア国際秩序』渓水社，89-122 頁。
堀和夫　2016「東アジアの高度成長の歴史的条件――国際分業の視点から」堀和夫編『東アジア高度成長の歴史的起源』京都大学学術出版会，3-57 頁。
丸川知雄　2014「発展途上国のキャッチダウン型技術進歩」『アジア経済』55（4）：39-63。
森嶋通夫　1982『無資源国の経済学――新しい経済学入門』岩波書店。
Maddison, A. 2001. *The World Economy: A Millennial Perspective.* OECD.（マディソン，A 2004『世界経済の 2000 年史』金森久雄訳，柏書房）

『バナナと日本人──フィリピン農園と食卓のあいだ』鶴見良行　岩波新書，1982

バナナを大量に生産しているミンダナオ島の大農園を事例として，多国籍企業の活躍や農園労働者の労働環境，さらには東南アジアと日本の明治以降の複雑な関係性を描き出した力作である。平易な言葉で書かれているものの，東南アジアの難しい現状を的確に私たちに問いかけている。

『インド独立──逆光の中のチャンドラ＝ボース』長崎暢子　朝日新聞社，1989

チャンドラ＝ボースは第二次世界大戦中の日本でインド独立に取り組んだ人物である。ボースを通じて当時の日本がインドにどのように向き合おうとしたのか，反対にインドではガンジーやネルーといった政治家が独立を達成するうえで日本をどのように利用しようとしていたのかを丹念に描き出した力作である。

『海の帝国──アジアをどのように考えるか』白石隆　中公新書，2000

21世紀の東南アジアの現在を考察するために，日本や中国，東南アジア諸国の近代を詳細に検討した好著である。陸ではなく海から捉えることで，今まで見過ごしてきたさまざまなネットワークが存在していたことを明らかにするとともに，それらが現在の東南アジアの発展を支える一つの重要な基礎となっていることを示している。

『中村屋のボース──インド独立運動と近代日本のアジア主義』

中島岳志　白水社，2005

20世紀初頭のインドで独立運動に関わっていたラリー・ボースは，日本に亡命した後，大川周明はじめ多くのアジア主義者たちに匿われた。その後，中村屋の相馬愛蔵の娘と結婚して日本に帰化した彼は，アジア主義者とともに祖国の解放のために行動したが，結果的には悲運であった。中村屋のカリーは彼が故郷を想って作り，相馬愛蔵夫妻に教えたものである。

『グローバル経済史入門』杉山伸也　岩波新書，2014

本書は単に経済分野の歴史を描くのではなく，むしろグローバル・ヒストリーの観点から各国や各地域の横のつながりに注目して地球規模で総体的な歴史像を描くことに努めている。そのうえで本書は14世紀以降の約700年にわたる世界の歴史についてアジアを中心とした歴史的文脈のなかで考察している。

VI アフリカの経済発展と地域連関

——アフリカ・ルネサンスまでの200年

エチオピア，ゴンダールの市場。衣類の店が建ち並ぶ一角
（今泉奏氏撮影）

　「合法的」商業の時代

　19 世紀の国際経済には，イギリスを中心とした資本主義の世界体制の形成，ヨーロッパないし北アメリカへの工業化の拡散，温帯地方へのヨーロッパ人の移住と移民経済の成長，アジア，アフリカ，ラテンアメリカにおける「自由貿易の帝国主義」の展開が見られた。しかし，サハラ以南アフリカが国際経済に占める位置は小さかった。これとは対照的に，サハラ以南アフリカは，18 世紀には，南北アメリカへの奴隷供給源としてヨーロッパ産業革命の前提条件の形成に重要な役割を演じ，他方，19 世紀末には，ヨーロッパ列強の新帝国主義の対象となり，国際経済史に明確に位置付けられている。それでは，1800 年と 1870 年の間のアフリカと国際経済の関係は，どのようなものであったのか。

　1800 年と 1870 年の間の時期は，植民地支配に先立つ時代と植民地時代に挟まれ，アフリカと国際経済との関係の移行期に当たり，2 つの動きが相互に桔抗した時代であった。すなわち，ヨーロッパの商業力と政治力の侵入により後の領土支配の基盤が形成されていく動きと，アフリカ人社会内部に独自の生産と交易のシステムが展開され，それに伴って新しい政治集団が台頭してくる動きとが桔抗していたのである。

6-1-1　西アフリカ

　19 世紀初頭，ヨーロッパ諸国は次々と奴隷貿易に背を向けるようになった。この理由は，工業化の進展に伴って，人間の取引に反対する人々と同盟する新しい社会階級や政治集団が生まれてきた点に見出すことができる。しかし，そこには一つのパラドックスがあった。すなわち，工業化は一方で奴隷貿易と奴隷制を掘り崩しながら，他方で，国際経済の周辺部で奴隷制の強化と奴隷取引の拡大を引き起こしたからである。

　ヨーロッパにおける工業発展に伴う原料と食料に対する需要増は，一次産品生産地域の農業発展と労働需要を促進した。アメリカ合衆国の綿花プランテーションのように必要な労働力は奴隷の自然増と国内取引によって確保されたと

ころもあれば，イギリス領カリブ海諸島の砂糖プランテーションのように労働力がアジア出身の年季契約労働者に転換していったところもあった。しかし，スペイン領キューバやポルトガル領ブラジルでは，19 世紀半ばまで奴隷需要が持続した。

　このように，中央・南アメリカにおける奴隷需要の持続，奴隷需要から生じる利益，および奴隷貿易活動を禁止する国際協力の困難のために，大西洋奴隷貿易は突然死とはならなかった。1810 年と 1870 年の間に，アフリカから 200 万人の奴隷が輸出されているが，その 60％はブラジル向け，30％はキューバ向けであった。奴隷を出身地別に見ると，17％が西アフリカ，57％が西－中央アフリカ，26％が南部アフリカ（モザンビーク）であった。奴隷の輸出地が西アフリカから西－中央，南部アフリカへ移動していった。

　それでは，西アフリカでは，どのような変化が見られたのであろうか。奴隷貿易は，セネガンビア，象牙海岸，黄金海岸では 1820 年代にほぼ終了し，ギニア－シエラレオネ海岸，ニジェール川デルタ，ベニン湾では奴隷貿易の終了は幾分遅れた。というのは，ラゴス，パダグリ，ポルトノボ，ウィダーでは，旧オヨの北ヨルバ帝国の分裂，サバンナからのフラニの侵入，南ヨルバ諸国の戦闘などのために奴隷が生み出されたからである。

　西アフリカでは，奴隷輸出が衰退するにつれて，一次産品輸出の増加と「三地域間交易」（アフリカ－南北アメリカ－ヨーロッパ）から「二地域間交易」（アフリカ－ヨーロッパ）に移行した。貿易品のなかでは，奴隷にかわって従来から取り引きされていたゴムや象牙が再び重要になった。また，シエラレオネの材木，ニジェール川デルタの油ヤシ，セネガンビア海岸の落花生の輸出が急増した（図 6-1-1）。

　このような「合法的」商業が成長してきたのは，その転換を容易にする要因があったからである。それは，19 世紀前半の国際経済において，物品交易条件が一次産品生産国に有利になったことである。すなわち，イギリスをはじめとする工業国の工業発展に伴う生産性の上昇により，製造品価格が世界市場において一次産品価格よりも相対的に下落したからである。安価な輸入品の出現は，西アフリカに外部経済が以前よりも深く浸透する可能性をもたらした。

　それには，2 つの変化が伴った。まず，製造工業品の価格が下落したことに

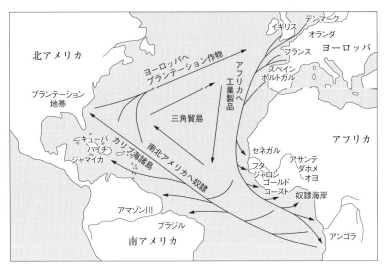

図6-1-1　大西洋奴隷貿易（16〜18世紀）

出所）北川・高橋 2004：39。

より、それらの商品がアフリカ人商人の地域的交易ネットワークに入り、一般
の農民や小商人も輸入工業品を入手できるようになった。次に、農民は海岸部
で需要の大きい商品作物の生産に進出し、小商人もそうした商品を地域的交易
ネットワークに進出させることで変化する交易条件に自ら対応していった。

　西アフリカでは一つのタイプの海外市場の閉鎖（奴隷貿易の廃止）と別のタイ
プの市場の出現（一次産品貿易）が同時に生じた。しかし、それは、せいぜい沿
岸から50〜100マイルのところにある気候と交通に恵まれた地域だけで生じた。
たとえば、海岸に近接する森林地帯の産物である油ヤシは、サバンナ地帯から
来る嵩のわりには価値のないものに比べて輸送費で比較優位を持っていたから
であろう。他方、セネガンビアの落花生を唯一の例外として、サバンナの輸出
品は象牙、金、ゴムに限定された。この移行が大きく影響したのは、奴隷貿易
に関わっていた北ダホメやアシャンティであった。これらの地方の支配者や商
人は、北サバンナやステップへ奴隷交易の方向を変えることで、問題の一部を
解決しようとした。このように西アフリカにおける移行は跛行性を伴った。

　西アフリカ経済史において、奴隷輸出から一次産品輸出への移行の結果は、
次のように理解することができる。第1に、西アフリカにおける商業システム

の構造はわずかしか変化しなかった。海岸地帯では，ヨーロッパの商人や貿易会社が海運と輸出入機能を独占し，内陸部の貨物の集散地では，アフリカ人商人の活動や取引方法は変化しなかった。

第2に，生産では大きな変化が見られた。輸出品であった象牙，金，ゴム，染料は，狩猟と採集によってもたらされる商品であるが，油ヤシと落花生の輸出増加は農産物が海外市場を持ったことを意味する。この点は，セネガンビアの落花生生産とゴールドコースト東部や南部のダホメとヨルバランドで展開された油ヤシのプランテーションの展開に見られる。

6-1-2　東アフリカ

1800年から1870年の時期の東アフリカは，西ヨーロッパを中心とした国際経済の構造変化には間接的にしか結び付かず，旧来の国際取引網との結び付きが持続していた。すなわち，東アフリカは，海上および陸上ルートによって，北東アフリカや西南アジアなどに位置するエジプトとシリア，アラビア半島，北西インドと結合されていたのである。したがって，東アフリカ経済は，東地中海諸国，紅海とペルシャ湾近辺の動向に加えて，この対外商業を仲介したアラブ商人やインド商人の動きに依存した。

とはいえ，東アフリカは，西ヨーロッパ中心の国際経済の影響からまったく免れていたわけではなかった。北東アフリカや西南アジアの国々は，一次産品の生産と工業製品の分配の中心として国際経済に統合され，それは紅海，ペルシャ湾，北インド洋の商業の活力を生み出した。アフリカ－アジア地域間交易においても商品取引量が増大し，次第にヨーロッパ商人やアジア商人が東アフリカ沿岸の諸港に立ち寄る機会が増えてきた。したがって，東アフリカでは，旧来のパターンの対外交易が，西洋に源を発する新たな商業力と相互に絡まりあっていたと見ることができる。

このような国際経済の動きのなかで，東アフリカの流通システムにはどのような変化が生じたのであろうか。東アフリカの対外商業は，南のキルワから北のラムに至るスワヒリ海岸で顕著な成長を見せた。東アフリカの対外交易では，マスカット－オマーンのセイド・サイードが重要な役割を演じた。

東アフリカの海外貿易で取り引きされた主な商品は，採取産物と奴隷であっ

た。そのうちのゴム，コーパル，タカラガイなどはスワヒリの海岸地帯や島々で採取されたが，象牙は内陸産であった。また，アラビア向けの奴隷貿易は，1810年から1860年の間で年平均1万5000人であった。

　それでは，東アフリカの海岸部と内陸の間には，どのような取引網が存在したのであろうか。海岸地帯では，アラブ人とインド人の商人がアフリカ人商人と取引を行っていた。たとえば，アフリカ人商人のなかにはモンバサのカンバ，バガモヨとタンガニーカ湖の間の商業ルートを支配していたニャムウェジ，キルワとマラウィ湖の間のヤオなどがいた。国際経済の展開による安価な工業製品の流入は，彼らの商業活動を広げた。1850年代には，ニャムウェジの狩猟民や商人とオビンブンドはカタンガ地方を活動の舞台とした。とくに，東アフリカでは，海岸の商人たちは内陸部にアラブ・スワヒリ系の商業帝国をつくろうとして象牙や奴隷を取り引きしてきたアフリカ人仲介商人の活動に介入していった。

　スワヒリ海岸からインド洋向けの奴隷輸出は，アラブの需要にも刺激されて長期間持続した。そのために，スワヒリ海岸とその近隣地帯では奴隷貿易の廃止とヨーロッパによる植民地支配は時間的に近接して生じた。

　他方，東アフリカの海岸部の島々は，農業生産の中心地となっていった。とくにセイド・サイードに続いて渡来したオマニは，内陸部の奴隷を利用して大規模なプランテーション経営を行った。ザンジバルやペンバの島々で生産される丁子（クローブ）やゴマが搾油作物として輸出向けに生産された。これらの農業生産は小規模であったにせよ，東アフリカにおける海外需要向けプランテーションの出現は，西アフリカの油ヤシ・プランテーションと並んで過去との断絶と未来への前兆を示していた。

6-1-3　南アフリカ

　輸出向け生産において，他のどの地域よりも外国人による所有と経営が進んでいたのは南部アフリカであった。この地域に見られたヨーロッパ人とアフリカ人の関係は，西アフリカなどと根本的に異なっていた。すなわち，西アフリカでは，ヨーロッパ人とアフリカ人の関係は，商取引を中心とするもので，生産と仲介商業はアフリカ人の手中にあった。これに対して，南アフリカでは，西ヨーロッパを中心にした国際経済の進展による影響がアフリカ人の社会，経

済，政治のシステムのなかに深く浸透していった。ヨーロッパ人移民は流通と生産の両機能を担い，生産資源を求めてアフリカ人諸国との激しい競争を経て，結局，国際取引の利得をすべて手中におさめるという歴史を展開していった。

　これは，喜望峰でのオランダ植民地の建設に遡り，オランダ人やユグノーなどのヨーロッパ大陸からの入植者がのちの「ボーア人社会」を形成した。1806年にイギリスがケープ植民地を獲得した後，60年間に南部アフリカ全土にわたって移民経済が広がっていった。19世紀初頭には，西ヨーロッパを中心にした国際経済の発展とケープ植民地の関係は未だ希薄であった。イギリスによるケープ植民地の領有は戦略的に重要であったが，当初，直接的な商業利益は期待できなかったからである。

　衰退していくオランダ重商主義帝国から台頭著しいイギリス帝国へケープ植民地の支配の担い手が移行するにつれて，イギリスの海運活動の発展を背景に植民地の物資に対する需要が増大していった。そのような事態の進展にもかかわらず，東ケープの牧畜業は依然として粗放的で，生産性も低かった。イギリスによる領有以後，ケープ植民地では土地の集約的利用を推進する政策が行われる。これは，奴隷制廃止の動きと相まって東ケープのボーア人の間にイギリス支配への不満を高めた。その結果，1836年と1846年の間にはいわゆる「グレート・トレック」（大移動）が始まり，1万人のボーア人がケープ植民地を離れて北のハイベルトへ移住した。イギリスは，1842年にナタールを占領し，ボーア人の建設した2つの国（南アフリカ共和国，オレンジ自由国）の海路を遮断してしまった。商業と交通，および戦略的事情がその後の数十年にわたって南アフリカの政治史を形成していった。

　ボーア人による農業・牧畜経済のハイベルトへの侵入と独立国の建設は，南部アフリカと国際経済の結合の仕方に変化をもたらさなかった。19世紀前半のイギリスの工業化，イギリスを中心とした国際経済の発展および南アフリカ経済を結ぶ鍵は，ケープ植民地にあった。1840年代半ば，ケープ植民地はヨーロッパ，アジアおよびオーストラレシアの海運路の単なる寄港地から世界市場向け商品の生産地に変わっていった。その原因は，イギリス毛織物工業の機械化に伴う羊毛需要の増大であった。南アフリカでは，高収穫品種メリノ種の羊が導入され，輸出貿易拡大の基礎が作り上げられた。ケープ植民地では，輸出向けの一次産品で

あった羊毛の生産とそれに関連した経済が形成されていく。小規模な製造業の発展，植民地政府の道路建設，地方銀行業の台頭とイギリス系二大銀行の進出，イギリス系移民の入植，農村における小市場都市の出現などであった。

　このような植民地経済を支える農業，牧畜業，商業に必要な労働力は，現地のアフリカ人や他地域からのアジア・アフリカ人の導入によってまかなわれた。その結果，ケープ植民地社会は，人種的にも文化的にも多元化することになり，この文化の多元性が経済機能に基づく社会階層と密接に関連して南アフリカ独特の社会構造を作り出していったのである。それとある程度の違いを伴いながらナタール植民地でも同じような構造が生まれた。

　ナタール植民地経済は，もともと象牙輸出を中心としていたが，次第にイギリス人移民による商業的農業に転換していった。亜熱帯性気候のナタールの海岸地帯では，労働集約的な砂糖プランテーションが行われた。植民地政府は，ヨーロッパ人プランテーション経営者のために土地を確保する土地配分政策とバンツー人を居留地に封じ込める政策を強行した。安価な労働力供給源にアクセスできなかったナタールでは，ヨーロッパ人の農業経営者は労働力不足問題に直面した。そこで，砂糖プランテーションにはインド人の年季契約労働者を導入することで，その問題は一部解決された。

　1800 年から 1870 年における南部アフリカ経済史は，イギリス人とボーア人の経済および政治の支配をめぐって展開した。しかし，北方の土地には，まだ両者の影響力は及ばないままであった。南部アフリカの北東部に位置したポルトガル領の諸港と移住地（モザンビーク海岸，ザンベジ川下流）は，19 世紀前半にはまだ奴隷貿易と結び付いていた。当時取り引きされた奴隷は，ポルトガル人が近隣の弱小アフリカ人社会から略奪するか，あるいはマラウィ湖近辺の人口の多い地域で活動していたヤオなどの商人から購入することで輸出された。1850 年のブラジル奴隷市場の閉鎖後も，この地域では奴隷は砂糖プランテーションの営まれていたフランス領諸島の「契約労働」（擬装奴隷）や東アフリカ奴隷市場へ輸出されていた。

参考文献
北川勝彦・高橋基樹編　2014『アフリカ経済論』ミネルヴァ書房。

6-2 　植民地経済の建設

　19世紀末にはヨーロッパ諸国は「大不況期」に入り，国内市場の保護政策と将来の市場確保のための植民地獲得政策に転換していった。これがヨーロッパ帝国主義とアフリカ分割を生む背景であった。20世紀への転換期には，いよいよ現在のアフリカ諸国の経済構造の基礎が植民地支配の下で築かれた。さらに両大戦間期の前半には，サハラ以南アフリカでは，小農型植民地と移民・プランテーション型植民地が異なる発展経路をたどりながら，世界市場向けの一次産品の生産を持続的に拡大させていった。この時期の後半に世界恐慌と戦争のためにアフリカの貿易は動揺し，途絶えがちになったが，本国と植民地の関係は特恵関税制度などで強化されていった。アフリカの各植民地においても経済開発が進み，その過程で1950年代の独立前夜を迎えることになった。本章では，19世紀末から20世紀中葉にかけて生じた世界経済の歴史的変化とアフリカ経済史の展開について学習する。

6-2-1 　アフリカ分割と征服 —— 1870 〜 90年代

アフリカ進出

　南部アフリカを除きアフリカ大陸に限られた貿易拠点しか持たなかったヨーロッパ諸国は，1870年代以降植民地の実行支配への関心を強めていった。そのきっかけは，ベルギー国王レオポルド二世が中央アフリカのコンゴ盆地に植民地を築こうとしたことにあった。この動きをけん制しようとしたドイツの宰相ビスマルクは，1884年にベルリン西アフリカ会議を呼びかけた。会議に参加したフランス，イギリス，ドイツ，スペイン，ポルトガル，イタリアなどはアフリカにおけるそれぞれの勢力圏を取り決めるため，人工的な国境線を引いた。その後30年間でアフリカ大陸におけるヨーロッパ諸国の権益は隙間なく決められていった。

　会議の後，まずドイツは，トーゴ，カメルーン，東アフリカ（後のタンガニーカ），および南西アフリカ（現在のナミビア）を獲得した。フランスは，セネガ

ル川沿いに内陸へ侵攻し，ジブチにつながる領土支配を目論んだ。西アフリカ
では，フランスがイギリスに先んじて鉄道を建設し，領土獲得と同時にプラン
テーションからの商品作物の輸送網を拡充し，西アフリカの広大な土地がフラ
ンス領となった。それに隣接して植民地を築いたイギリスは，ナイジェリア，
ガーナ，シエラレオネを支配し，ガンビアに飛び地を領有した。またイギリス
は，オスマン帝国支配下で起きたオラービー・パシャの反乱（1881 ～ 1882 年）
に乗じてエジプトに軍事介入を行い，間接支配を敷いた。

　イギリスにはフランスの東方への領土拡大を阻む目的があったため，ソマリ
ランドの保護権を主張し，インド洋沿岸地域を縦断的に支配していった。1890
年の英独協定によって，ザンジバル，ケニア，ウガンダがイギリス領に加わっ
た。南部アフリカではセシル・ローズのイギリス南アフリカ会社がベチュアナ
ランド，南北ローデシアの支配に乗り出した。アングロ＝ボーア戦争（第二次
南アフリカ戦争，1899 ～ 1902 年）が開始される直前，ニヤサランドがイギリス
領に組み込まれた。この戦争は，ボーア軍に国際的義勇軍や入植者が参戦し，
長引いた。戦後，ボーア人の２つの旧共和国とナタールおよびケープ植民地が
南アフリカ連邦になり，カナダ・オーストラリアと並ぶイギリスの自治領（ド
ミニオン）の一つに加わった。

　ポルトガルはアフリカ大陸沿岸部のアンゴラとモザンビークを領有し，内陸
への支配を広げた。イタリアはエチオピアに侵攻したもののアドワの闘いで敗
れ，かわりにアフリカの角の南側，エリトリアとソマリランド南部の支配権を
獲得した。スペインは，フランス領西アフリカに浮かぶ，赤道ギニア，リオ・
デ・オロ，サキアト・エル・ハムラ，イフニを飛び領地として獲得した。1912
年にはイベリア半島に面するモロッコ北部がスペインに分割された（図 6-2-1）。

植民地下のアフリカ人社会の協調と初期抵抗

　多くのヨーロッパ人が移住した南アフリカや南ローデシアなどの入植型植民
地では，農村を舞台に伝統的首長や宗教的権威者の率いる抵抗が長く続いた。
抵抗運動には異なる「部族」が連携してヨーロッパ人と戦闘を繰り広げた初期
民族主義の側面も見られた。たとえば 1836 年以降ボーア人入植者が内陸部へ
移動した南アフリカでは，東ケープに住むコサ人の抵抗運動にイギリス軍から

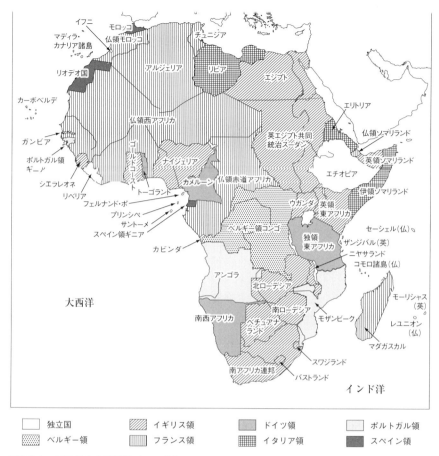

図6-2-1　アフリカの植民地（1914年）

出所）Esterhuysen（2013）より作成。

脱走したコイサン人兵士が加わり，ケープ各地で襲撃事件が発生した。大量の武器を利用しゲリラ戦により戦闘を長引かせたコサ人とコイサン人の部隊は，1855年には撃退された。大規模な初期抵抗が敗北したのは，植民地軍がコサ人農場を破壊し家畜を押収したことや，軍との接触により肺病がコサ人の農場の牛にも感染したことなどが原因で，コイサン人社会が弱体化したからであった。

　抵抗の一方で，現地人社会の相敵対する勢力のなかにはヨーロッパ人の軍事

力を借りるものも現れた。1880年代の南アフリカ，北ローデシア，ニヤサランドには複数の強大なアフリカ人の王国が並存し，対抗勢力と入植者に強い警戒心を持っていた。これを知ったイギリス南アフリカ会社やナタール植民地総督は，アフリカ人勢力の対立の間にしばしば調停者として割り込みイギリスが防衛力を提供するという保護関係を結んだ。また強大な王国から自らを護ろうと考えた勢力のなかにはイギリスと軍事同盟を結び，キリスト教化を受け入れたものもあった。これらの同盟や保護の関係は，イギリス軍がアフリカ人の抵抗を分断しながら入植地を安全に獲得するには好都合であった。

　1910年代までに大規模な武力抵抗も下火になり，主要なアフリカ人王国の勢力は各植民地で原住民統治を専門とする部局の管理下におかれた。しかしアフリカ人社会ではすでに伝統的権威にかわり，ナショナリズムを唱道する若いエリート層が形成されていた。こうした知識人層は従来の地域的な利害関係を超え，1930年代までにはカリブ海地域の文化人とも協同するほどの関係を築き，植民地主義や人種主義を批判する文芸運動（ネグリチュード運動）を展開した。このようなアフリカ人エリートがナショナリズムを先導できたのは，西洋式の物質主義や普遍主義の価値観が教育を通じて拡大していったからである。

6-2-2　植民地経済の建設——1890〜1910年代

植民地統治の制度的枠組み

　19世紀半ば以降，アフリカに進出したヨーロッパ人商人や宣教師に続き，ヨーロッパ諸国はアフリカ人協力者の力を借りながら植民地体制を築いていった。アフリカでの植民地建設には，黄熱病やマラリアなどの熱帯病，また牛疫など家畜への感染症のためにヨーロッパ人を大勢送り込むことができないという制約があった。そのため1850年代からしばらくの間，現地人協力者がヨーロッパ人官吏を肩代わりするために利用されていた。しかし20世紀になると，ヨーロッパ社会で台頭した科学的人種主義が持ち込まれ，植民地における官吏登用制度も，ヨーロッパ人とアフリカ人の間で厳格に線引きされるようになった。このような制度設計が可能になった背景には，ヨーロッパ大陸における予防医療の発達により多数の入植が可能になったからであった。

アフリカ人官吏は植民地支配体制の周縁に追いやられながらも，常に本国の要請に応じて労働者や税金を集める役割を求められた。その仕組みはイギリスとフランスの植民地の間では異なっていた。

　イギリス植民地の例でいうと，植民地の中央行政には立法協議会と行政協議会がおかれ，総督，副総督，主弁務官，弁務官が参加した。地方行政は州，行政地区に分けられ，イギリス人駐在官の助言に基づいて，現地の伝統的首長が末端の行政を担った。ヨーロッパ人官吏の下で伝統的権威や慣習法を利用するという「間接統治」の方法は，もともとナタール植民地で編み出され，19世紀後半から西アフリカで実用化された。この統治制度によれば伝統的首長は中央政府の決定の代理執行人であり，なおかつアフリカ人行政機構の執行人とされた。イスラーム首長国の存続してきた地域では，スルタンとそれに属する各首長がこの役に就いた。また首長のいない地域では，総督が指名する「任命首長」がこの任に当たった。

　一方，フランス領での植民地政府はイギリスの制度と異なり立法権限を与えられておらず，総督は本国議会と植民地省が定める法律に基づいて行政権が認められただけであった。イギリスに比べると総督の権限は限られていたが，総督にはフランス閣僚との交渉権と各植民地官吏の任命権が与えられ，植民地経営のための莫大な予算が配分された。総督の下には各副総督（知事）がおかれ，地方の行政単位は本国と同じく県，郡，村に分けられた。アフリカ人は原則的に村長に就くことしか認められず，その人選も伝統的首長を利用するイギリスとは異なり，植民地官吏が「統治能力」を認めた者を選んだ。

　このようにアフリカ人の政治参加の権限はあくまで植民地行政の末端に限られていたが，植民地における選挙権や被選挙権，ならびに市民権の適用範囲は明確であったとはいえない。たとえばケープとナタール植民地では，選挙権はヨーロッパ人とアフリカ人を親に持つ第一世代には認められたが，第一次世界大戦後にはヨーロッパ人女性への参政権付与と引き換えにはく奪されていった。フランス植民地では，本国でのデ＝クレ（政令）を適用されない植民地人への市民権は一貫して否定され，例外的にセネガルの4コミューン（サン・ルイ，ダカール，ルフィスク，ゴレ）においては被選挙権のみが認められた。セネガルからは本国議会の下院議員が選出されたが，その他の地域では選挙権も被選挙

権も否認された。フランス植民地のアフリカ人を市民としないとする司法判断は，第二次世界大戦まで引き継がれた。

植民地経済の建設

ところで，植民地経済にはイギリス領でもフランス領でもいくつかの共通した制約要因があった。たとえば，アフリカの植民地は経費面で自立を期待され，植民地財政の均衡が求められた。その要求を満たすために植民地の開発が進められたのであるが，その経済開発は主に3つの条件に規定された。

第1は，植民地統治のパターンである。そのなかには，間接統治か直接統治かに加え，会社支配，議会制度の有無があり，これらは当然労働者の移送や土地利用などの意思決定に影響し，植民地社会の末端に暮らすアフリカの人々の政治経済生活を左右した。第2は，イノベーションと資源賦存である。アフリカの物産に対する需要はその時の鉱物の埋蔵量と化学薬品などを使った技術革新とともに変化した。第3は，外国資本と移民の規模である。植民地で行われた大規模事業には多額の資本投資と移民が集まった。

アフリカの経済発展の主なブレーキは資本投資の不足であると指摘されることが多い。これは政府の適正な政策によってアフリカ内部で資本が生まれることもあるかもしれないが，大多数の資本は海外からもたらされたことを意味する。植民地政府は，インフラ（道路や港）の建設や農業に資金を投入したが，全体として見ればそれは不十分であった。第二次世界大戦以前，サハラ以南アフリカへの外国からの投資総額は，経常価格で12.2億ポンド，その半分は政府，残りの半分は民間であった。民間投資のうち，鉱物資源と鉱物関連産業への投資は南部に集中し，農業投資は南端と北アフリカに集中していた。戦後の外国投資は，戦前と比較して数倍になったが，民間投資は総額の半分に満たなかった。

植民地期のアフリカでは，輸出部門に資金が投入され，経済成長は専ら外国貿易によってけん引された。その原因は，植民地政府の関心が輸出用作物の栽培や鉱物生産にあったことである。投資は，最大の収益を上げるところに行われるのが理論的には正しいが，投資家が現地の必要を満たす事業に投資するとは限らず，むしろ，ヨーロッパ本国の経済の安全や生産力を最大にするように

表6-2-1　アフリカにおける地域別・項目別の外国資本（1870〜1936年）（単位：千ポンド）

	上場資本			非上場資本		総計
	政府投資	民間投資	合計	上場資本に対する推定比率（％）	額	
イギリス領						
南ア連邦	224,089	250,835	475,470	10	47,547	523,017
バストランド・スワジランド	546					
南西アフリカ	21,557	7,228	28,785	10	2,879	31,664
ペチュアナランド	886					
南ローデシア	35,993	53,484	93,484	10	9,309	102,403
北ローデシア	2,731					
小計（南アフリカ）	285,802	311,547	597,349	－	59,735	657,084
ナイジェリア	34,721	36,790	71,511	5	3,576	75,087
ゴールドコースト	13,462	20,160	33,622	5	1,681	35,303
シエラレオネ	2,454	750	3,204	5	160	3,364
ガンビア	234	－	234	5	12	246
その他	－	2,730	2,730	－	－	2,730
小計（西アフリカ）	50,871	60,430	111,301	－	5,429	116,730
アングロ・エジプト・スーダン	36,143	5,145	41,288	5	2,064	43,352
イギリス領ソマリランド	2,840	－	2,840	5	142	2,982
ケニア・ウガンダ	31,542	8,583	40,125	15	6,019	46,144
タンガニーカ	31,211	15,841	47,181	10	4,718	51,890
ザンジバル	129					
ニヤサランド	10,298	1,000	11,298	7 1/2	848	12,146
小計	112,163	30,569	142,732	－	13,791	156,523
その他	－	10,970	10,970	－	－	10,970
合計（イギリス領）	448,836	413,516	862,352	－	78,955	941,307
フランス領						
フランス領赤道アフリカ	15,248	5,000	20,248	5	1,012	21,260
フランス領西アフリカ	16,477	12,500	28,977	5	1,449	30,426
トーゴ・カメルーン	11,306	6,431	17,737	5	887	18,624
小計（フランス領）	43,031	23,931	66,962	－	3,348	70,310
ポルトガル領						
アンゴラ	10,188	19,553	29,741	7 1/2	2,230	31,971
モザンビーク	8,444	23,157	31,601	10	3,160	34,761
小計（ポルトガル領）	18,632	42,710	61,342	－	5,390	66,732
ベルギー領						
コンゴ（ルアンダ・ウルンデイ）	35,846	100,670	136,516	5	6,821	143,337
小計（ベルギー領）	35,846	100,670	136,516	－	6,821	143,337
合計（非イギリス領）	97,509	167,311	264,820	－	15,559	280,379
総計（イギリス領・非イギリス領）	549,345	580,827	1,127,172	－	94,514	1,221,686

出所）北川 2001：124。

主眼がおかれ，植民地経済の生産力などは考慮されなかった。

　このような事態になるのは，植民地政府が輸出向けの生産を重視することにも原因があるが，サハラ以南アフリカの外国投資の半分が政府の投資であったことにもよる。政府投資は，民間投資よりも市場の制約から自由であった。すなわち，植民地政府はヨーロッパ向けの輸出品を運ぶために港や鉄道などの建設を投資対象として優遇する場合も多かった。アフリカは，緻密な鉄道網を発展させるには適さない大陸であった。人口が希薄であったこと，農業生産の中心地が散らばっていたこと，農産物の輸出が季節的に変動し，ピークが短いために鉄道の低利用期間が長かったこと，があげられる。その結果，熱帯アフリカへの鉄道投資は不利益であった。たしかにマグレブ地方の植民地政府もごく基本的な鉄道網を建設したが，南アフリカだけがヨーロッパや北アメリカに匹敵する鉄道システムを持てた。イギリス・エジプト領スーダンとナイジェリアも他と比べれば鉄道の発展は進んでいた。採算がとれた鉄道は，カタンガ（現コンゴ民主共和国南部）から南に向かう鉱物採掘地の近隣路線だけであった。鉄道は，当初，民間資本によって建設されたものもあったが，政府の補助金と所有で運営されたものが多かった（表6-2-1，2）。

植民地における労働市場の定礎

　1808年から始まった奴隷貿易の禁止とは，具体的にはイギリス植民地以外への労働力の輸出を禁じ，プランテーションでの労働力の海上輸送ルートをイギリスが独占することであった。サハラ以南各地から奴隷が集められてきたモザンビークでは，植民地総督がイギリスとの独占的取引を取り決めた条例のなかで，奴隷を「自由労働」といいかえている。労働者たちはモザンビーク北部かロレンソマルケスのいずれかに集められ，さらにモザンビーク島に移された後，イギリス領ナタールやケープ，また南北アメリカ大陸に向けて移送された。表向きはイギリス領植民地以外との取引はイギリス海軍の海峡警備により取り締まられたが，フランス植民地の商人たちも非合法に労働者の取引に参加した。彼らは同じルートからフランス領レユニオンやモーリシャスの砂糖プランテーションへ労働者を輸送した。

　そうした地域への労働移動が活発化するなかで，1867年には南アフリカの

表6-2-2　サハラ以南アフリカの外国貿易総額（単位：百万ポンド）

	1897年	1913年	1919年	1929年	1932年	1938年	1945年	1952年	1960年
西アフリカ	10.05	41.33	63.45	83.34	47.60	73.18	118.10	725.16	1,089.25
ナイジェリア	2.97	12.78	25.60	30.62	16.26	23.00	32.71	246.26	385.35
ゴールドコースト	1.76	8.51	17.89	21.93	13.29	23.06	25.78	152.99	234.28
シエラレオネ	0.85	2.70	4.08	2.87	2.07	3.74	7.69	20.94	56.07
ガンビア	0.30	1.26	2.41	1.32	0.68	0.58	1.81	7.67	6.07
フランス領西アフリカ	3.52	11.03	13.67[c]	20.07	11.48	17.93	39.60	(206.60)	(267.50)
セネガルおよびマリ	–	–	–	–	–	–	–	95.00	101.78
ギニア	–	–	–	–	–	–	–	19.64	37.50
アイボリーコースト	–	–	–	–	–	–	–	70.35	96.78
ダホメ	–	–	–	–	–	–	–	11.78	17.50
ニジェール	–	–	–	–	–	–	–	5.71	9.64
アパーボルタ	–	–	–	–	–	–	–	4.64	4.28
カメルーン[a]	0.48	2.73	n.a.	2.93	1.75	2.76	{ 6.79	60.60	64.64
トーゴ[b]	0.13	0.98	n.a.	1.50	1.05	0.81		9.00	14.64
ポートギニア	0.01	0.63	n.a.	0.85	0.59	0.44	n.a.	5.35	6.42
リベリア	–	0.59	n.a.	1.25	0.43	0.86	3.72	19.75	54.28
西−中央アフリカ	4.06	10.12	14.76	28.72	16.59	26.59	56.62	411.99	457.85
アンゴラ	2.22	2.76	2.75	5.51	3.55	5.13	11.62	66.82	90.00
ベルギー領コンゴ	1.48	5.04	10.24	19.35	9.00	{ 18.17	{ 37.19	{ 238.82	{ 284.64
ルワンダ・ウルンデイ	n.a.		n.a.	0.40	0.21				
フランス領赤道アフリカ	0.35	2.30	1.77[c]	3.46	3.83	3.29	7.81	(61.35)	(83.21)
ガボン	–	–	–	–	–	–	–	12.85	26.07
コンゴ(フランス領)	–	–	–	–	–	–	–	20.00	31.42
ウバンギ	–	–	–	–	–	–	–	5.71	12.14
チャド	–	–	–	–	–	–	–	15.35	13.57
南部アフリカ	52.24	121.55	168.81	201.28	117.83	248.58	347.79	1,238.33	1,725.44
南アフリカ	47.20	104.93	143.71	168.07	97.45	198.06	269.5	848.80	{ 1,284.35
南西アフリカ	0.30	5.68	7.58[c]	6.51	1.81	5.96	13.21	55.81	
南ローデシア	n.a.	6.07	7.64	13.39	8.49	21.45	30.52	149.62	
北ローデシア	n.a.	0.44	0.88	4.37	4.13	15.28	18.89	125.36	369.67
ニヤサランド	0.01	0.39	1.07	1.32	1.36	1.82	3.49	15.07	
モザンビーク	4.62[b]	4.01	7.93	7.62	4.59	6.01	12.18	43.67	71.42
東アフリカ	4.57	14.9	27.35	42.32	22.33	43.32	80.88	413.71	509.69
ケニア	{ 0.35	{ 3.75	{ 8.36	{ 15.22	{ 8.07	{ 19.36	{ 32.51	88.97	110.0
ウガンダ								71.98	68.92
タンガニーカ	0.81	4.44	3.83	7.74	3.89	7.49	15.33	85.46	93.21
ザンジバル	2.58	1.32	6.55	2.40	1.37	1.81	2.59	9.64	11.07
スーダン	0.15	3.28	8.03	13.43	6.65	12.53	21.78	104.45	130.35
ソマリア(イギリス領)	0.66	0.47	0.58	0.71	0.38	0.75	n.a.	3.11	{ 19.01
〃(イタリア領)	n.a.	n.a.	n.a.	n.a.	1.97	n.a.	1.02	7.57	
〃(フランス領)	n.a.	n.a.	n.a.	n.a.	1.38		0.61	10.64	19.28
エチオピア	n.a.	1.63	n.a.	2.82	n.a.	n.a.	7.04	31.89	57.85
サハラ以南全体	71.12	187.92	274.37	355.66	204.35	391.67	603.39	2,789.19	3,782.23

注 a）1919 年以降，フランス委任統治領のみ。
　　b）通過貿易を含む。
　　c）1920年。
出所）マンロー 1987：245。

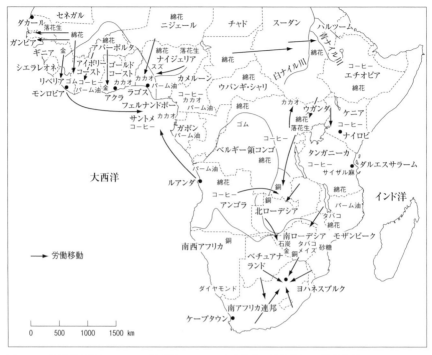

図6-2-2　両大戦間期のアフリカ植民地における現金作物，鉱物資源，労働移動
出所）Esterhuysen（2013）より作成。

キンバリーでダイヤモンドが発見された。この後も隣接してダイヤモンド鉱床が次々と見つかり鉱業都市が形成されたことで，労働者の移動先の選択肢に鉱山労働が加わることとなった。さらに1886年以降，ヴィットヴァーテルスラントでも金鉱山開発が急速に進められ，移民労働の経験のあるモザンビーク出身のアフリカ人労働者は金鉱山で技術者になった。彼らは1880年代から地下労働に必要な半熟練職人として重用されたため，鉱山会社間での労働力争奪が深刻化し，賃金の高騰が問題視されていた。これを受けて鉱山会議所は独自の雇用仲介業機関を設立し，労働者の調達を独占した。このような各植民地政府，また鉱山会議所下の鉱山会社の間での政策や方針が，定期的な労働移動と送り出し社会を発達させた（図6-2-2）。

6-2-3　植民地経済の展開――1910〜40年代

　一次産品輸出に依存するアフリカ経済の原型は，戦間期の国際経済の変化に応じて形成されてきた。戦時には通貨切り下げによる金や銅の鉱物価格の上昇，またプランテーションやアフリカ人小農による農産物生産の増大が顕著となった。しかし，戦後不況に陥るや否や輸出用農産物やその他の商品の生産は停滞した。1914年から1929年にかけてサハラ以南における貿易額はそれ以前の半分以下に落ち込んだ。世界恐慌後，経済のブロック化が進むと各植民地政府は生産者を組織化し，統制経済の下で輸出用換金作物の栽培を奨励した。1930年代には植民地政府が主導する大規模な農業開発が進められている。

　両大戦間期にかけて，ヨーロッパ諸国はアメリカ合衆国への債務負担が増えることを恐れ，各植民地政府に財政的な自立を要求した。たとえば歳入を増やすために南ローデシアやニヤサランドではタバコ，ウガンダやスーダンでは綿花の栽培が進められた。1929年のニューヨーク証券市場での株価暴落を機に世界恐慌が始まると，各植民地は本格的に各帝国のブロック経済へと組み込まれた。

　この体制下では輸出入を優先する保護関税が定められ，さまざまなコントロールボードが設置されるなど，経済の統制が進んだ。イギリス本国は1932年にオタワ会議を開き，その後「帝国特恵制度」の下で各植民地産品が本国市場や他の植民地市場で取り引きされるようになった。しかし異なるブロック経済に組み込まれた植民地間の貿易は高関税障壁のために減退し，植民地間の格差は拡大する一方であった。特定の一次産品の輸出に傾斜したアフリカ経済の立て直しはますます世界経済の状況に依存し，植民地政府は歳入の減少と債務の処理に苦闘した。1930年代に本国政府が設立した植民地開発基金においても，本国経済に利益をもたらす事業が優先されたため，植民地における効果は限定された。

植民地経済における労働市場の変容
　両大戦間期の植民地では大きく分けて小農型輸出経済と鉱業＝プランテーション型輸出経済が形成された。とくに世界恐慌の打撃を受けた鉱業，農業，製造業では雇用調整が行われ，アフリカ人労働者が新たにインフォーマルセク

ターへ転身したため，都市部での移民の出入りは活発化した。しかしこのような動きは労働市場でヨーロッパ人との競合を激化させ，植民地政府はアフリカ人の安価な労働力を活用しながら，同時にヨーロッパ人労働者からの反感を懐柔することにも苦闘しなければならなかった。

　農業部門では植民地政府は一様にプランテーションにおける輸出用現金作物の栽培を奨励していた。しかし小農型輸出経済が残存した東西アフリカでは，現地人小農は食糧や地域市場向けの農産物の生産も担った。ゴールドコースト，ナイジェリア，タンガニーカ，ウガンダのプランテーションでは，新たにカカオ，コーヒー，綿花の栽培が開始された。これに関わったアフリカ人男性労働者は，カカオと落花生の栽培などの季節労働者になったばかりでなく，金鉱開発，鉄道建設，木材伐採などの出稼ぎ労働にも従事した。とくに西アフリカではフランス領に比べ公共事業のための労働徴募が少なく，税負担も軽いイギリス領に向けて，つまり内陸部から沿岸部に向かう人々の移動が活発になった。

　一方，鉱業＝プランテーション型輸出経済は，ヨーロッパ人が移民した南部，中央，東アフリカに拡大していった。これらの地域では換金作物を栽培していたアフリカ人小農は，輸出用作物と同時に鉱山やプランテーション労働者の食糧生産も担った。しかし，農産物市場では手厚い助成を政府から受けたヨーロッパ人の大農場に比べ不利な立場に立たされた。

　南アフリカや南北ローデシアでは，大戦中に本国からの流入が激減した製品を自国で生産するため，都市で小規模な製造業が形成された。各鉱山近隣の都市ではヨーロッパから熟練職人が移り住み，また農村からもヨーロッパ人労働者が移動し，非熟練労働者や半熟練職人となった。ただしアフリカ人労働者にも半熟練職人となる者がいたため，鉱山や製造業のヨーロッパ人技術者が排他的な労働組合を組織し，アフリカ人技術者の排除を求めて暴動を起こした。

　このように1940年代までに起きた農村から都市への移動の活発化は，アフリカ人が積極的に労働市場へ参入したことを示している。その一方，たとえば南アフリカの農村社会では，いまだにヨーロッパ人農場へアフリカ人小作人の無償労働を課す慣習が残されていた。これを回避しようとする現地人が都市へ移動したことにより，農村では農業と鉱山業に必要な労働者不足が深刻化した。1940年代までには移民労働者のリクルート網が拡大され，ニヤサランドやモ

ザンビーク，レソトからヨーロッパ人農場への出稼ぎが行われた。鉱山業や製造業では労働組合の形成により世界的にも稀に見る高賃金労働市場が形成されていたが，その恩恵を受けた一部のアフリカ人と出稼ぎ労働者の間には賃金格差が拡大していったのである。

参考文献

アドゥ・ボアヘン，A編，宮本正興編（日本語版）1988『植民地支配下のアフリカ——1880年代から1935年まで』（ユネスコ　アフリカの歴史7上），同朋舎。

網中昭世　2014『植民地支配と開発——モザンビークと南アフリカ金鉱業』山川出版社。

北川勝彦　2001『南部アフリカ社会経済史研究』関西大学出版部。

北川勝彦　2007「植民地期アフリカの政治と経済」池谷和信・佐藤廉也・武内進一編『アフリカ1』（朝倉世界地理講座——大地と人間の物語11），朝倉書店，147-165頁。

北川勝彦・高橋基樹　2014『現代アフリカ経済論』ミネルヴァ書房。

中村弘光　1979「岡大戦間期における西アフリカ——ナイジェリアを中心として」『アフリカ研究』18．27-33頁。

中村弘光　1982『西アフリカ』（世界現代史16　アフリカ現代史4），山川出版社。

平野千果子　2014『アフリカを活用する——フランス植民地からみた第一次世界大戦』（レクチャー「第一次世界大戦を考える」），人文書院。

松沼美穂　2012『植民地の〈フランス人〉——第三共和政期の国籍・市民権・参政権』法政大学出版局。

マンロー，J・F　1976『アフリカ経済史——1800～1960年』北川勝彦訳，ミネルヴァ書房。

溝邉泰雄　2003「イギリス領西アフリカ植民地におけるアフリカ人官吏の役割について——19世紀末ゴールド・コーストとの事例を中心に」『アフリカ研究』62．31-42頁。

ロス，R　2009『南アフリカの歴史』（ケンブリッジ版世界各国史），石鎚優訳，創土社。

Esterhuysen, P. (ed.) 2013. *Africa A to Z: Continental and Country Profiles*. Third Edition. Africa Institute of South Africa.

脱植民地化と経済変化

　本章では，20世紀半ば以降のアフリカ経済の長期的な軌跡を最近までたどり，現代のアフリカ経済の特徴を概観する。今日のアフリカ経済を論じるためには，植民地化以前と植民地の時代を詳しく見ておく必要があるが，これについては前2章で論じてきた通りである。

　20世紀後半，アフリカは全体として国内総生産（GDP）と一人あたり所得において他の地域から遅れをとってきた。アフリカは，グローバルな経済成長のトレンドに乗ることができず，開発途上地域のなかで最も経済成長の低い地域であった。アフリカの人口は他のどの地域よりも早く増加していたにもかかわらず，経済成長率はそれを下回ってきたために，アフリカでは一人あたり所得が減少した。これは，過去40年間に世界の平均一人あたり所得がほぼ2倍になっているのと著しい対照をなしている。このようなアフリカ経済のパフォーマンスの低さは，工業化の遅れ，一次産品輸出への依存，一次産品価格の不安定かつ長期的低下傾向，飢餓や農業生産を脅かす気候条件，政治と社会の混乱によって生じた。

　しかし，アフリカ経済の低迷は1960年代の独立後すぐに現れてきたわけではない。経済の低迷は，1970年代の第一次石油危機を契機として始まった。石油危機とグローバルな景気後退は，第二次世界大戦後続いてきた資本主義の「黄金時代」の高度経済成長の終焉を象徴していた。その変化が最も大きな影を落としたのはアフリカであった。それ以後，世界経済は低成長の時代に入ったが，アフリカの景気後退が最も深刻であり，先進国や東アジア諸国で見られたような生産の増加と生活水準の向上の恩恵からは排除されてしまった。

　以下では，アフリカの経済成長について独立以後を4つの時期に分けて，それぞれの特徴について解説する。

6-3-1　独立期のアフリカ経済の成長──1940～60年代

第1は，大多数のアフリカ諸国が政治的独立を勝ちえた時期である。アフリ

カの人々は新しく手にした国家主権の下で良好な経済成果が生まれることを期待した。新生の独立諸国の指導者は開発をできる限り早く進めようとして当時支配的であった近代化論に依拠して工業化した国々にいち早く追いつくことを夢見たのである。しかし，アフリカ諸国がこの目的を実現するために必要な資本と専門的技術者は不足していた。その不足を補うために外国の援助に期待し，西側諸国や国際機関だけでなく旧ソ連・東欧諸国や中国からも資本と技術が供与された。当時は，赤字になっても財政を拡大することが経済成長を刺激する手段として認められた。この考え方は，イギリスの経済学者ジョン・メイナード・ケインズ（J. M. Kaynes）が提案したもので，政府の積極的な関与を前提としている。アフリカ諸国政府のなかにも，また援助国や国際機関にも，そうした財政拡大を通じた「ビッグ・プッシュ」が実現可能であるとして疑う者はいなかった。彼らは，独立のための闘いが生み出した民族主義や政治経済の変革を願う国民一般の情熱がそうした方法の成功の支えになると考えていた。

このアプローチでは，政府による経済計画が開発の大きな枠組みを定め，資本を動員し配分するために，決定的に重要であると考えられた。アフリカ諸国政府は，そのイデオロギー的傾向が社会主義的であるか自由主義的であるかにかかわらず，国家開発計画を立案し実施するために，政府主導の経済政策を採用した。また，開発計画は各部門の目標に分解され，それを実現するためにプロジェクトが策定された。その意味で，開発は政府によるトップダウンの形で進められようとしていた。

この時期，医療保険サービスが次第に行きわたり始め，死亡率の低下をもたらした。それにより，アフリカ各国で年平均3％前後の人口増加が始まった。人口の急増は，土地をはじめとするさまざまな資源の不足，農村から都市への人口の流出などを引き起こした。この人口増加は，アフリカの社会と経済を変化させていく要因となった。

独立直後から1973〜74年の第一次石油危機までは，アフリカ経済の拡大が見られた時期であった。この時期は，実質GDPが順調に増加し，一人あたり所得も年々上昇した。マクロ経済状況はおおむね良好であった。アフリカ諸国の投資も増加し，貯蓄や輸出の伸びも順調であった。輸出は世界経済の好況にけん引されたものである。製造業も成長し，アフリカの産業構造が全体として

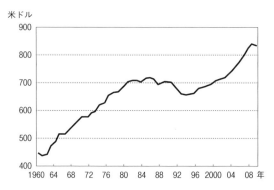

米ドル

図6-3-1　アフリカ諸国の一人あたり実質GNI
（1960〜2009年）

注）　2000年を基準とする。
出所）北川・高橋 2014：102。

工業化しつつあると期待された。ただ，農業のパフォーマンスは悪く，その生産の伸びは人口増加を大きく上回ることはなかった。

　この時期には，対内的および対外的なマクロ経済の顕著な不均衡は見られなかった。物価上昇も緩やかであった。各国の国際収支のうち，経常収支の赤字は後に発生するような対外債務の深刻な危機を予想させるものではなかった。アフリカの低所得国の対外債務残高は，後に国によっては国民総所得（GNI）を上回るほど膨れ上がるが，1970年にはGNIの数分の一にすぎず，総輸出額に占める債務返済比率は，1970年にはまだわずか数％であった。

　とはいえ，各国別の経済パフォーマンスは一様ではなかった。とりわけサヘル諸国の一般国民の生活は貧しかった。同諸国は，1970年代初頭に飢餓に見舞われ，経済成長率は人口増加率をはるかに下回った。しかし，アフリカ諸国がその後経験した経済停滞に照らしてみれば，多くの国々では高い成長率が達成された。ケニアやコートジボワールなどは高度経済成長ゆえに優等生と呼ばれた。世界的好況のおかげで資源保有国は輸出にけん引された成長を遂げた。7％を超える成長を遂げる国も出現し，大半の国の経済成長率は人口増加率を上回り，一人あたり所得も増加した。

6-3-2　アフリカの経済開発と経済危機──1960〜70年代

　1973〜74年の第一次石油危機は，第二次世界大戦後から続いた資本主義の「黄金時代」を終わらせ，世界経済を転換させた大事件であった。アフリカも例外ではなかった。第一次石油危機によって，それまでのアフリカ諸国の良好な経済パフォーマンスは突然終わりを告げた。GDPの平均成長率は人口増加

率とほぼ同じレベルに低下
し，一人あたり所得も停滞
することになった。

アフリカ諸国のなかで
GDPおよび一人あたり所
得を伸ばすことができたの
は，石油輸出国と他の少数
の国に限られた。第一次石
油危機は，先進国をはじめ
とする世界各地の経済活動
が必要とするエネルギーや

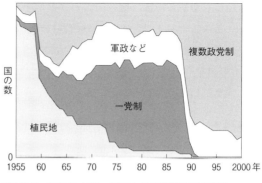

図6-3-2　アフリカ53ヶ国における政治体制の変化
（1955～2003年）
出所）北川・高橋 2014：95。

原材料のコストを押し上げることによってインフレを高進させ，同時にグロー
バルな不況を引き起こした。これらは，アフリカの輸出品に対する需要に厳し
い打撃を与え，輸出は伸び悩んだ。

輸出品の需要の低迷によって価格も低下した。先進国と同様に，石油危機は
アフリカにおいても原油と工業製品の価格の著しい上昇を通じて，激しいイン
フレを引き起こした。それと同時に，石油危機は生産への投入物の不足をもた
らした。こうしたショックは，まず経常収支の悪化に表れた。アフリカ諸国の
政府は，この危機を一時的であると見なして必要な措置を講じなかった。たと
えば，通貨の切り上げを通じた経常収支の赤字の削減や規律ある財政運営など
は行われなかった。アフリカ諸国は，経常収支の赤字を調整するよりも外国か
らの借り入れや援助を受ける道を選んだ。石油輸出国をはじめとする資源輸出
国は，当時，石油ドル（オイルマネー）の流入によって拡大を遂げつつあった
国際資本市場から民間資本を借り入れることで経常収支の赤字を賄おうとした。
この前の時期には，輸出が順調に拡大し，外貨収入も増大していたために，ア
フリカ諸国の経済は輸入品に大きく依存するようになっていた。輸入品なしに
は経済活動が成り立たなくなっていたのである。そのために，経常赤字を政策
的に減らすのではなく，輸入を賄う資金を借り入れるか，あるいは援助に頼る
ことが選択された。

借り入れの増加のおかげで，この時期のアフリカ諸国は経常収支が赤字で

あったにもかかわらず，比較的高い投資率を維持し，工業部門も成長を維持できた。ところが，アフリカの対外債務は年々増加し続け，それは 1970 年の 66 億ドルから 1980 年には約 9 倍の 608 億ドルになった。振り返ってみると 1973 ～ 74 年の第一次石油危機は，その後のアフリカ諸国が直面した一連の外的ショックの始まりであった。

6-3-3　アフリカ経済の構造調整とその後——1980 ～ 90 年代

1980 年代，アフリカの経済危機を打開するために導入された構造調整政策は，独立後のアフリカの経済政策の重大な転換を意味した。

1980 年前後からアフリカ諸国は深刻な経済不振に陥り，マイナスの成長を記録した。1978 年の第二次石油危機に加え，1980 年代初頭にはアメリカ合衆国の採用した高金利政策が世界的な不況を引き起こした。このため，アフリカ諸国は，交易条件の悪化，輸出需要の減少，対外債務の利子率の急上昇など，深刻な外的ショックを経験した。また，1984 年を中心にアフリカの広範な地域で干ばつが発生し，農業生産に打撃を与えると同時に，エチオピアなどでは大規模な飢餓が発生した。

アフリカ経済の主要なマクロ経済指標は，すべて悪化した。1980 年代前半の GDP 成長率は人口増加率を下回り，一人あたり所得は減少した。農業生産も低迷し，製造業の成長率も大幅に下落した。輸出も減少し，輸入を厳しく制約した。輸入と投資の落ち込みは長期的に見て生産力の拡大が阻害されることを意味した。

アメリカの高金利政策と世界不況は，中南米諸国をはじめとする開発途上国の債務返済を困難にし，いわゆる累積債務危機が叫ばれるようになった。それに加えて，アフリカの経済が全体的に不振に陥ったこともあり，外国からの民間投資の流入が急激に減少した。その埋め合わせをする形で 1980 年代には政府開発援助（ODA）を中心とする公的資金の流入は増加したが，民間資本の減少を補うには不十分であった。

累積債務危機はアフリカでも表面化した。対外債務は，1980 年の 608 億ドル（GNI の 24%）から 1990 年には 1769 億ドル（GNI の 63%）にまで増加した。同様に，アフリカの債務返済比率は 1980 年の GDP の 7.2% から 10 年後には

12.8％に増加した。

　1980年代初期の経済後退と民間資金流入の急減によってアフリカ諸国は国際通貨基金（IMF）や世界銀行（WB）などの国際開発金融機関に国際収支赤字を賄うための資金援助を求めた。IMFは，このような資金供与を行う場合には，それとひきかえに通貨の切り下げや財政・金融の緊縮を条件として求めてきた。すなわち，IMFはWBと連携してより広い範囲の政策条件を求めるようになった。IMFとWBは，国際収支支援を供与する条件として，アフリカ諸国の政府が民間の経済活動に課していた規制を緩和し，国営企業を民営化し，市場メカニズムが機能するように経済政策の変更を求めた。このような一連の政策を構造調整と呼ぶが，IMFとWBは，構造調整を通じてアフリカ諸国の生産や輸出が増加し，それによって国際収支その他のマクロ経済の不均衡も回復すると主張した。

　構造調整政策がアフリカにもたらした成果については，評価が分かれる。1980年代後半に経済成長率は1980年代前半よりもやや回復を示したが，1990年代前半には再び低迷した。経済成長率は平均して人口増加率を下回り，一人あたり所得は減少した。構造調整政策に伴う医療保健や教育への政府支出の削減もあって，アフリカの人々の貧困状況は改善しなかった。

　構造調整は，IMFとWBによって強引に進められた面があった。一方で，これはグローバル化の幕開けと見ることができるかもしれない。グローバル化の中身は，各国政府の規制を超えて拡大する市場メカニズムである。しかし，このグローバル化はアフリカには目に見えるような恩恵をもたらしてはいない。

　他方で，構造調整には，規制や国営企業の経営を通じて生まれたアフリカ諸国の既得権益構造を掘り崩す側面があった。そのために構造調整政策の実施は国によっては政治的動揺を引き起こし，1990年前後の民主化（複数政党制への移行）を準備した。

　1990年代後半は，1980年代以降アフリカが最も高い経済成長率を達成した時期である。多くの国で成長率が人口増加率を上回り，明るい材料も増えたように見えた。アフリカの貧困諸国に対して公的な債権を有する先進国が債務の帳消しを進める「拡大重債務貧困国イニシャティブ」は1999年に発足した。これによってアフリカの貧困国にとって大きな負担となってきた累積債務問題

の解決に向けて一定のめどがたった。

しかし、1990年代後半の経済成長の回復は、それまでの一人あたり所得の下落を取り戻すまでには至らなかった。ほとんどの国で複数政党制への移行には暴力的事件が伴い、一部の国は政治的混乱や紛争に引き裂かれた。初等教育の就学率は多くの国で100％に達しておらず、女性の教育水準は男性と比べて低く、女性の半分弱が文字を読むことができない。HIV/エイズの蔓延は南部アフリカを中心に人間開発指数を低下させるほど健康状態の悪化を引き起こした。このような教育の遅れと健康状態の悪化は経済の行方に重大な影響を及ぼすであろう。アフリカは、全体として石油危機以来30年にわたる経済停滞を経験した。経済成長が人口増加率を下回り、一人あたり所得の低下した国は、昔のまま貧しいのではなく、より貧しくなってしまったのである。

アフリカにおいて構造調整が明確な成果をあげられず、貧困状況が深刻化したことは、援助国側のアプローチの変化を促した。「拡大重債務貧困国イニシャティブ」の発足と連動して、WBは経済一辺倒の従来のアプローチを改め、包括的開発フレームワークを打ち出した。それに基づいて、WBはIMFとともに重債務貧困国に対して債務救済の条件として政策の包括的枠組みを定めた「貧困削減戦略（PRPS）」を策定することを求めるようになった。

6-3-4　アフリカの開発戦略——1990年代以降

ポスト冷戦時代——民主化の内的・外的要因

構造調整政策の影響は1990年代も続いた。資金援助国が、アフリカ諸国への対外援助の条件として、自由選挙と民主的な政治制度の樹立を要求したためである（Kalu 2018）。アフリカ諸国が、その消極的な姿勢にかかわらず、西側諸国の求めた国内政治の改革を受け入れた背景には、外的要因と内的要因があった。

外的要因としては、共産主義の崩壊に伴うソビエト連邦の解体である。これはアメリカ合衆国とソビエト連邦のイデオロギー競争に象徴された冷戦の終結を意味した。その結果、西側の援助国が、さらなる援助の条件としてアフリカ諸国における自由選挙を要求する政治的空間が生まれることになった。この民主化の波は内的要因からも生じた。アフリカ全土の市民団体、女性団体、学生、

人権団体，NGO が構造調整政策に反対し，地域コミュニティの「自立」を促進するための地方政府の民主化と政治権力の強化を求めた（Cheru 2017）。つまり，地方政府と地域コミュニティが，自らの手で開発的課題を解決するべきだという声を上げたのである。この政治的・社会的変化を受け，アフリカ諸国政府は構造調整政策を継承した「貧困削減戦略文書（PRSP）」を「貧困層の成長」アプローチによって実施する必要に迫られた。このアプローチは，貧困層の参加と貧困削減を主要な目標とした（Binns et al. 2012）。

アフリカの自立を前提とした発展への道のり

1990 年代は，アフリカの各関係機関が「自立」という歴史的原則に基づいて，独自の開発代替案を模索するために多大な努力を惜しまない姿勢を示した時代となった。その目的は，経済成長と社会経済的利益をもたらすことのなかった構造調整政策を転換させることであった（Fosu & Ogunleye 2015）。たとえば，南アフリカのタボ・ムベキ（Thabo Mbeki）副大統領は，東京の国連大学での演説で「アフリカ・ルネサンス（アフリカの復興）」を提唱し，アフリカは「その目標と目的が自分たちで定義された場合にのみ成功する」と訴えた（Mbeki 1998: 7）。つまり，アフリカが自らの手で改革を決定し実行するべきだと集団的自立を求めたのであった。ムベキは同時に「経済を再建し，高い成長率を達成し，それを持続させ，失業を減らし，すべてのアフリカ人により良い生活を提供する」ためには，他国との協力に基づいたパートナーシップが必要であるとも付け加えた（同上）。この自立原則は，すべてのアフリカの成長と開発戦略の中心となるものである。1990 年，「開発と変革への一般的な参加のためのアフリカ憲章」は，集団的自立を達成するためには経済の回復と開発が必要であり，そのためには人々の参加が必要不可欠であると謳った。また 1991 年,「アフリカ開発のための新アジェンダ（UN-NADAF）」では，アフリカ経済の変革，経済の多様化，および成長を加速し，それらを世界経済に統合するためには自立が必要であると明言された（UN-NADAF 1991）。さらに同年，国連での日本の支援を受けて,アフリカ諸国の民主的および経済的移行を支援するために「アフリカのためのグローバル連合（GCA）」が設立されている（Raposo 2014）。

日本はアフリカの自立を支援するために，1993 年，アフリカ 48 ヶ国からの

参加者による最初のアフリカ開発会議（TICAD）を開催し，「アフリカ開発アジェンダ」を TICAD 最終宣言に組み込んだ（Raposo 2014）。アフリカの指導者たちは，日本に対して貿易と投資を増やし，援助を減らすよう求めたため，TICAD は徐々に対外援助から開発協力に拡大されていった。しかし，2001 年に採択された「アフリカ再生ミレニアム協力計画（MAP）」では，アフリカ独自の資源は貧困を根絶するために使われるべきであることが強調された（MAP 2001）。

また，2001 年には，3 つの開発戦略が始動した。第一は，アフリカの構造変革に向けた投資の拡大を呼びかけ，国際的なパートナーシップを強調した「アフリカ復興のためのコンパクト（COMPACT）」である。第二は，インフラストラクチャーの拡充とアフリカ諸国間の流通網の整備強化によって地域統合を目指す「OMEGA 計画」である。第三は，「アフリカ開発のための新パートナーシップ（NEPAD）」である。NEPAD の目的は，貧困の撲滅，持続可能な成長と発展の促進，道路・鉄道・エネルギー網の建設を通じてのアフリカの連結，民主主義と人権の促進，女性のエンパワーメントと子どもの保護，教育および医療サービスの提供，アフリカの経済的孤立を回避し世界経済に統合するための輸出の多様化と促進である。MAP，COMPACT，OMEGA の各計画は，2001 年にアフリカ連合（AU[*1]）によって採択された NEPAD と統合された。

新世紀におけるアフリカの発展——AU アジェンダ 2063 と国連 2030 アジェンダ

アフリカの開発戦略をより効果的に進めていくためには，国際的な支援が必要である。2000 年の国連ミレニアム・サミットでは，ミレニアム開発目標（MDGs）がまとめられ，2015 年までに達成すべき途上国向けの開発目標として，アフリカ開発課題の中心であった貧困，飢餓，医療，教育，ジェンダーなどの 8 つが掲げられた。

2012 年には，アフリカ大陸におけるインフラストラクチャーを整備強化するため，AU は「アフリカ・インフラ開発プログラム（PIDA）」を採用した。このプログラムの目標は，アフリカにおける共通市場を生み出すことで地域内貿易を後押しして，2040 年までにすべてのアフリカ地域をつなぐ輸送，エネルギー，水資源をはじめとするインフラ整備を目指している。

2015 年の MDGs 終了時にはアフリカ諸国全体の貧困削減は進展したものの，

北アフリカを除くと，1990 年に 56.5％だった貧困率は 2010 年に 48.5％になった程度で，アフリカにおいては MDGs は未達成の課題もあった（UNECA 2015）。そこで MDGs の後継として「持続可能な開発目標（SDGs）」が定められた。これは国連 2030 アジェンダとも呼ばれ，2030 年を年限とする国際目標である。MDGs は途上国向けの 8 つの目標であったのに対し，SDGs には 17 の目標があり，アフリカを含む途上国だけでなく先進国にも行動が求められている（United Nations 2015）。さらに，アフリカは特有の開発課題を抱えているため，AU は自己変革の目標として，国連 2030 アジェンダとは別に「アジェンダ 2063——私たちが求めるアフリカ」を発表した。国連 2030 アジェンダの SDGs は 17 の目標があるのに対し，アジェンダ 2063 が掲げる目標，すなわち「大志」は 7 つで，「大志 1」として「包摂的な成長と持続可能な開発に基づいた繁栄するアフリカ」をあげている（African Union 2015）。これは持続可能な経済成長を促進するために持続可能な農業によって貧困や飢餓を終わらせる SDGs の目標 1，2，8，11 に合致している（Ramutsindela & Mickler 2020）。

　AU のアジェンダ 2063 と国連 2030 アジェンダには 2 つの大きな違いがある。第一に，2 つのアジェンダはどちらも 2015 年に採択されたが，国連 2030 アジェンダが目標達成までの期間を 15 年間に設定しているのに対して，AU アジェンダは 2063 年までの 50 年間をその期間としている。第二に，SDGs は国際社会共通の目標であるが，アジェンダ 2063 の目標はアフリカの開発優先事項に限定されている。そのため，アジェンダ 2063 には以下のような目標もある。すなわち，汎アフリカ主義とアフリカ・ルネサンスの原則に基づいたアフリカの構造変革（大志 2），「良い統治」，人権の尊重，正義と法の支配に貫かれたアフリカの構築（大志 3），平和で安全なアフリカにすること（大志 4），世界各国に対して，強く，団結し，強靭で影響力のある，地球規模のプレイヤーとなると同時にパートナーになること（大志 7）などで，これらを目標とする主力プログラムも存在する。主力プログラムのなかで最も重要なものの一つとして，地域内貿易の活性化があげられ，これは 2019 年 5 月に発効したアフリカ大陸自由貿易圏（AfCFTA）の設立によって達成された（塚本 2021）。

　一方，これら 2 つのアジェンダには重要な共通点もある。共に，南南協力などによる各国とのパートナーシップを通して目標を達成することを目指してい

る点である。一例として，中国のアフリカへの関与があげられる。2000 年に
設立された中国・アフリカ協力フォーラム（FOCAC）は，TICAD に触発され
たものではあるが，日本とは異なる道をたどっている。日本が主導する
TICAD は開発に重点を置くが，中国の FOCAC は天然資源の開発と引き換え
による貿易のさらなる活発化と投資を強調する。他方で，近年，アフリカに対
するこれら両国の開発戦略のアプローチには類似点も見られる。例えば，日本
と中国はインフラ開発を通じてアフリカをつなぐ構想に着手した。これはア
ジェンダ 2063 の目標に沿ったものといえる。2013 年には中国がアジア，ヨー
ロッパ，アフリカをつなぐ「一帯一路構想（BRI）」を開始し，2017 年には日
本がインフラ建設を通してアジアとアフリカを結ぶ「アジア・アフリカ成長回
廊（AAGC）」をインドと共同で設立している。TICAD と FOCAC の 2 つのイ
ニシアティブ，ならびにそこから派生した BRI と AAGC は，経済成長と持続
可能な開発の観点から，国連 2030 アジェンダとアジェンダ 2063 の補完的なビ
ジョンとなっているといえる。

注
＊1　アフリカ連合（AU）は，1963 年に設立されたアフリカ統一機構（OAU）の後継として設
　　立された，アフリカで最も重要な機関である。AU の目標は，アフリカ・ルネサンスを達
　　成するためのあらゆる開発成長戦略の実現を目指すことである。

参考文献
北川勝彦・高橋基樹編　2014『現代アフリカ経済論』ミネルヴァ書房。
勝俣　誠　2013『新現代アフリカ入門』岩波書店。
塚本剛志　2021「アフリカ大陸自由貿易圏（AfCFTA）によるアフリカ経済統合への展望と課題」
　　『海外ウォッチャー』https://www.mof.go.jp/public_relations/finance/202103/202103n.pdf
　　（2021 年 7 月 1 日閲覧）。
日本貿易振興機構　2013『主要国の対アフリカ戦略（世界・アフリカ）』日本貿易振興機構海外
　　調査部中東アフリカ課。
平野克己　2013『経済大陸アフリカ——資源・食糧問題から開発政策まで』中央公論新社。
峯陽一・武内進一・笹岡雄一編　2010『アフリカから学ぶ』有斐閣。
モヨ，D　2010『援助じゃアフリカは発展しない』小浜裕久監訳，東洋経済新報社。
モルテン・イェルヴェン　2015『統計はウソをつく——アフリカ開発統計に隠された真実と現
　　実』渡辺景子訳，青土社。
African Union 2015. *Agenda 2063: The Africa We Want*. April. https://www.afdb.org/
　　fileadmin/uploads/afdb/Documents/Policy-Documents/Agenda2063_Popular_Version_
　　English.pdf（2021 年 9 月 7 日閲覧）。
Binns, T. & A. Dixon, E. Nel eds. 2012. *Africa: Diversity and Development*. London: Routledge.

Cheru, F. 2017. Africa's Development Trajectory: Past, Present, and Future Directions. In C. Lopes & A. Hamdok, A. Elhiraika (eds.), *Macroeconomic Policy Framework for Africa's Structural Transformation*. Switzerland: Palgrave Macmillan, pp. 37-58.

Fosu, A. K. & E. K. Ogunleye 2015. African Growth Strategies: The Past, Present, and Future. In C. Monga & J. Y. Lin (eds.), *The Oxford Handbook of Africa and Economics*. Volume 2: Policies and Practices. Oxford: Oxford University Press, pp. 23-38.

Kalu, K. 2018. *Foreign Aid and the Future of Africa*. Switzerland: Palgrave Macmillan.

MAP 2001. *Millennium Partnership for the African Recovery Program*（MAP）. https://archive.unu.edu/africa/africaday/files/2001/MilleniumAfricaPlan.pdf（2021 年 6 月 12 日閲覧）

Mbeki, T. 1998. South African Deputy President Thabo Mbeki speaks at the United Nations University. Tokyo, 9 April. https://archive.unu.edu/unupress/mbeki.html（2021 年 6 月 10 日閲覧）

Ramutsindela, M. & D. Mickler 2020. Global Goals and African Development. In M. Ramutsindela & D. Mickler (eds.), *Africa and the SDG*. Switzerland: Springer, pp. 1-9.

Raposo, P. A. 2014. *Japan's Foreign Aid Policy in Africa: Evaluating the TICAD Process*. New York: Palgrave.

UNECA 2015. Assessing Progress in Africa Toward The Millennium Development Goals. *MDG Report 2015*. https://www.afdb.org/fileadmin/uploads/afdb/Documents/Publications/*MDG_Report_2015*. pdf（2021 年 6 月 16 日閲覧）

United Nations 2015. Resolution adopted by the General Assembly on 25 September 2015. A/RES/70/1. Seventieth session, 21 October 2015. https://www.un.org/ga/search/view_doc.asp?symbol=A/RES/（2021 年 12 月 5 日閲覧）

UN-NADAF 1991. *United Nations New Agenda for the Development of Africa in the 1990s*（UN-NADAF）https://uia.org/s/or/en/1100027652（2021 年 6 月 12 日閲覧）

6-4	**南アフリカにおける工業化と労働者**

ダイヤモンドと金鉱脈の発見による「鉱業革命」が南部アフリカに与えた衝撃は大きかった。南部アフリカの鉱山開発はイギリス系大企業による多額の投資のもとで進み，アフリカ人も出稼ぎでの賃金労働者として工業化に巻き込まれた。1889年には鉱山都市ヨハネスブルクで鉱山会議所が設立された。鉱山会議所は，低賃金のアフリカ人労働者をリクルートするために，南部アフリカの各植民地政府との間に協力関係を築き，1895年にはラント原住民労働協会（RNLA，後にヴィットヴァーテルスラント原住民労働協会（WNLA））を設立した。アングロ＝ボーア戦争（1899～1902年）の終結後に建設された南アフリカ連邦（以下「南ア」とする）の経済は，鉱業革命から第二次世界大戦までイギリス系企業が独占した鉱山業に依存し続けた。

さらに1930年代には製造業が発展し，「第二次工業化」が進行する。製造業の発展は，国内のアフリカ人労働者を第一次産業から第二次産業へ動員する重要な要因となった。農村からの出稼ぎ労働者は都市に進出し，鉱山会議所はこれにかわる低賃金労働者を調達するために，製造業と競合しながらリクルート対象地を南部アフリカ各地の農村へ広げざるをえなくなった。この過程で熟練ないし半熟練職を独占するヨーロッパ人労働者と不熟練職にとどめられたアフリカ人労働者の間で労働市場に二重構造が生まれた。本章では，第二次世界大戦までに南アフリカで生じた工業化とその過程で生じた両産業における労働市場の動向について学習する。

6-4-1　金鉱業と第一次工業化──19世紀後半～1919年

鉱業革命と鉄道建設

フランケルの研究によると，1886年から1913年にかけて南アフリカ金鉱山への投資は，主要ヨーロッパ諸国の海外属領地に対する投資額の4％であった。この間，南アフリカ金鉱業は，1888～89年，1895年，1899年，1902～03年，および1908～09年の5回にわたって投資ブームを経験した。各ブーム間の谷

間では，ヨーロッパ各地の証券取引所の信用収縮と投機の崩壊が見られた。したがってヨーロッパからの金鉱業への投資規模は縮小する傾向にあったが，鉱山開発は資本調達や鉱脈探査に慣れていた巨大な鉱山金融商会と鉱山会社で独占された。露出鉱山の開発が一段落し，1895年以後，深層鉱山の採掘は深堀技術と鉱石処理技術を導入できる資金力をもった大企業に限られた。

鉱山開発の進展と同時に南部アフリカでは鉄道建設が行われ，トランスヴァール共和国では，ラント金鉱山からポルトガル領モザンビークのデラゴア湾に向けた路線建設が計画された。内陸に位置する金鉱山から海へ出る陸上交通網の建設は鉱山会議所にとって早急に着手すべき課題であったが，この路線は1895年にはケープ植民地からオレンジ自由国を通過してラント鉱山へ直結する路線と結ばれた。

ラント鉱山を中心にインド洋沿岸地域に鉄道網が拡張された結果，ケープおよびナタール植民地諸港とロレンソ・マルケス港の間では貨物輸送をめぐって鉄道は競争した。鉱山会議所はモザンビーク植民地総督に対しアフリカ人労働者の調達を独占することを条件に，ラント鉱山からの貨物の47.5％をモザンビークのロレンソ・マルケス港で降ろす話を持ちかけた。1902年にこの提案が暫定協定として発効された後も同協定はたびたび更新され，モザンビーク出身の労働者はラント鉱山におけるアフリカ人労働者のなかで最も大きな割合を占めるようになった。

鉱山労働者の組織的リクルート

RNLAが設立される1895年まで，ナタール植民地の砂糖プランテーションよりも高賃金の雇用に引き寄せられた現地人労働者は鉱山労働に自発的に参加していた。当時，個人の斡旋業者の競争が激しく，鉱山会社は賃金の高騰にたびたび悩まされていた。その後，鉱山企業は，低賃金労働者の安定的確保にとって農村で独占的に雇用契約を結ぶ組織的リクルートと出稼ぎ労働を登録させる植民地政府の労働局の恩恵を受けた。

キンバリーでダイヤモンド鉱山が発見された当初，開発を目的とした企業家やヨーロッパ人入植者の他に，鉱山周辺からアフリカ人労働者が集められ，そのなかにモザンビーク出身の労働者が参入した。ポルトガルの植民省の協力

表6-4-1　鉱山会議所に雇用されたアフリカ人労働者の出身地（1906〜46年，単位：％）

	1906 年	1916 年	1926 年	1936 年	1946 年
トランスヴァール	4.0	10.3	8.4	7.0	7.6
ナタール	4.8	5.3	2.6	4.9	4.4
スワジランド	0.7	1.9	2.1	2.2	1.8
ケープ	13.7	33.0	29.8	39.2	27.8
レソト	2.6	7.9	10.9	14.5	12.5
オレンジ自由州	0.3	0.6	0.5	1.1	1.5
ボツワナ	0.4	1.8	1.0	2.3	2.3
モザンビーク	65.4	38.1	44.5	31.5	31.5
南緯 22 度以北	8.0	1.1	0.2	10.6	10.6
合計労働者数（人）	81,000	219,000	203,000	318,000	305,000

出所）網中（2012：142）から筆者作成。

　があったためにモザンビーク出身者はアフリカ人労働者の3割を占めた。その後もモザンビーク出身労働者の数はさらに増え，1889年には6割を占めるに至っている。

　ラント金鉱山でも，現地人労働者のリクルートと管理の手法にはキンバリーと共通する点が見られる。RNLAはモザンビーク人労働者のリクルート手法に倣った。金鉱山周辺にコンパウンドが設置され，現地人労働者は他の労働者と共同生活を送った。もともと採掘した鉱物の盗難防止を目的として現地人労働者を収容したコンパウンドの仕組みは，金鉱山でさらに強化された。現地人の監視役をおき，逃亡や反乱を鎮圧できるように設計されていた。

　モザンビーク出身労働者の場合，RNLAとの契約期間は12〜18ヶ月に及んだ。雇用期間中に技術を習得した彼らは，掘削機を操作する半熟練労働者として採用され，アフリカ人労働者のなかでも高賃金を獲得することができた。こうして鉱山会議所にとって比較的低賃金で熟練作業にも従事できるアフリカ人労働者を確保することが常態化していった。

　モザンビークを含むポルトガル領出身者をのぞくと，残りの3割が南ア国内の現地人労働者とその他の周辺地域出身者であった。国内の現地人労働者のなかでは，ポンドランドを含むケープ植民地出身者が最も多い（表6-4-1）。これらの国内労働者は，1年間のうち3ヶ月だけ鉱山で生活し，その残りの期間は農村で家族と小作農として農作業に従事していた。

6-4-2　第二次工業化の基礎——1919〜33年

南アフリカ経済における金融制度

　第一次工業化の時期の南アでは，グループ・システムと呼ばれる特異な鉱山開発金融の制度が生まれた。鉱山金融商会は新鉱床が発見されるたびに鉱山会社を設立し，採掘を進めていた。鉱山会社は独自の取締役会と株主を持つ独立した法人であるが，金融商会からの代表を会社の取締役会に迎えた。グループ・システムの下では鉱山会社は採掘地を鉱山金融商会から購入し，それと引き換えに鉱山金融商会から開発・金融・投資・配当などの指示を受ける関係にあった。

　鉱山金融商会の役割は，莫大な開発費用がかかる深層鉱山の開発を担う点にある。すなわち，鉱山金融商会は，鉱脈の開発が期待できる土地所有者から事前に時限付きの地下探査権を取得し，傘下の探査会社を通じて鉱脈の探査を行い，その後政府から当該敷地の地表を使用する権利を購入する。次に鉱山金融商会は鉱山会社を設立し，国有化されている採掘権の借り入れの申請を行う。これに対し政府の採掘権貸与局は鉱地の境界線を決定し，その鉱区における利潤を「リース料」として徴収することができた。

　鉱山開発からもたらされる収入は1918年には国庫収入の13%を占めており，それは1939年になっても23%を占めた。金鉱業は南ア政府にとっては外貨獲得の主要な手段でもあり，イギリス系金融商会が支配する金鉱山会社への依存構造は第二次世界大戦まで続いた。南ア政府の鉱山業への財源依存からの脱却は1924年以降の自国産業育成政策の目標であったものの，GDP構成比の重点が鉱山業から製造業へ移るのは，第二次世界大戦後を待たなければならない。

　1920年代初めにいち早く鉱山業以外で成長が見られたのは，鉱山企業が鉱山周辺に設立した関連分野の金属加工や製薬などの製造業部門などであった。南アの場合，ドイツやフランスのような後発工業化国で設立されていた産業銀行やイギリスやアメリカ合衆国で利用されていた投資信託制度は1930年代の半ばまで未発達であった。鉱山開発に必要なダイナマイトの製造工場や石油の精製プラントの例にあるように，製造業部門では設備投資をイギリスにある親会社に頼らざるをえない状況が続いていた。

自国産業の育成政策

　鉱山都市では鉱業の関連企業の他にも，輸入原料や半完成品を用いた最終消費財の生産が徐々に行われ，食糧品や衣料品などの軽工業の工場が設立されていた。金属加工産業では金屑鋳鉄業が始まり，この金属製品部門は1920年代初めの製造業部門における総生産額の約20％を占めた（図6-4-1）。これに対して鉄鋼業などの原料加工分野が遅れを取ったのは，必要な技術が未発達で資本が不足していたためであった。1928年には国営企業の「南アフリカ鉄鋼公社（ISCOR）」が設立され，国産原料に基づく鉄鋼生産が進められるようになった。

　自国産業の育成政策が展開されたとはいえ，鉱業部門に比べて脆弱な製造業部門に必要以上の投資リスクを冒す必要はないという政府内の消極派は，国営企業の設立には強い反発を見せた。最初の製鉄所はイギリスとドイツから招いた技師の指導のもとプレトリアに建設されたが，初出鋼は1934年になってからであった。当時の製造業部門では設備投資の問題にとどまらず，交通網の未整備や国内を網羅する送電設備の不足などの問題を抱えていた。1922年に成立した電気法により国営企業の送電公社（ESCOM）が設立され，実質的には民間企業のヴィクトリア湖トランスヴァール電気会社（VFTPC）が送電設備の設置を担っていた。

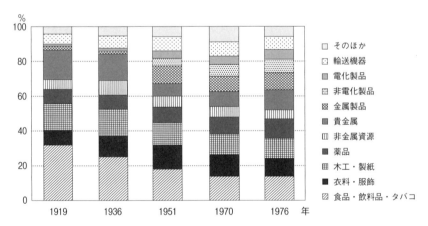

図6-4-1　製造業に占める各部門の生産額の変遷

出所）Nattrass（1981, 170）から筆者作成。

その一方でヨーロッパ人の労働者や失業者を対象としたISCORの雇用創出策は，労働市場に確実な変化をもたらした。すなわち1910年代以降の度重なる干ばつにより土地を失ったヨーロッパ人貧困層の問題を抱えていた政府は，鉄道敷設などの公共事業への動員だけでなく，製造業での職業訓練を充実してヨーロッパ人半熟練職を大量に養成した。たとえば1934年のISCORのフェレーニヒング工場でのヨーロッパ人労働者の比率は55%であり，民間企業に比べて極めて高かった。

政府の政策によって半熟練職は増加し，イギリス人の熟練職によって占められていた労働組合に政府は介入した。すなわち1920年代まで企業は，本国での労働争議を経験した熟練職人による強い賃上げ要求に苦戦していたが，半熟練職にオランダ系入植者であるアフリカーナーの労働者が雇用されると同時に，産業内では不熟練職のアフリカ人の労働組合と熟練職のヨーロッパ人の産業別組合が並立する状況が生まれていた。政府は一方では支持基盤であるアフリカーナー系貧困者層を含むヨーロッパ人労働者の生活水準を向上させ，他方ではアフリカ人労働組合の賃上げ争議などを合法的に管理するため，1924年には政府は労働争議の調停制度を整えた産業調停法を通過させ，また最低賃金制度を整えていった。ただし，このときの労働政策では政権支持基盤であったヨーロッパ人労働者に「（現地人よりも高水準の）文明的水準の生活を実現させる」ことを目的としたため，その対象からアフリカ人労働者は排除された。

6-4-3　第二次工業化の展開——1933〜48年

都市における製造業の成立

1929年のニューヨーク市場における株価の大暴落に始まる世界恐慌は，アフリカにおいては第一次産業に長期的な打撃を与えた。南アでは農産物価格が暴落し，主要輸出用作物の輸出量が激減した。金鉱業では独占的な開発体制が確立されたため辛うじて増産ができたものの，ラント金鉱山では失業者は1万人を超えた。キンバリーではダイヤモンド鉱山の産出量が激減し，ついにはデ＝ビアス鉱山が閉鎖されたことで1万2000人の失業者が出た。同様に総生産額が若干低下した製造業でも，1万人近くのアフリカ人労働者が失業した。ただし1920年代以降に優先的な雇用確保政策が適用されたヨーロッパ人労働者

の雇用数はわずかに増加した。

　1932年に南アはイギリスに1年遅れて金本位制から離脱した。この結果，金価格の暴落と深刻な金の流出の危機を免れた。これにより新たな鉱山開発を進めるゆとりを得た鉱業部門は景気回復への道筋をつけた。製造業の台頭により主要産業の地位は緩やかに交代した。これまで市場が限られていた南ア製品の需要は，第二次世界大戦による軍需とさらなる輸入代替化の必要性によって順調に伸び続けた。1939年から1945年にかけての総生産額は，1億4058万ポンドから3億408万3000ポンドにまで上昇した。とくにアフリカ人労働者が都市製造業に進出したことで南ア製品の国内消費は拡大した。

　製造業における設備投資額では金属加工が最も多く，とくに1938年から1944年には1700万8000ポンドから3400万2000ポンドにまで増加した。また第一次世界大戦以降，代表的な労働集約的産業であった食品・飲料品部門や服飾部門に加え，第二次世界大戦期には木材加工部門における労働者数が突出するようになった。これには従来のヨーロッパ人熟練職に加え，アフリカ人労働者が小規模の作業所（ワークショップ）を改造して独自に家具製造を担うようになっていたことが背景にある。すなわち旧来のような職人と少数の徒弟による手作業が行われていたワークショップは，大量生産方式を導入し始めていた工場の設置と同時に都市で増加していった。ただしアフリカ人の手工業職人はヨーロッパ人熟練職が占める労働組合から排除されたため熟練職とは見なされず，また製品はアフリカ人購買層を対象とするにとどまった。

現地人労働者の移動

　1930年代になると製造業では1920年代のアメリカで始められたフォード・システムを模倣した大量生産体制が南アに導入されていた。ただし南アの場合は，ヨーロッパ人とアフリカ人の労働者の雇用先は明確に分かれており，また就業可能な技術職や賃金の間にも大きな格差が存在した点が特徴的であった。たとえば各製造業部門の雇用の変化の内訳を見ると，鉄鋼や機械産業などの重工業にはヨーロッパ人労働者とアフリカ人労働者の双方が就いたのに対し，食料品や服飾などを扱う軽工業ではヨーロッパ人労働者の減少に伴ってアフリカ人労働者が増加した（表6.12）。鉄鋼業や機械産業では，イギリスを中心とす

表6-4-2　1938年から1945年にかけての各産業別の雇用増減（%）

	ヨーロッパ系	アフリカ人	アジア系	カラード
石材加工	− 4	0	− 2	− 37
木材加工	− 16	− 27	18	13
鉄鋼・金属	72	97	75	90
飲料・食品	− 8	85	39	74
テキスタイル・服飾	− 22	62	53	65
書籍・印刷	− 25	11	21	6
自動車	− 51	1	− 30	− 21
家具製作	− 37	29	45	9
高熱・電力	− 2	− 16	51	2
皮革加工	− 2	85	875	86
建設	26	6	− 25	− 24
その他の産業	39	61	56	142

出所）Lewis（1984: 89）から筆者作成。

る連合国からの軍需を支えるために政府助成が行われた結果，人件費が高い
ヨーロッパ人労働者でも優先的に雇用する余裕が見られた。したがって，従来
熟練職人によって占められてきた同産業には，世界恐慌によって大量に発生し
た失業者を受け入れ，非熟練職から新たに訓練することが求められた。大量の
非熟練職の受け入れによりヨーロッパ人の半熟練職以下の比重が増加したこと
で，企業は人件費の節約という効果を享受することができた。

　逆に軽工業では工場の機械化が進められた結果，多くの現地人労働者が不熟
練労働者として雇用された。これはフォード・システムを真似た大量生産体制
の下で，熟練職人の数を減らし，作業用機械に半熟練職や監督職を適切に配置
し，その下で不熟練職を管理させるという経営手法が採用されたからであった。
アフリカ人労働者の賃金はヨーロッパ人の労働者と比べて10倍近く開きが
あったため，人件費の削減のために彼らがしばしば半熟練職や監督職に採用さ
れることもあった。

　このような製造業の台頭は，かつて鉱山労働に従事していた農村出身のアフ
リカ人労働者をより多く惹き付けた。都市で展開した製造業部門では賃金が鉱
山業よりも高く設定されていたため，1933年から1955年の間ではアフリカ人
の労働者数は5万人から43万人までに増加した。一方，世界恐慌の打撃を金
本位制からの離脱で乗り切った金鉱業でも，鉱石が枯渇した旧鉱山が閉鎖され
たかわりに深層鉱山が開発され，鉱山数は増加した。しかしアフリカ人労働者
を製造業部門に奪われたことで，金鉱業ではかわりの労働者の確保に苦戦する

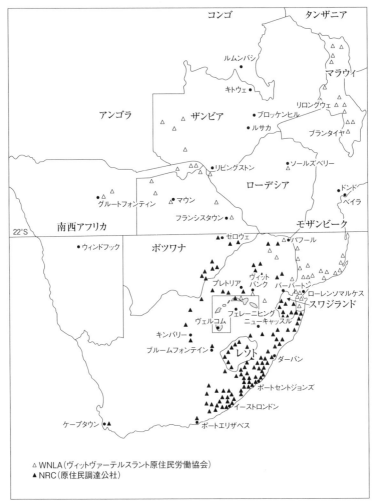

図6-4-2　南部アフリカにおけるWNLAとNRCの発着所（1946年）
出所）佐伯 2004：267（一部改変）。

ようになっていた。第二次産業へ移動した国内のアフリカ人労働者を埋め合わ
せるために，WNLA は南部アフリカ諸地域のリクルート網をさらに拡大せざ
るをえなかった。

　深層鉱山ではこれまで以上に低品位鉱山の開発が進められ，大量に鉱石を粉
砕して，そのなかから少ない金を取り出す掘削作業が行われた。粉末はヨーロ

パ人熟練職の他にモザンビーク出身のアフリカ人労働者が技術者として雇用されていたが，1930年代になると，それ以外の地域からの出身者もこの作業に加わるようになった。1932年に鉱山会議所が南ア政府から許可を得て，それまでリクルートが禁止されていた南北ローデシアやモザンビーク，ベチュアナランド，西南アフリカを横切る「南緯22度線」のさらに北方で活動を開始したからであった（図6-4-2）。

1939年までにWNLAは南緯22度線以北の地域の植民地政府と労働者募集協定を結び，南ローデシアを拠点として各地に労働者の集積キャンプを設置した。鉱山労働者数は1941年にピークを迎え19万2730人に達したが，第二次世界大戦中の鉱山ストの鎮圧以降，国内出身のアフリカ人労働者は増加した。これを外国人労働者の新規参入で埋め合わせようとするWNLAの策も功を奏さず，戦後の金鉱業は1960年代に資本集約的な産業構造へと移行するまで労働力不足に見舞われ続けたのである。

参考文献

網中昭世　2012「国家・社会と移民労働者——南アフリカ鉱山業における労働者の協調と分断」小倉充夫編『現代アフリカ社会と国際関係——国際社会学の地平』有信堂，129-156頁。

網中昭世　2014『植民地支配と開発——モザンビークと南アフリカ金鉱業』山川出版社。

北川勝彦　2001『南部アフリカ社会経済史研究』関西大学出版部。

佐伯尤　2004『南アフリカ金鉱業の新展開——1930年代新鉱床探査から1970年まで』新評論。

西浦昭雄　2008『南アフリカ経済論——企業研究からの視座』日本評論社。

星昭・林晃史　1992『総説・南部アフリカ』（世界現代史13　アフリカ現代史1），山川出版社。

Lewis, J. 1984. *Industrialisation and Trade Union Organisation in South Africa, 1924-1955: The Rise and Fall of the South African Trade and Labour Council*. London and NY: Cambridge University Press.

Nattrass, J. 1981. *The South African Economy: Its Growth and Change*. London and NY: Oxford University Press.

『新・現代アフリカ入門——人々が変える大陸』勝俣誠，岩波書店，2013

　　　本書は，著者の長年にわたるアフリカ大陸におけるフィールド体験に基づいて書か
　　　れたものである。前半では，民主化や武力紛争など現代アフリカにおける政治経済
　　　変動を中心に考察し，後半では，2000年以後の世界経済の新たな変動と関連するア
　　　フリカ経済の動きに注目しながら書かれている。本書の最後には，資源のアフリカ
　　　でもなく，消費市場のアフリカでもない，アフリカの人々がどのように自らの社会
　　　を構築しようとしているかが論じられている。

『経済大陸アフリカ——資源，食糧問題から開発政策まで』平野克己，中央公論新社，2013

　　　本書では，今，生まれつつある「新しいアフリカ」という認識のもとで，アフリカ
　　　を語る場合，アフリカの外から視線を注いでアフリカの輪郭を描こうとしている。
　　　具体的には，中国の対アフリカ攻勢，資源開発とアフリカ，食糧安全保障とアフリカ，
　　　グローバル企業とアフリカなどのテーマが論じられている。最後に，日本も新しい
　　　アフリカの動きに対応した新しい関与が求められるという問題が提示されている。

『東大塾　社会人のための現代アフリカ講義』遠藤貢・関谷雄一編，東京大学出版会，2017

　　　今，アフリカは注目されており，アフリカの過去，現在，未来について考え，語ろ
　　　うとする人は確実に増えている。これは，21世紀に入り，世界におけるアフリカの
　　　地位が向上したことを反映している。もちろん，アフリカには多くの深刻な問題が
　　　あることは否定できない。本書は，アフリカの現状をあらゆる角度から分析し，多
　　　様な話題を提供してくれている。

『新書アフリカ史　改訂新版』宮本正興・松田素二編，講談社，2018

　　　1997年以後，今日に至るまで，数多くの読者を得ている本書は全面改訂された。ア
　　　フリカの歴史の展開について独特の地域概念を活用して理解させようとするところ
　　　に本書の利点がある。たとえば，「川世界の歴史形成」や「外世界交渉のメカニズム」
　　　など，興味の尽きない記述が見られる。また，本書では，アフリカの近代史については，
　　　アフリカの人々を歴史の主体として位置付けて論じることの重要性が強調されてい
　　　る。

『アフリカ世界の歴史と文化——ヨーロッパ世界との関わり』
　　　　　　草光俊雄・北川勝彦，放送大学教育振興会，2013

　　　アフリカの歴史を一つの書物にまとめることは歴史家にとっては一つの挑戦である
　　　が，本書は，人類史の展開に重要な役割を演じ続けているアフリカの歴史について
　　　ヨーロッパとの関わりを意識しながら書かれている。とくに大航海以後のアフリカ
　　　史の動向が大陸をとりまく三つの海洋を介して他の世界の歴史とどのように関連し
　　　ていたのかを本書を通して知ることができる。本書には，教育用の教材として「放
　　　送教材」も準備されているので，あわせて参考にすることでアフリカ史への理解が
　　　いっそう深まるであろう。

追　記

　このようなテキストを刊行するアイデアは数年前から関西大学経済学部で経済史を担当する教員の間で検討されてきた。実際，毎年，関西大学経済学部の経済史の担当教員と，学外の経済史を担当されている数名の教員が原稿を持ち寄り，生協で簡易製本したものを販売してもらっていた。それを講義のなかで使うことで得られた大変貴重な知見を踏まえ，さらに修正を加えることで，ようやくここに完成することができた。「まえがき」でも書いたが，昭和堂編集部の松井久見子氏をはじめ多くの皆様に感謝を申し上げる。

　そのなかでも，このプロジェクトを発案し，経済史の講義内容の充実とそれを支えるテキストの刊行を推進された浜野潔名誉教授に心から謝意を示したい。浜野先生は慶應義塾大学で博士号を取得され，京都学園大学を経て，2002 年から関西大学経済学部で教授を務められた。残念ながら 2013 年 12 月 23 日に急逝され，このテキストをともに編集することは叶わなかったが，本書の第 II 部第 5 章は浜野先生が生前に書かれたものであり，他の章との調整で若干の修正はあるものの全体像を変えてはいない。本章の収録をお許しいただいたご遺族に感謝を申し上げる。

　本書は浜野先生を含め多くの方のご尽力で刊行することができた。しかしテキストの性格上，これで終わりではない。今後，新たな知見が出てくるたびに改訂を加えていかなくてはならない。手間のかかる作業ではあるが，テキストを手に取る読者への責任として，執筆者一同，常に最新のものになるように努めていきたいと思っている。

　　　2017 年 3 月 15 日

執筆者一同

事項索引

賃金統制令 141

通信革命 73, 77, 83, 219
通信使 114
対馬藩 114-116
ツンフト闘争 158

T型車 100-104
帝国主義 86, 88-91, 213, 242, 249
帝国特恵制度 259
テイラー・システム（科学的管理法） 99, 100, 104
出島 113, 115
鉄道 50, 51, 73-75, 77, 82, 91, 126, 128, 130, 132-134, 174-176, 178, 216, 220, 228, 235, 236, 250, 256, 260, 270, 274, 275, 279
鉄道国有法 134
テネシー渓谷開発公社 97
デ＝ビアス鉱山 279
電信 73, 77, 78, 126, 128, 130, 221
電力国家管理法 141

ドイツ関税同盟 175
ドイツ歴史学派 18-21, 49
銅 74, 115, 214, 259
投資銀行 174, 175
堂島米市場 35
独占禁止法 143
都市化 70, 137, 138, 203, 204
ドッジ・ライン 145
徒弟制度 158
飛び杼 61, 174
ドミノ理論 236

取引費用 44
ドル危機 186, 188-190
ドルショック（ニクソン・ショック）151, 189
奴隷貿易 53, 162, 165, 166, 168-172, 242-244, 246, 248, 256

な行

内国関税 45, 175
内務省 126, 128, 130, 143
長崎 112, 113, 115, 116, 119, 122, 126, 131, 214, 239
ナショナル・ミニマム 184, 185
ナタール植民地 248, 252, 253, 275
ナチス 97, 179
鍋底不況 147
南蛮貿易 112

ニクソン・ショック→ドルショック
西原借款 139
二十一ヶ条の要求 139
日独伊三国軍事同盟 142
日米修好通商条約 118
日米和親条約 117, 118
日露戦争 133, 135
二・二六事件 140
日本開発銀行 145
日本銀行 82, 131, 135, 139, 142, 151
日本鉄道会社 132
日本輸出銀行 145
ニューディール 96-98
ニューヨーク株式市場の暴落 94
人間開発指数 268
任命首長 253

人名索引

な行

ニクソン，R　150, 189
ノース，D　44-46, 51, 197

は行

速水融　35-40, 42, 69, 200
ハリス　118
ピール，R　88
ビスマルク　249
ヒトラー　97
ビューヒャー，K　19
ピレンヌ，H　156
広田弘毅　140
ファン・ザンデン　69, 70
ブース，C　183, 184
フーバー　96
フォーゲル，R　51-53
フォード，H　24, 100
ブライト，J　87
ブローデル　68
ベイリー　212
ベヴァリッジ，W　185
ベッカー　25, 26
ペティ，W　13, 20
ペリー　117
ホイットニー，E　52
ポメランツ，K　40, 66-70

ま行

松方正義　130
マディソン　196, 233
マルクス，K　17, 26, 105
マルサス，T・R　34, 69, 181
水野忠邦　47
宮本又次　27
メンデルス，F　30, 32-34

や行

ヤーノシュ，K　109
家島彦一　206, 207, 209
柳澤悠　232
山尾庸三　126
由利公正　123, 127
吉田茂　144

ら行

ラウントリイ，S　184
ラッフルズ　215
リカード，D　86
リスト，F　18, 19, 21, 175
ルーズベルト，F　94, 96
ロイ　231
ローズ，C　250
ロストウ，W　20, 21, 50-52

編者・執筆者紹介 (五十音順，*編者)

赤木　誠（あかぎ まこと）　　　　　　　　　　　　　担当：2-3, 2-8

　松山大学経済学部准教授。専門はイギリス社会福祉史，社会経済史。おもな著作に『英国福祉ボランタリズムの起源』（分担執筆，ミネルヴァ書房，2012 年），「英国における児童手当構想の定着，1939 ～ 1942 年──超党派議員を中心としたキャンペインの展開」（『歴史と経済』231（58-3），2016 年）など。

宇都宮浩司（うつのみや こうじ）　　　　　　　　　　担当：2-13, 4-2, 4-5

　神戸国際大学客員教授。専門は日本－カナダ通商関係史，北米交通経済史。おもな著作に『リメディアル世界史入門』（編著，創成社，2014 年），『カナダの歴史を知るための 50 章』（分担執筆，明石書店，2017 年）など。

柏原宏紀*　　　　　　　　　　　　　　　担当：3-2, 3-3, 3-4, 3-6, 3-7

　関西大学経済学部准教授。専門は日本経済史，日本政治・行政史。おもな著作に『工部省の研究』（慶應義塾大学出版会，2009 年），「大隈重信の政治的危機と財政をめぐる競合」（『史学雑誌』124（6），2015 年）など。

北川勝彦*　　　　　　　　　　　　　　　担当：Ⅰ，2-7, 6-1, 6-3

　関西大学名誉教授。専門はアフリカ経済史。おもな著作に『脱植民地化とイギリス帝国』（イギリス帝国と 20 世紀　第 4 巻，編著，ミネルヴァ書房，2009 年），『現代アフリカ経済論』（共編著，ミネルヴァ書房，2014 年）など。

北原　聡*　　　　　　　　　　　　　　　担当：2-1, 2-10, 3-1, 3-5

　関西大学経済学部教授。専門は近代日本経済史。おもな著作に「近代日本における電信電話施設の道路占用」（『郵政資料館研究紀要』創刊号，2010 年），『経済発展と交通・通信』（分担執筆，関西大学出版部，2015 年）など。

熊谷幸久*　　　　　　　　　　　　　　　担当：2-12, 4-1, 4-6

　関西大学経済学部准教授。専門はイギリス経済史。おもな著作に「19 世紀初頭の英国のアジア通商政策に対する地方商人及び製造業者の影響力──1812 年から 1813 年にかけてのグラスゴ－東インド協会による東インド貿易開放運動を中心に」（『歴史と経済』52（1），2010 年），*Breaking into the Monopoly: Provincial Merchants and Manufacturers' Campaigns for Access to the Asian Market, 1790-1833*（単著，Brill，2012）など。

豊田太郎（とよだ たろう）　　　　　　　　　　　　　担当：2-14, 2-15

　駒澤大学経営学部教授。専門はアメリカ経済史・経営史。おもな著作に「オイルラッシュとオイルマン──ペンシルヴェニア州マッキーン郡ブラッドフォード油田」（『大阪経大論集』61（2），2010 年），『経済発展と交通・通信』（分担執筆，関西大学出版部，2015 年）など。

長澤勢理香（ながさわ せりか）　　　　　　　　　　　担当：4-3, 4-4

　流通経済大学経済学部准教授。専門はイギリス経済史。おもな著作に「奴隷ファクター──大西洋奴隷貿易における現地在住奴隷販売人の役割」（『社会経済史学』82（1），2016 年）など。

西村雄志*   担当：2-2, 2-4, 2-9, 2-11, V

関西大学経済学部教授。専門は近代アジア経済史。おもな著作に *The Origins of International Banking in Asia: The Nineteenth and Twentieth Centuries*（分担執筆，Oxford University Press, 2012），『国際銀行とアジア 1870〜1913』（分担執筆，慶應義塾大学出版会，2014 年），*The Development of International Banking in Asia*（編著，Springer, 2020）など。

浜野　潔（はまの きよし）   担当：2-5

関西大学名誉教授。専門は近世日本経済史，歴史人口学。おもな著作に『近世京都の歴史人口学的研究』（慶應義塾大学出版会，2007 年），『歴史人口学で読む江戸時代』（吉川弘文館，2011 年）など。

Pedro Miguel Amakasu Raposo de Medeiros Carvalho（ペドロ・ラポウズ）

関西大学経済学部教授。専門は国際関係，アフリカ・アジア関係。おもな著作に *Japan's Foreign Aid to Africa, Angola and Mozambique within the TICAD process*（Routledge, 2014）や *Routledge Handbook of Africa-Asia Relations*（共編，Routledge, 2018）など。

宗村敦子（むねむら あつこ）   担当：6-2, 6-4

千葉経済大学経済学部専任講師。専門は南アフリカ経済史。おもな著作に「1930〜40 年代西ケープにおける缶詰産業の成立——南アフリカの第二次工業化と地域経済」（『アジア太平洋論叢』20，2014 年）など。

森本行人（もりもと ゆきひと）   担当：2-6

筑波大学 URA 研究戦略推進室リサーチ・アドミニストレーター。専門はアメリカ経済史，研究戦略支援。おもな著作に『リメディアル世界史入門』（分担執筆，創成社，2014 年），Research Metrics for the Rest of Us（共著，*Inter Faculty* vol.6, 2015）など。

概説世界経済史［改訂版］

2017 年 5 月 30 日　初版第 1 刷発行
2022 年 4 月 1 日　改訂版第 1 刷発行

編 者　　北 川　勝 彦
　　　　　北 原　聡
　　　　　西 村　雄 志
　　　　　熊 谷　幸 久
　　　　　柏 原　宏 紀

発行者　　杉 田　啓 三

〒 607-8494　京都市山科区日ノ岡堤谷町 3-1
発行所　株式会社　昭和堂
振替口座　01060-5-9347
TEL（075）502-7500／FAX（075）502-7501
ホームページ　http://www.showado-kyoto.jp

日本アフリカ学会　編　アフリカ学事典　定価16,000円

布野修司　編　世界都市史事典　定価22,000円

丸川知雄　他著　タバコ産業の政治経済学　世界的展開と中国の現状　定価4,290円

辻村英之　著　キリマンジャロの農家経済経営　貧困・開発とフェアトレード　定価6,050円

南直人　著　食の世界史　ヨーロッパとアジアの視点から　定価2,640円

谷澤毅　著　世界流通史　定価2,970円

昭和堂

（表示価格は税込）